EY
Building a better working world

海外進出の実務シリーズ

シンガポールの会計・税務・法務Q&A

EY新日本有限責任監査法人【編】

第4版

税務経理協会

第４版刊行にあたって

本書は，初めてシンガポールに赴任する方やシンガポールでビジネスに携わる方のために日本企業がシンガポールでビジネスを行うにあたり必要となる会計，税制，会社法などの基本をまとめた実務書です。

2008年９月に米国を震源とした金融危機が発生し，これを発端とした経済不況の世界的連鎖が生じました。その中でアジアの被ったダメージは比較的軽く，欧米諸国に比べて回復が早かったことから，新興国の経済発展に対する期待が高まり，それ以降新興国ブームと呼ばれる状況が続いています。とくに日本では，「チャイナ・プラス・ワン」という中国以外の海外拠点を求める動きとも相まって，企業の東南アジアラッシュが続いているのはご承知のとおりです。

そのような東南アジアの隆盛がもたらされる以前から独自の経済政策をとり，建国から60年に満たない短期間のうちにアセアン諸国のなかでずば抜けた経済成長を達成し，今も成長し続けている国がシンガポールです。日系企業が早くから進出し，業種業態の変遷はあるものの日本からの直接投資が今も積極的になされています。

本書は2009年９月の初版から順調に版を重ねて参りました。今回の第４版では従来の基本情報のアップデートに加えて，第３版の時点から大幅に改定のあった移転価格税制を別章立てで説明しています。また，法務部分については，Nishimura & Asahi（Singapore）LLPのご協力も得て，更なる内容の充実を図っています。

本書がシンガポールの諸制度を理解する一助となり，シンガポールでの事業に関わる方々のお役にたてれば幸いに存じます。

最後に本書の刊行にあたり，税務経理協会の吉冨智子氏，大川晋一郎氏のほか，関係者の皆様に多大なご尽力をいただきました。この場をお借りして厚く御礼申し上げます。

2022年３月

EY新日本有限責任監査法人

Nishimura & Asahi（Singapore）LLP

執筆者一同

［目　次］

第４版刊行にあたって

第1章　シンガポールの基礎知識

第2章　シンガポールで事業を開始するためのQ&A

Q1　シンガポールにおける事業形態／16
Q2　シンガポールの外資規制／19
Q3　駐在員事務所／21
Q4　ACRA（企業会計規制庁）／24
Q5　会社と支店の差異／25
Q6　支店の設立手続／29
Q7　会社の設立手続／31
Q8　会社設立までのスケジュール／33
Q9　会社の定款／35
Q10　会社の所在地／36
Q11　会社設立にかかる費用／37
Q12　銀行口座の開設／38
Q13　決算日の決定／40
Q14　就労許可証の種類／41
Q15　就業許可証の取得手続／46
Q16　長期滞在者のための諸手続／50

第3章　会社法務に関するQ&A

Q17　利用できるアウトソーシングサービス／54
Q18　現地代表者／56
Q19　株主総会／57
Q20　取締役会／59

Q21 カンパニー・セクレタリー／61
Q22 監査役と会計監査人／63
Q23 会計監査人の変更／64
Q24 決算書の提出期限／66
Q25 ACRA（企業会計規制庁）への登記事項［支店］／67
Q26 ACRA（企業会計規制庁）への登記事項［会社］／68
Q27 取締役（Director）の資格／70
Q28 取締役の義務／71
Q29 マネージング・ダイレクター／74
Q30 取締役の選任・辞任・解任および任期／75
Q31 取締役の利害関係の開示／76
Q32 取締役に対する貸付／77
Q33 配当金の支払い／79
Q34 種類株式の内容，取扱い／80
Q35 増　　資／81
Q36 減　　資／82
Q37 金 庫 株／83
Q38 休 眠 会 社／84
Q39 合併，事業譲渡／86
Q40 支店の閉鎖／88
Q41 会社の清算／89
Q42 個人情報保護法／93

第4章　法人税に関するQ&A

Q43 シンガポール税務行政の特色／98
Q44 法人税の税率／99
Q45 賦課課税制度／100
Q46 法人税の申告スケジュール／102
Q47 居住法人・非居住法人／104
Q48 課税対象となる所得／105
Q49 キャピタル・ゲイン非課税／106
Q50 課税所得の算定／108

Q51　税務上の申告調整項目／109
Q52　減価償却費／111
Q53　減価償却未控除額の繰越／115
Q54　固定資産売却損益の計算／118
Q55　引　当　金／120
Q56　貸 倒 損 失／121
Q57　欠損金の繰越・繰戻／123
Q58　支払利息の損金算入制限／126
Q59　交際費・寄附金／128
Q60　開　業　費／129
Q61　車両関連費用／130
Q62　本店経費の配賦／131
Q63　為替差損益／133
Q64　配当金に関する税務／134
Q65　外国税額控除の概要／135
Q66　源　泉　税／137
Q67　５％サービス・カンパニー／141
Q68　連 結 納 税／143
Q69　罰　　　則／145
Q70　修 正 申 告／146
Q71　税務当局による調査／147
Q72　事前確認制度／149
Q73　企業再編の税制／150
Q74　企業優遇税制／153
Q75　日本・シンガポール租税条約／154
Q76　タックス・ヘイブン対策税制／156
Q77　恒久的施設（PE）の取扱い／158

第5章　移転価格税制に関するQ&A

Q78　シンガポールにおける移転価格税制の概要／162
Q79　移転価格税制の対象取引／163
Q80　移転価格の同時文書化規定／165

Q81 関連者間取引開示フォーム／168
Q82 シンガポール移転価格税制におけるルーティーン・サービスの取扱い／168
Q83 シンガポール移転価格税制における金銭貸借取引の取扱い／170
Q84 シンガポール税務当局の移転価格執行状況／171
Q85 移転価格税制に係る罰則／173
Q86 移転価格に係る事前確認制度／174

第6章 個人所得税に関するQ&A

Q87 居住者，非居住者／178
Q88 非居住者に対する免税措置／179
Q89 個人所得税率／180
Q90 個人所得税の申告納税スケジュール／182
Q91 所得税額の算定方法／185
Q92 個人所得税の課税範囲／186
Q93 出向者の給与／188
Q94 現 物 給 与／189
Q95 住宅費関係の現物給与／193
Q96 乗用車関係の現物給与／194
Q97 出 張 手 当／196
Q98 出向者の日本における社会保険料等／197
Q99 個人所得税の会社負担／198
Q100 所得控除項目と税額控除項目／200
Q101 シンガポール勤務者の留守宅の家賃収入／202
Q102 地域駐在員／203
Q103 NORスキーム／204
Q104 シンガポール勤務初年度の課税関係／207
Q105 日本出国者の住民税／208
Q106 帰国時の手続／209
Q107 罰則と修正申告／211

第7章　法人税・所得税以外の税制に関するQ&A

Q108　消費税（GST）の概要／214
Q109　GSTの課税対象／216
Q110　GSTの納税／219
Q111　GSTの優遇税制／221
Q112　ASK（自己診断キット）とACAP（コンプライアンス支援保証プログラム）／223
Q113　関税および物品税の概要／226
Q114　固定資産税（Property tax）／227
Q115　印　紙　税／229
Q116　遺　産　税／229
Q117　T　G　F／230

第8章　会計制度に関するQ&A

Q118　シンガポールにおける決算書の体系／234
Q119　シンガポールの決算書の閲覧制度／235
Q120　XBRLによるACRA（企業会計規制庁）への登録／236
Q121　提出済み財務諸表に誤りがあった場合の取扱い／240
Q122　シンガポールの会計基準／241
Q123　日本とシンガポールの会計基準の差異／246
Q124　機 能 通 貨／249
Q125　グループ会社間の貸付金，借入金／252
Q126　引　当　金／254
Q127　減 損 損 失／256
Q128　総額表示と純額表示／259
Q129　合併・事業譲受の会計処理／260
Q130　連結財務諸表作成の要否／264
Q131　持分法の適用／266
Q132　連結子会社としての対応／267
Q133　会計帳簿・証憑類の保存期間／271
Q134　監査の要否／272

Q135 監査修正（オーディット・アジャストメント）／273
Q136 J-SOX ／274
Q137 IFRS対応／277
Q138 決算期変更／279

第9章 事業展開・統括会社の設置に関するQ&A

Q139 地域統括会社／282
Q140 シンガポールに地域統括会社を置くメリット／284
Q141 他国に統括会社を置く場合との違い／285
Q142 地域統括会社を設置するための準備／288
Q143 統括会社インセンティブ／290
Q144 グローバル・トレーダー・プログラム／291
Q145 金融財務センター・インセンティブ／292
Q146 サプライチェーンを活用した税効率の向上／293
Q147 ハブ倉庫を活用する際の関税上の留意点／295
Q148 地域統括会社運営時の関税上の留意点／297
Q149 内 部 監 査／299
Q150 シンガポールを利用したM&A ／300
Q151 M&Aの実行プロセスの概要／302
Q152 シンガポール証券取引所への上場／306

第10章 その他のQ&A

Q153 労 働 事 情／310
Q154 雇 用 法／311
Q155 休日・休暇・労働時間／313
Q156 最 低 賃 金／316
Q157 社会保障制度／316
Q158 中央積立基金制度（CPF）／318
Q159 技能開発税，外国人雇用税等／322
Q160 解 雇／323

Q161 労使関係／325

参考文献等／327
用語索引／328

本書を執筆するに際しては最新の情報を掲載するように努めておりますが，各種制度については常に追加・変更が行われています。したがって，実際の手続や関係当局への申請および交渉にあたっては，常に最新の情報を確認し，必要に応じて会計事務所等の専門家に相談なさることをお勧めします。

第 1 章

シンガポールの基礎知識

● Point ●

アジア随一と言われるほど発展著しいシンガポールですが，その実態はあまり日本では馴染みがないようです。そこでシンガポールの基礎情報をまとめてみました。

1 概　　要

＊	正式国名	Republic of Singapore （シンガポール共和国）
＊	面　　積	724㎢（参考：東京23区約627㎢，奄美大島712㎢）
＊	人　　口	568万人（うち外国人164万人。中国系74%，マレー系14%，インド系９%，その他３%） 人口密度7,810人／㎢（2020年６月推計）
＊	平均年齢	41.5歳（2020年６月推計）
＊	平均寿命	83.6歳（全体）　81.4歳（男性），85.7歳（女性）（2019年）
＊	出 生 率	1.14人（2019年　女性１人あたり）
＊	国　　語	マレー語
＊	公 用 語	英語，マレー語，標準中国語（北京語），タミール語
＊	通　　貨	シンガポールドル（S$）
＊	宗　　教	仏教，キリスト教，イスラム教，道教，ヒンドゥー教ほか
＊	教　　育	６・４・２・３制（イギリスの教育制度がもとになっている。６年間の義務教育）
＊	兵　　役	徴兵制

＊ 祝日 （2022年の場合）	1月1日（ニューイヤーズデー：元日） 2月1日～2日（チャイニーズニューイヤー：旧正月） 4月15日（グッドフライデー：キリスト教の祝日） 5月1日（レイバーデー：メーデー） 5月3日（ハリラヤプアサ：イスラム教の祝日） 5月15日（ベサックデー：仏教の祝日） 7月10日（ハリラヤハジ：イスラム教の祝日） 8月9日（ナショナルデー：独立記念日） 10月24日（ディーパバリ：ヒンズー教の祝日）） 12月25日（クリスマス：キリスト教の祝日）
＊ 在留邦人数	36,624人（2018年10月1日現在：外務省「海外在留邦人数調査統計」2019年版）
＊ 日系企業数	約2,000社（公式な統計はない），シンガポール商工会議所会員数822（2020年6月時点）

【シンガポールの地理】

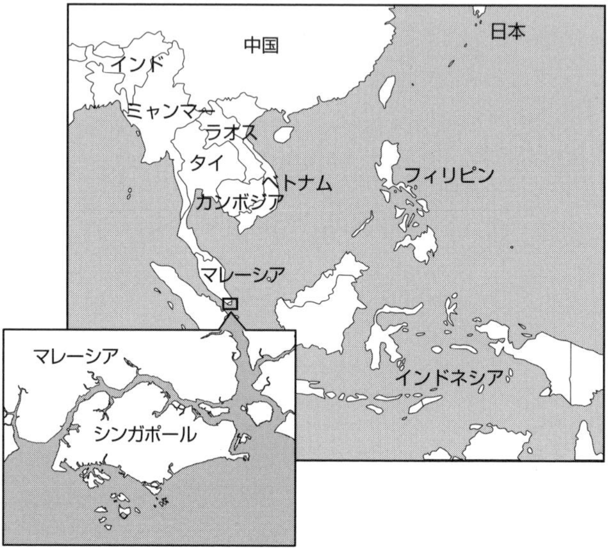

【人口の推移】

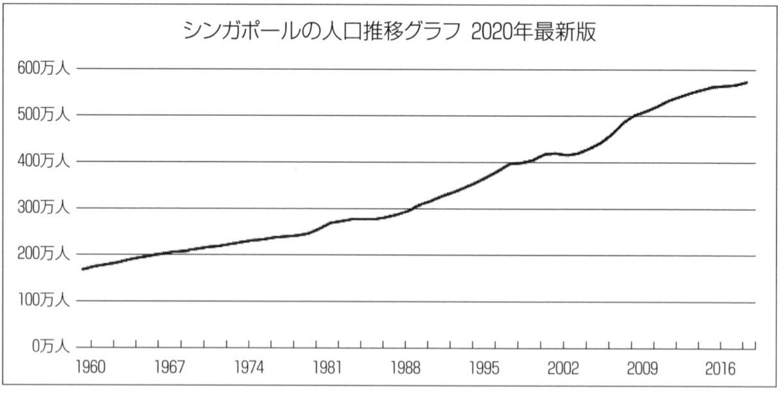

2 政　　治

＊ 独立年月日　1965年８月９日（マレーシア連邦より分離独立，イギリス連邦加盟）

＊ 政治体制　立憲共和制

＊ 立法府　一院制議会（議席93名）任期５年

＊ 元首　ハリマ・ヤコブ大統領

＊ 首相　リー・シェン・ロン

＊ 政党　人民行動党（People's Action Party）他

3 歴　　史

1819年１月29日，イギリス東インド会社のトーマス・スタンフォード・ラッフルズ卿がシンガプーラ島に上陸しました。東インド会社がジョホール王国のサルタンから全島を買収し，英国の植民地とされました。シンガポールは，植民地下での都市計画と無関税の自由港政策により東南アジア随一の貿易都市に成長しました。第二次世界大戦中には，1942年から1945年まで，旧日本軍に占領されます（その間，昭南島と改称）。

戦後イギリス統治が復活しますが，マラヤ（マレーシア）全体で独立運動が広がる中，1955年からイギリス自治領となり，1963年マレーシア連邦に加入，1963年に悲願だったマラヤとの合併が成立しましたが，マレー優遇政策と相容れず，1965年に連邦から離脱しました。

1959年から人民行動党のリー・クァン・ユー首相が一貫して政権を担当し，驚異的なリーダーシップを発揮して，外貨誘致とインフラ整備を行い，英語教育を導入しました。以後，年平均８％を上回る成長を続け，経済発展と社会的安定がもたらされたことで，人民行動党の政治的独占状態となりました。1990年の独立25周年を機にリー首相が引退。その後をゴー・チョク・トン首相が引き継ぎ，2004年８月にリー・クァン・ユー氏の長男リー・シェン・ロンが首相に就任し現在に至っています。

1997年夏，タイに端を発したアジア通貨・経済危機の影響を受け1998年，

1999年前半と経済が失速したものの，持ち直し，2000年代は高い経済成長率を維持しながらアジアの物流・人材・金融ハブとしての地位を確固たるものにしています。

2010年以降は，外国人労働者の増加によるシンガポール人の就職難，物価や公営住宅の賃料の値上がりに対する不満の高まり，若年層の価値観の多様化により，人民行動党の得票率が下がってきており，時代を反映した政策に向けた転換点を迎えていると言われています。

４ 経　　済

シンガポール経済は過去一貫して成長し変化し続け，東南アジアのビジネスハブとしての地位を築いてきました。統計記録を用いてその模様を見てみましょう。

リーマンショック（2008年後半）の影響で2009年に成長の低迷が見られましたが急回復し，その後も一貫して国民所得は増加し続けて，2010年以降は１人当たり国民所得で日本を上回っています。輸出依存度が高いために世界的な金融危機等の影響をそのまま受け，成長率は大きく落ち込みますが，政府主導の様々な施策により，いち早く回復し，長期にわたり相対的に高い経済成長を実現してきたことがわかります。一方で，2014年以降は世界貿易の伸びが鈍化傾向にあったこともあり，成長率は４％未満にとどまっています。既に，国民所得は世界でも最高水準に達している状況にあることに加え，少子高齢化が進み，生産年齢人口の減少が始まっている中，外国人労働者への過度な依存を抑制しているため，成長率がさらに低下する段階に突入していると言えます。

中継貿易の基地であるため輸出入額が名目GDPを上回っているのが特徴で，この10年間は直接投資が毎年500億米ドル，2019年には1,000億米ドルを超えており，アジア投資の拠点となっていることがわかります。

シンガポール政府は，様々な産業政策を打ち出すことで産業を発展させてきました。産業構造は，シンガポールの発展に歩調を合わせて変化しています。独立以降の政府の工業化政策並びに海運と金融産業の振興策によって電子機器

【シンガポールの基礎的経済指標（10年間の推移）】

（金額：記載ないものは百万米ドル）

項　　目	2010年	2015年	2019年
実質GDP成長率（%）	14.53	2.89	0.55
名目GDP総額（10億米ドル）	239,808	307,999	362,818
一人当たりの名目GDP（米ドル）	47,237	55,646	63,987
失業率（%）	3.13	2.78	—
輸出額	352,312	351,530	390,698
対日輸出額	16,412	15,281	17,652
輸入額	310,879	297,035	359,205
対日輸入額	24,454	18,589	19,430
経常収支（国際収支ベース）	54,996	57,574	63,139
貿易収支（国際収支ベース）	63,235	92,570	97,993
直接投資受入額	55,322	69,775	105,466

（JETROウェブサイト　シンガポール基本情報「各国・地域データ比較」）

【過去10年の推移（単位：百万米ドル）】

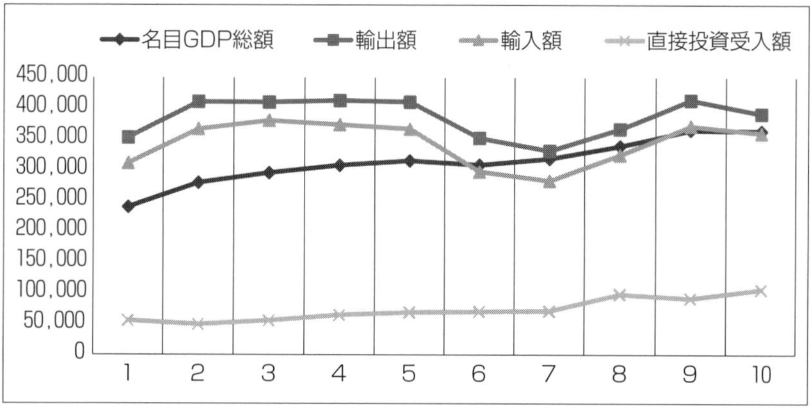

（JETROウェブサイト　シンガポール基本情報「概況・基本統計」10カ年統計より作図）

と化学産業を軸に製造業が成長し，金融セクターと不動産開発などを中心とするビジネスサービス部門が伸びをみせました。

2000年以降，先進国としての地位を確立したシンガポールは，アセアン域内の統括拠点へと転換しました。労働コストが上昇したことにより製造業の近隣国への移転が進み，金融・投資，情報産業や医療，物流，教育，観光など製造業以外の分野が拡大しており，さらに産業構造が変化していきました。

製造業ではエレクトロニクス産業の割合が低下する一方，医薬や医療機器の分野が伸び，アジアのバイオポリス構想が実現しつつありますが，全体としては他の分野の成長が製造業を上回っている状況が続いています。

【シンガポールの名目GDPの産業別内訳】

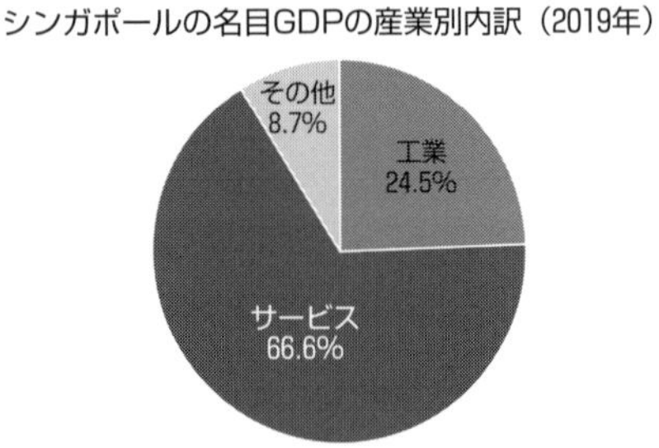

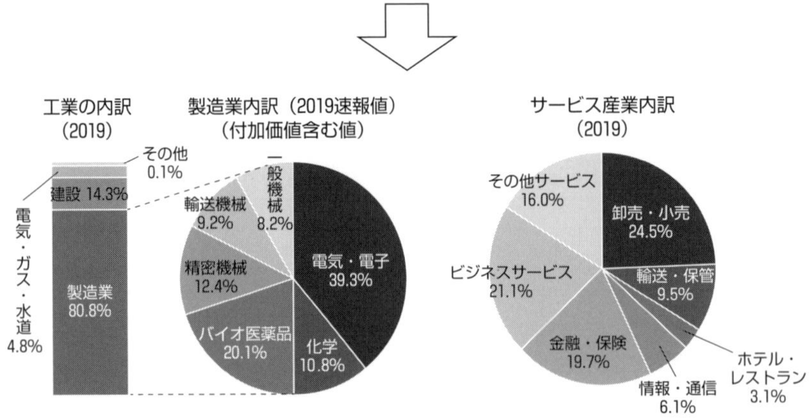

（資料）　シンガポール統計局，貿易産業省から作成

5　シンガポールの誘致政策と日系企業の進出動向

シンガポールは数々のランキングでトップを占め，経済活動を行う上で有利な国と目されています。

- 国際経営開発研究所（IMD）発表「最も競争力のある国」世界第１位（2020年度）
- 国際経営開発研究所（IMD）発表「最もデジタル競争力のある国」世界第２位（2020年度）
- 国際経営開発研究所（IMD）発表「スマートシティ指数」世界第１位
- 世界銀行（IFS）発表「ビジネス環境ランキング」世界第２位（2020年度）
- 国際透明性機構（Transparency International）発表「腐敗認識指数」世界第３位タイ（2020年度）
- HSBCホールディングス発表「各国駐在員が最も働きたい国」世界第２位（2020年度）
- 世界銀行発表「物流パフォーマンス指標」世界第７位（2018年度）

代表的なものを例示するだけでも枚挙にいとまがありません。

外資誘致のために，透明性の高い法規制，ユーティリティの完備，効率的な道路・港湾・空港の整備と運営，良好な通信環境や労使関係，FTAや租税協定の拡大，知的財産保護制度といった経済インフラを備えると同時に，住宅，治安，教育，衛生の面でアジアトップクラスの生活環境を整える政策を，クリーンで強力な官僚制度が進めてきました。

シンガポールの特徴の一つである高品質なロジスティックスでは，世界で最も優れた空港と言われるチャンギ空港，世界第２位のコンテナ取扱量（2020年）を誇るシンガポール港があり，それらの周囲に５か所のロジスティックパークが配置されています。

またジュロンタウン公社（現在のJTCコーポレーション）が，シンガポールの工業用地を開発し，工場ビル，ビジネスパークなどさまざまな建売施設も提供しています。シンガポール島の南に隣接するジュロン島は，点在する７つの島を埋め立て，一つの島に集約されました。島一つが化学メーカー専用の工業団地として造成され，100社におよぶ石油化学・特殊化学関連グローバル企業の一大拠点となっています。近年では，より高付加価値のスペシャリティケミカルズ（特殊化学品）の生産が拡大傾向にあります。シンガポールはバイオテクノロジーの発展に重点を置いており，R&D拠点として有名な「バイオポリス」は公共部門の研究機関と企業の研究室が同一の敷地内でパートナーシップを築きながら研究できるよう建設されたもので，多くのR&D成功事例を生み出しています。またシンガポール島西部のトゥアスには製薬・医療機器・バイオテクノロジー専門の工業団地である「トゥアス・バイオメディカルパーク」が造られ，欧米の大手医療品製造会社が製造拠点を設置しています。

そのほか来訪者を迎えるため，国際的なイベントや展示会ができる大規模なコンベンションセンター，テーマパークやカジノが建設され，それらを取り囲むように高級ホテル群があります。都市がまるまるビジネスや観光のための施設になっていると言えるでしょう。

成長著しい新興国に囲まれ，東南アジア屈指の経営環境を持つシンガポールは，日本企業にとっては東南アジアビジネスの足掛かりとして，またアセアン域内の物流・投資・金融・研究開発など戦略基地の設置場所として利用されてきました。チャイナリスクが顕在化して以降，その傾向は強まっています。最近では先端医療や臓器移植のメディカルセンターの開設，塾や学校の開校，著作権や版権のライセンスビジネス，シンガポール取引所への上場など，海外での初めての取り組みを行う場としてシンガポールに進出する事例も増えています。また，東南アジア展開を視野に入れた，小売・飲食業の進出も拡大しています。

香港と並ぶアジアの軽課税国であるシンガポールは，従来は日本のタックスヘイブン対策税制による課税が行われがちでしたが，東南アジアへのビジネスシフトが続くにつれてシンガポールに事業の主要機能の移転や権限委譲が進んでいることや，タックスヘイブン対策税制の改正などにより，その方面の障害は少なくなりつつあります。

【日本からシンガポールへの直接投資残高（2019年）】

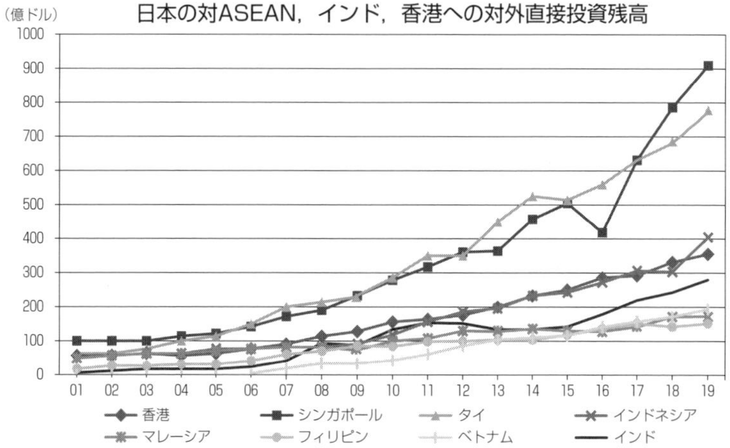

（注）　各年末時点の残高

（資料）「本邦対外資産負債残高統計」（財務省，日本銀行），「外国為替相場」（日本銀行）からジェトロ作成

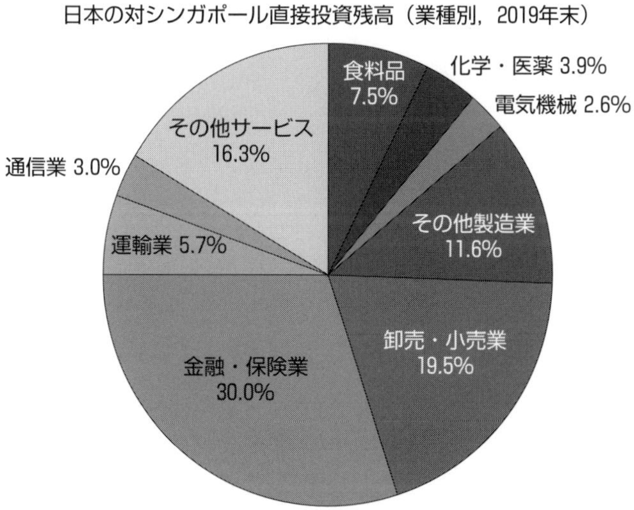

（資料）「本邦対外資産負債残高統計」（財務省，日本銀行），「外国為替相場」（日本銀行）から作成

しかし，アジアのビジネスハブとしての機能を活用したい企業の進出が増える反面，家賃や人件費が上昇し，物価の高止まり感や外国人への高依存度への反発から，この数年は政府への不満が高まっています。その対策として，就労ビザ発給制限や弱者保護といった自国民雇用を優先する政策の実施，海運などシンガポールに集中する特定の業種での人材不足等，外資系企業の活動に影響を与える動きも見られるようになっています。

6　シンガポールの政府機関

アジアの政府機関は民間に比べて強大であることが一般的ですが，シンガポールでも同様で，各官庁が積極的な外資誘致とアジアハブとしての地位確立のための諸施策を協同して推進するとともに，管理国家として強力な統制を布いていることで有名です。以下，シンガポール進出に関係する政府機関を紹介します。

(1)　シンガポール経済開発庁（Economic Development Board Singapore：EDB）

貿易産業省（Ministry of Trade And Industry Singapore：MTI）管下で，シンガポールが，ビジネス，イノベーション，および人材のグローバル拠点として，持続的な経済成長するための戦略の立案とその実行を担っている官庁です。優遇税制の付与を行うなど付加価値の高い産業と投資家の誘致のため積極的な活動を行っています。東京の丸の内ビルにもオフィスを構えて日本企業への勧誘活動を行っています。

(2)　企業会計規制庁（Accounting & Corporate Regulatory Authority：ACRA）

財務省（Ministry of Finance：MOF）管下で，会社登記，公認会計士の登録，規制の監督を行う官庁です。現地法人や支店にとっては決算書を提出する役所としてなじみがあります。

(3)　人材開発省（Ministry of Manpower：MOM）

グローバル競争に耐えうる労働人材と労働環境を整える政策を実行する省庁です。外国人向けの就労ビザの発給機関でもあります。

⑷　シンガポール企業庁（Enterprise Singapore）

MTI管下の，企業の海外展開を支援する国際企業庁（IE Singapore）と中小企業を支援する中小企業庁（SPRING）を統合して，2018年４月に発足した官庁です。

⑸　内国歳入庁（Inland Revenue Authority of Singapore：IRAS）

シンガポール国税庁のことで，MOF管下の官庁です。

⑹　シンガポール通貨金融庁（Monetary Authority of Singapore：MAS）

シンガポールの中央銀行に該当する官庁で，健全な金融セクターの運営を司る機関です。金融業の許認可も行っています。

⑺　シンガポール海事港湾庁（Maritime & Port Authority of Singapore：MPA）

国際海運のハブとしてのシンガポールの海運業の発展のため，海事の促進と保護を行う官庁です。

第2章

シンガポールで事業を開始するためのQ&A

● Point ●

シンガポールはアジアの交通の要衝であり，自由貿易港となっています。また，国を挙げて規制緩和とITインフラの充実に取り組んだ結果，近年ではアジアにおける金融ハブとしての地位を確立しています。現在も，シンガポール政府は外国企業に対して，積極的に誘致活動を行っており，多くの外国企業が進出しています。

しかし，シンガポール政府が開放政策をとっているといっても，外国企業が何でも自由に事業活動ができるわけではありません。そこには一定の法律や規則があり，それに従って手続を進める必要があります。

この章では，駐在員事務所，会社（現地法人），支店の設立手続，就業許可証の申請方法などシンガポールで事業を開始するために必要な手続についての質問をまとめました。

Q1 シンガポールにおける事業形態

シンガポールで事業を行う場合，どのような会社形態や事業形態が考えられるでしょうか。

Answer

1 組織形態

シンガポールで事業を行う場合に採用される組織形態としては，以下のような形態があります。１から５の組織形態はシンガポール会社法（Companies Act。以下，単に「会社法」とする）４条に定められています。

(1) 株式有限責任プライベート・カンパニー（Private Company Limited by Shares）

① プライベート・カンパニー（Private Company）

定款で株式の譲渡制限，株主が50名以下であること，および株式と社債の公募の禁止などを定めている会社です（会社法18条１項）。日系を含む外資系企業は，ほとんどこの企業形態です。

② エグゼンプト・プライベート・カンパニー（Exempt Private Company：EPC）

プライベート・カンパニーのうち，株主が20名以下であり，かつ株主が全て個人である会社のことをいい，取締役に対する貸付（Q32）を行うことができる等の特典があります（会社法162条）。さらに，当該会計年度を通じて非公開会社であること，および過去直近２会計年度について，連結ベースで以下のいずれかの２つの要件を満たす場合，同会社はスモール・カンパニー（Small Company）として，会計監査人（Q22）による監査義務を免除されます。

(a) 年間売上高がS$10百万を超えないこと

(b) 総資産がS$10百万を超えないこと

(c)　各会計年度末において，従業員の数が50名を超えないこと

(2)　パブリック・カンパニー（Public Company）

プライベート・カンパニー以外の会社です（会社法4条）。

① 株式有限責任パブリック・カンパニー（Public Company Limited by Shares）

株主数を50名以上にできる会社です。

株式の譲渡制限がありませんので，一般大衆に対して株式を公募することや，シンガポール取引所で株式を公開することができます。

② 保証有限責任パブリック・カンパニー（Public Company Limited by Guarantee）

資本金という概念がなく，それぞれの出資者は一定額を定めて払い込むことになります。この組織形態は非営利事業に適しており，慈善事業や布教活動を行う法人がこの形態となっています。

(3)　無限責任会社（Unlimited Company）

日本の合名会社や合資会社に相当するもので，出資者が無限責任であることを定款で定めた会社です。

(4)　外 国 会 社（Foreign Company）

外国で設立された会社で，具体的には外国会社のシンガポール支店のことです。日本企業が子会社を設立せず支店を設ける場合は，その支店は外国会社となります。外国会社は株式会社に限らず，シンガポール以外で設立された公益法人，協同組合，人格のない社団などを含みます（会社法4条）。支店についてはQ5とQ6を参照してください。

(5)　リミテッド・パートナーシップ（Limited Partnership）

LP法（Limited Partnerships Act）に基づき，それぞれ1名以上の有限責任パートナーと無限責任パートナーから構成されるパートナーシップであり，ファンドなどの投資ストラクチャにおけるエンティティとして利用されることがあります。

(6)　有限責任事業組合（Limited Liability Partnership：LLP）

構成員（partner）が出資額の範囲内で責任を負って共同で経営を行う事業組合です。会社法の定めのほかにLLP法（Limited Liability Partnership Act）があります。

⑺　ビジネス・トラスト（Business Trust）

受託者が受益者のために信託財産を保有し，特定の事業目的のために管理・運用する企業形態です。シンガポールでは不動産ファンドなどによく利用されています。ビジネス・トラストはビジネス・トラスト法（Business Trust Act）により規制されます。

⑻　駐在員事務所（Representative Office）

企業がシンガポールで事業をする前に準備を行うための拠点として設けるもので，市場調査や日本との連絡活動のみ認められます（Q３）。

⑼　個 人 営 業（Sole Proprietorship）

一個人が事業主になる企業形態です。外国人がこの形態をとる場合には，シンガポール居住者（シンガポール国民，永住権（Permanent Residence：PR）または就業許可証（Employment Pass：EP）（Q14，15）の保有者）をローカル・マネージャーとして雇用しなければなりません。

⑽　変動資本会社（Variable Capital Company）

変動資本会社法（Variable Capital Companies Act）に基づき2020年から導入された，集団投資スキーム用の投資ビークルとなることが想定された会社です。株主や取締役といった株式会社と同様の機関を有するものの，株主総会決議を経ずして増資や償還が可能であったり，利益以外の資本部分からの配当が認められるなど，資本政策の柔軟性が認められています。

2　事 業 形 態

次に事業形態ですが，高付加価値品の製造子会社や親会社製品の販売拠点を設ける以外に，シンガポールの特徴である，アセアン諸国の中心に位置しかつインフラが高度に整備された都市国家の利点を活かした事業拠点を置く会社が増えています。

⑴　販売統括会社

マーケティングセンターとしてアセアン市場の開拓を行い，販売子会社や代理店という形でアセアン各国に張り巡らせた販売網の監督や拡充を行います。

⑵ 物流統括会社

効率化された航空・港湾設備を持ち関税障壁のないシンガポールに製商品や原材料，中間品の物流倉庫を設けて国際運輸ハブとするものです。

⑶ 開発・保守センター

優秀な人材が集まり知的財産保護制度を持つシンガポールに高付加価値製品のR&Dセンターや保守メンテナンスサービスの拠点，情報処理センター，研修施設を設けるものです。

⑷ 財務センター

域内グループ会社の資金管理や余剰資金の運用，為替バランスの調整，M&Aや新規投資のための資金調達を行います。

⑸ 地域統括会社（Q139）

アセアン域内の国際分業体制の統括本部として，経営戦略の立案や企画管理，国際物流の手配，域内グループ会社への技術支援や財務・人事・法務・知財などの管理サービスを提供します。

これら地域本社の会社には，その業務の範囲や投資額によって各種の優遇税制（Q143）が設けられており，これを利用してより効率的な経営をめざすことができます。

Q2 シンガポールの外資規制

日本からシンガポールに進出する場合，進出が制限されている分野はありませんか。

Answer

シンガポール政府は基本的には外国企業の投資を歓迎する積極的な外資導入政策をとっています。そのため一部の業種を除き，外国企業の進出には制限はありません。また原則として，現地資本の出資（Local Participation）も強制されておらず，いわゆる過少資本税制（資本金を少なくし，借入の割合を増やすことにより租税負担の軽減を行うことを防止する制度）のような制度もありません。ただし，以下の点に留意する必要があります。

1　外国企業の投資が制限されている分野

以下の分野では，外国企業の投資が制限されています。

① 電力・ガス事業

② 放送・出版業

③ 武器兵器製造業

④ 取扱いを規制されている品目の製造業

2　認可を必要とする投資

事業の性質によっては，関係政府機関から営業の認可を受けなければなりません。営業の認可は事業・営業の性格によりますが，所轄官庁としては下記のような機関になります。なお，下記以外にも営業の認可が必要な事業があります。オンラインの事業免許サービス（GoBusiness Licensing）で業種を検索して，必要な届出をしなければなりません。

事　業	所　轄　官　庁
小売業	企　業　庁：Enterprise Singapore 貿易産業省：Ministry of Trade and Industry（MTI）
製造業	経済開発庁：Economic Development Board（EDB）
銀行，保険，証券業	金　融　庁：Monetary Authority of Singapore（MAS）
教育産業	教　育　省：Ministry of Education（MOE）
ホテル，旅行業	観　光　庁：Singapore Tourism Board（STB）
製薬業	保　健　庁：Health Sciences Authority（HSA）
不動産業	住宅管理局：Controller of Housing
レストラン	環　境　省：National Environment Agency（NEA）

3　製造業管理法（Control of Manufacture Act）

製造業管理法によって規制されている以下の業種への進出に関しては，許可が必要です。

① ビール，スタウトビール
② たばこ
③ ガム
④ 延伸鋼製品

Q3　駐在員事務所

駐在員事務所の機能および設立手続を説明してください。

Answer

駐在員事務所は英語ではRepresentative Officeと表記され，外国企業がシンガポールに進出してくる際の，最初の段階における企業形態として位置づけられています。

駐在員事務所を足がかりにして，子会社の設立もしくは支店の開設へと発展していくことが期待されています。

その機能および手続は以下のとおりです。

1　駐在員事務所で可能な業務

駐在員事務所は，シンガポールでは法律上の法人格を認められていません。駐在員事務所の活動は公的機関であるEnterprise Singapore（シンガポール企業庁）の定める規則によって制約を受けます。駐在員事務所の活動を行うに際し，下記の点に留意する必要があります。

① 駐在員事務所の活動として認められていることは，会社（日系企業の場合は日本の本社）のために行う，市場調査や企業化調査（フィジビリティスタ

ディ）などの活動に限られています。具体的には，マーケット情報や競合他社の情報の収集，製品ニーズ・顧客ニーズ・価格ニーズの調査実施，製品問い合わせ窓口，製品に関する質問の対応，展示会への参加等です。

② 駐在員事務所として活動するためのオフィスを賃借することができます。

③ 銀行口座を開設することができます。

④ 従業員を雇用することができます。ただし，多数の従業員がいる場合には，何らかの営業活動を営んでいるもの（下記2参照）とみなされる可能性があります。

2　駐在員事務所で禁止されていること

① 直接または会社を代行して，営業取引（輸入および輸出等）や販売交渉に従事することはできません。駐在員事務所は収益獲得活動をしてはいけません。

② 原材料供給業者の選定や調達の活動を行うことはできません。

③ 営業のための倉庫などを賃借することや在庫の保管運送は禁止されています。

④ 自己の事務所などを他人に転貸することはできません。

⑤ 売買契約書などに署名すること，送り状，請求書，領収書などの発行はできません。

⑥ L/C（信用状）の開設，報酬をもらっての役務の提供などを行うことはできません。

⑦ 駐在員事務所は，あくまで特定の会社を代表するものですので，他の会社などを代表することはできません。

3　駐在員事務所の設立手続

シンガポールで駐在員事務所を開設するためには，Enterprise Singaporeから認可を得て登録しなければなりません。申請はEnterprise Singaporeのウェブサイト（enterprise.gov.sg）からオンラインで行います。Enterprise Singapore

より認可を得るまでには，申請から約１～４週間かかります。

駐在員事務所の設置を申請するためには，オンライン申請とともに以下の書類を添付する必要があります。なお，駐在員事務所の申請料は年間S$200です。

① 会社設立証明書（日本では会社設立証明書に該当するものはないため，登記簿謄本で代用している）

② 本社の直近の監査済決算書（監査を受けていない場合は，公証人が認証した決算書が代用される。また，監査済決算書がない場合，免除の申請を行った上で，会社案内と必要な情報を自己申告する）

原則として上記の書類は，英語であることが必要です。会社登記簿謄本は，認定された翻訳者の英訳文を添付する必要があります。

申請会社は，以下の要件を満たさなければなりません。

① 売上高が25万米ドルを超える

② 会社設立後３年以上経過している

③ 駐在員事務所のスタッフは５人未満である

なお，駐在員事務所の設置は，ACRA（Ｑ４）への登記事項ではないため，登記手続は必要ありません。

４　駐在員事務所の更新手続

原則として毎年その登録を更新しなければなりません。通常，期日満了２ヶ月前までに更新の通知が来るので，期日満了１週間前までに，更新手続を行わなければなりません。

５　駐在員事務所の報告義務

駐在員事務所の名称は，その親会社と同じものである必要があります。駐在員事務所は「Representative Office Registered in Singapore」という名称を，その看板，名刺，レターヘッド，郵便物その他に表示する必要があります。会社名が変更された場合には，会社名が変更された旨の証明書（英語の翻訳が必要）が必要です。

駐在員事務所は，その住所を変更した場合，1ヶ月以内にEnterprise Singaporeに通知する必要があり，また，駐在員事務所を閉鎖した場合，1ヶ月以内にEnterprise Singaporeに通知する必要があります。

6　Enterprise Singaporeの権限

Enterprise Singaporeは駐在員事務所の認可を与える権限があります。

一方，駐在員事務所が，Enterprise Singaporeの定めた規則などに従わなかった場合には，その登録が抹消される可能性があります。

多数のスタッフを雇用している場合など，実際に営業を営んでいると認められた場合，会社または支店に昇格させるよう指導を受けることがあります。

駐在員事務所は会社または支店を立ち上げるまでのあくまで一時的な形態であるため，登録更新時にその更新を拒否され，会社または支店に昇格させるよう指導を受けることがあります。通常，駐在員事務所の更新は，3年間までとされています。

なお，駐在員事務所が休眠化した場合には，その登録が抹消されることもあります。

Q4　ACRA（企業会計規制庁）

シンガポールに会社や支店を立ち上げる際にはACRA（企業会計規制庁）への届出が必要であると聞きました。

ACRAとはどのような機関なのですか。

Answer

ACRAは“Accounting and Corporate Regulatory Authority”の略称であり，日本でいうところの法務局や財務局に相当する行政機関です（http://www.acra.gov.sg/）。

ACRAは会社法，事業登記法，会計基準および公認会計士法の監督官庁であり，登記情報を受け付け，公開を行い，登記が適切に行われているかを監督することを主な業務とします。

会社や外国会社の支店の設立，閉鎖の承認も行います。

シンガポールに会社や支店を設立する際のみならず，設立後も決算書をはじめ各種情報を，適時にACRAへ登記することが義務づけられています。

現在，各種申請や登記はインターネットを通じて行うことができ，登記情報もインターネットを通じて誰でも入手することができます。

ACRAへの具体的な届出（登記）事項についてはＱ６，Ｑ７，Q25，Q26をご参照ください。

なお，登記は取締役やカンパニー・セクレタリー（Q21）の責任で行われますが，実際の設立手続は専門家であるカンパニー・セクレタリー会社や弁護士事務所が担当することが一般的です。

Q5　会社と支店の差異

当社はシンガポールで事業を始める計画をしていますが，シンガポールに進出するにあたり，会社とすべきか支店とすべきか迷っています。

会社と支店とでは，どのような違いがありますか。

Answer

ほとんどの業種は会社として営業することも，外国会社の支店（以下，支店）として営業することもできます。ただし一部の業種は支店では営業許可がおりにくい場合があるので（マーチャントバンク等），注意する必要があります。また，支店として営業するほうが容易な業種もあります（銀行，建設会社等）。これは，子会社より日本本社のほうが通常，資本金が大きいからです（支店だと本社の資本金で判定される)。その他，以下の異同点もご参照ください。

1　登 記 料

登記料は会社でも支店でも一律S$ 300です。

2　設 立 手 続

会社の場合は，定款（Q 9）などの作成に関して，弁護士事務所やカンパニ・セクレタリー会社が持っているヒナ型を利用すればよいのですが，支店の場合は，本店の定款を英訳する必要があります。

3　シンガポール居住者の必要性

会社の場合は，取締役1名はシンガポールの居住者（シンガポール国民，シンガポール永住権（Permanent Residence：PR）またはシンガポール就業許可証（Employment Pass：EP）（Q15）の保有者）でなければなりません。支店の場合，現地代表者（Q18）1名は，シンガポールの居住者でなければなりません。

4　法的な規制事項

会社は支店よりも多くの法的な要請に従わなければなりません。例えば以下のような事項が挙げられます。

① 取締役会（Q20）議事録，株主名簿などの法定書類・帳簿の備付義務があること

② 取締役の所有する株式の開示義務があること（Q31）

③ ACRA（Q 4）に対する届出事項（取締役の交代，住所等の変更など）が支店よりも多いこと（Q26）

④ カンパニー・セクレタリー（Q21）を任命する必要があること

ただし，支店についても，2017年4月以降，本店の株主名簿をシンガポール内の登録オフィスまたはその他の場所に備えなければならないものとされ，負担が増しています。

5 決　算　期

会社の場合は，自由に決算期を決定することができます。支店の場合は，本店の決算期に合致させなければなりません（Q13）。

6 決算書の作成期限

会社の場合は，会計年度末から6ヶ月以内に株主総会を開催する必要があるため，その時までに決算書を作成する必要があります。

支店の場合は，本店の株主総会から2ヶ月以内に作成する必要があります。日本の場合，決算日から3ヶ月以内に株主総会を開催しなければならないため，通常は最長5ヶ月以内となります（詳細についてはQ24参照）。

7 銀行口座の開設

会社の場合は，取締役会の決議で可能です。支店の場合，支店長に銀行口座のサイン権を与える旨の取締役会決議がなされたという証明が必要です。

8 各種の申告書の提出義務

会社も支店も，毎期決算終了後に，その財務諸表をACRAに登記する必要があります。ただし支店の場合は支店の決算書に加えて，本社の決算書も併せてACRAに提出しなければなりません（Q25，Q26）。

また，会社であれ支店であれ，各種の申告をする義務があります。例えばMTIに対する統計上の申告，税務当局に対する法人税の申告などです。

9 税　　　率

法人税率は支店，会社ともに17%です。税務調整項目もほぼ同じです。ただし支店の場合には，以下の点について注意を払う必要があります。

支店は税務上，非居住法人とみなされます。なぜなら，法人の経営上の意思決定（取締役会等）はシンガポール国外でなされているからです（Q47）。

租税条約の恩典は，その締結国の居住法人にのみ適用されることになっています。そのためシンガポール支店は，租税条約に基づく軽減税率，外国法人税の税額控除（ただし一部は適用可能）などの規定の適用が受けられません。

また，日本の法人税制上は全世界所得に対して課税されるため，シンガポール支店の所得に対しても日本で課税されます。シンガポールで支払った法人税は，日本での申告時に外国税額控除することができるため，二重に課税されることはありませんが，日本のほうが税率が高いことに留意する必要があります。

10　営業を廃止する場合

会社の場合は，ACRAに対するさまざまな申請書に基づいて，清算人を指名し清算の手続をしなければなりません（Q41）（ただし，一定の要件を満たすとStriking Offという簡便な方法が適用可）。

また，最終の納税が完了しない限りACRAによる清算承認が行われないため，一般的に時間を要します。

支店の場合は，支店閉鎖の通知書（Notice by Foreign Company of Cessation of Business）をACRAに届け出るだけで済みます。支店の閉鎖のほうが手続上は簡単です（Q40）。

11　そ　の　他

会社と支店のどちらが有利かということですが，税制や会計制度から離れて，多分に政策的な判断が働きます。

支店の場合は，裁判を起こされ，損害賠償責任等が発生したとき等，本店に法的責任がおよびますが，会社の場合は親会社に法的責任はおよびません。

また，支店を開設した場合，会社の単体決算上の売上高は減少しません。会社（子会社）を設立した場合，従来親会社の売上となっていた取引を子会社の取引に変更すると，親会社の単体決算上の売上が減少します（連結決算上は同じになります）。利益，損失についても同様です。

第三者に対する信用機能は，支店のほうが一般的に高くなります。支店として入札した場合と，会社（子会社）として入札した場合では，前者のほうが相手先に与える信用度は大きくなります。

Q6 支店の設立手続

支店の設立手続の概要を説明してください。

Answer

シンガポールに日本の会社の支店を設立することは比較的容易であると言えます。具体的な手続は以下のとおりです。

1　支店の設立手続を開始する前に検討すること

まず貴社がシンガポールで行う営業活動が，支店の形態で行うことができるか，会社として活動しなければならないのか，を判断しなければなりません。例えば，マーチャントバンクを営むのであれば，会社の形態をとらなければなりません。

事業の性質によっては，関係政府機関からの営業の認可が必要です。営業許可が得られるかどうか事前に検討する必要があります（Q２）。

支店形態で営業すること，営業の認可が得られることが確認できた後，使用する商号の承認をACRA（Q４）から得ることが必要です。

2　登録時に必要な書類（会社法368条１項）

登録時には，以下の書類が必要となります。

①　本店所在地での当該法人設立に関する証明書（本店の登記簿謄本）

②　本店の定款

③　会社の取締役の詳細（全取締役の氏名，就任日，住所，パスポート番号，生年月日，国籍，職業などの情報）

④　現地代表者（１名）の名前，国籍，居住住所等を記載した通知書

⑤　現地代表者の就任承認に関する所定の文書

⑥　事務所の住所と営業時間の通知

⑦　本店法人の事業登録番号，事業内容および法形式を記載した所定の通知

⑧　(本店の監査済財務諸表の作成か本国の法律で義務付けられる場合）本店の最新監査済財務諸表の写し

上記①と②は，証明の日から３ヶ月以内にACRAに提出しなければなりません。また，原本であることの証明と英文の翻訳が正しくなされた旨の証明が必要です。原本証明，翻訳証明を日本で入手するには，取締役がパスポート（身分証明）を持参して，日本の公証人役場で宣誓をする必要があります。

ACRAより支店設立が認可されれば，外国会社登記証明書（Certificate of Registration of Foreign Company）が発行されます。また上記の事項に変更が生じた場合，速やかにACRAに変更の届け出をしなければなりません。

現地代表者についてはQ18をご参照ください。

3　登　記　料

S$300の登記料が必要です。

4　支店の登録完了までの期間

設立書類提出後１～３日以内に登録が完了します（ACRAの対応の遅れによってそれ以上要する可能性もあります)。ただし，他の政府機関のライセンスが必要な場合には，照会が必要なために14日から２ヶ月かかります。

5　シンガポール支店の営業時間

シンガポール支店は，公式の通知の宛先となり，土曜・日曜を除く毎日午前９時から午後５時までの間５時間以上，公衆のために開かれていることが必要です。

Q7 会社の設立手続

シンガポールでの会社の設立手続の概要を説明してください。

Answer

シンガポールに会社を設立することは比較的容易であると言えます。具体的な手続は以下のとおりです。

1　設立前に検討すること

①　企業進出の形態として，会社とするのか，支店とするのかの決定

②　その事業の性質により政府機関の営業の許可

③　使用する予定の会社名称（商号）の使用許可

2　設立手続を始めるにあたって決定しておくこと

①　事業目的

②　発起人

③　払込資本金額

④　設立後の株主構成

⑤　設立後の取締役

⑥　事業年度

⑦　取引銀行（銀行名，預金の種類，通貨の種類，サイン権者の氏名）

⑧　マネージング・ダイレクター（Q29）

⑨　会計監査人（Q22）

⑩　カンパニー・セクレタリー（Q21）

3　必要な手続と書類

(1)　使用商号の予約

以下の情報をもとにACRA（Q４）に会社名の予約を行います。

①　新会社の株主と取締役

②　資本金予定額

③　設立時の払込資本金

④　事業目的

(2)　定款（Q９）の作成

定款とは会社運営の諸手続を記載した会社の憲法にあたるものです。シンガポールの定款は日本の定款と違いかなりボリュームがあります。弁護士事務所やカンパニー・セクレタリー会社などには標準的な定款が準備されており，通常はそのまま使用することができます。

(3)　発起人の決定

通常は最初に資本金がS$1の会社を設立し，その後に増資を行います（増資は行わなくてもよい）。

発起人は１名で，１株以上引き受ける必要があります。通常，最初は資本金がS$1で発行株式数は１株となります。発起人は弁護士事務所やカンパニー・セクレタリー会社などが紹介する名目上の発起人を利用することが多く，会社設立後に発起人の持株を本来の持主に譲渡することになります。

(4)　ACRAへの提出書類

会社設立前に提出する書類は，以下のとおりです。

①　定款

②　設立者（Promoter）または定款に名が記載された取締役または秘書役による，会社の設立は会社法の規定を遵守したものであること，および発起人および定款に記載された役員の人定を確認したことに関する宣誓書

③　会社の詳細（名前，事業目的，取締役等）

④　株主資本に関する詳細

⑤　株主に関する詳細

⑥　事業所の住所と営業時間

⑦　取締役による就任承諾

一方，会社設立後に提出する書類は，以下のとおりです。

①　会計監査人，カンパニー・セクレタリーの氏名，住所等明細

②　株式譲渡と増資決議の変更登記申請

③　申込人に対する株式割当の申告書

④　会計監査人とカンパニー・セクレタリー就任の同意書

4　登　記　料

会社設立にあたっては，登記料（Registration Fee）が必要です。登記料は一律S$ 300です。登記料は新会社設立のための書類とともに，ACRAに事前に納付する必要があります。

5　最初の取締役

取締役の最低人数は1名で，シンガポール居住者（シンガポール国民，シンガポール永住権（Permanent Residence：PR）またはアントレパス（Entre Pass）もしくはシンガポール就業許可証（Employment Pass：EP）（Q14，15）の保有者）であることが必要です。取締役が決定し，就業許可証が取得できれば，名義上の取締役は速やかに，本来の取締役と交替し，持株を株主に譲渡することになります。

Q8　会社設立までのスケジュール

会社の設立手続には，通常どのくらいの日数がかかるでしょうか。

Answer

シンガポールでは非常に短期間で会社を設立することができます。

会社の設立手続の概要と標準期間は次のとおりです。

手　　続	標準期間	詳　　細
使用商号の予約	1日	使用予定の会社名（商号）を予約します。商号が使用できるかの調査結果は，通常1日以内で判明しますが，もし使用予定会社名に特定の名称（例えば，law, finance，travel等）を含める場合，関係官庁の認可を得るため，調査結果は2週間以上かかる可能性もあります。
会社名等の決定	——	会社設立において決定すべき事項の最終確認をします。
必要書類の作成とACRA（Q 4）への申請	3～4日	商号の使用許可がとれれば，必要書類を作成して提出することになります。提出と同時に登記料も納付します。 上記事項があらかじめ決定していれば，それほど時間はかかりません。（Bizfile（http://www.bizfile.gov.sg/）によりオンラインで提出）
ACRAよりの設立完了の通知	1日	Bizfileにより設立書類提出日に電子承認されます。電子承認通知書（電子メール）は会社設立の確証となります。
会社設立証明書	7日	必要であれば，ACRAから会社設立証明書を購入することができます。
会社設立後最初の取締役会開催，増資の決議，名義上の取締役の辞任と新取締役の就任，銀行口座の開設，決算日の決定	1日	最初の取締役会を開催し，必要に応じて増資の決議を行います。また最初の取締役が名義上の取締役である場合，名義上の取締役が辞任して，新取締役が就任します。その後，銀行口座を開設します。
就業許可証（Q15）の申請	4週間	会社が設立されれば，就業許可証の申請をすることができます。
増資資金の送金	1日	銀行に口座が開設されれば，増資資金の送金ができます。 銀行のBank StatementによりACRAに増資の登記をすることができます。
会計監査人（Q22）の選任(注)	——	会社設立後3ヶ月以内に選任する必要があります。
カンパニー・セクレタリー（Q21）の選任(注)	——	会社設立後6ヶ月以内に選任する必要があります。

（注）　通常は，設立後第1回の取締役会で決定しますが，会計監査人，カンパニー・セクレタリーが未決定の場合は，すぐに決定する必要はありません。

Q9 会社の定款

シンガポールに会社を設立するにあたっては，定款を作成しなければならないと思います。定款を作成するにはどうしたらよいでしょうか。

Answer

定款は会社の組織や運営方法などの基本ルールを定めたもので，よく「会社の憲法」のようなものと言われます。シンガポールでは，例えば取締役の選任方法や取締役会の権限などかなり重要なルールについても会社法本文には記載がなく，定款で定められています。

1 標準定款

定款は通常，カンパニー・セクレタリー会社（Q21）や弁護士事務所など，会社設立手続を代行してくれるところで作成してもらえます。

定款はモデル定款（下記2参照）をもとにした標準様式が準備されていますので，通常，貴社が作成に関与しなければならない部分はありません。

2 定款の構成

従前，定款は，基本定款（Memorandum of Association）と付属定款（Articles of Association）の２つの部分からなり，合わせてM&Aと呼ばれていましたが，現在は纏めて「Constitution」と呼称されています。

定款には，会社の商号，有限責任か無限責任かの区分，発起人の氏名・住所および職業などを記載しなければなりません（会社法22条１項）。また，プライベート・カンパニーの場合には，定款において，株式の譲渡が制限されていること，および株主が最大50名であることを規定する必要があります（会社法18条１項）。

具体的な定款の例として，金融大臣（Minister of Finance）の名による定款規則（Companies（Model Constitution）Regulations 2015）において，モデル定款が示されています。モデル定款を採用することは義務ではなく，また一部のみを採用したり，内容を追加・修正することも可能ですが，多くの会社は，モデル定款をベースとした定款を採用していると思われます。

モデル定款を含む一般的な定款には，新株発行や株式譲渡に関するルール，株主総会の権限・運営方法，取締役の選解任，マネージング・ダイレクター（Q29）の選任・権限，取締役会の権限・運営方法，配当，清算などに関する内容に加え，株式資本の払込請求および集合株式（stock）への転換など，日常的には参照することが稀な規定も含まれています。その他，合弁会社である場合などには，株主間の合意に基づく会社運営に関する特別の内容が定款に盛り込まれることもあります。

Q10 会社の所在地

シンガポールでビジネスを開始するにあたり，まず，会社を設立してからオフィスとして適当な場所を探そうと考えています。会社を設立する上で，登記上の住所を第三者から借りることはできるでしょうか。

また，居住用住宅をオフィスとすることはできるでしょうか。

Answer

会社は登記上の事務所（Registered Office）を定める必要があります（会社法142条）。登記上の事務所とは，会社の公式の住所です。政府からの公式の文書はここに送付されてきますし，議事録などの法定の書類はここで保管する必要があります。登記上の住所は実際の業務を行う場所でなくてもかまいません。

1　登記上の事務所で保管する書類

会社は登記上の住所で，①株主名簿，②取締役，カンパニー・セクレタリー（Q21）の名簿，③株主総会議事録，④取締役会議事録，などの書類を保管する必要があります。

2　登記上の事務所と業務上の事務所

登記上の事務所については，カンパニー・セクレタリー会社や弁護士事務所から住所のみを賃借することが一般的に行われています。カンパニー・セクレタリーが上記の書類の管理を行いますが，彼らは通常，カンパニー・セクレタリー会社や弁護士事務所から派遣されるためです。

登記上の事務所を住所のみ賃借した場合でも，もちろん，実際にビジネスを行うためのオフィスを設置する必要があります。貴社の場合は会社を設立するため，カンパニー・セクレタリー会社や弁護士事務所に登記上の事務所を置き，その後にオフィスを賃借すればよいと思われます。

3　オフィス兼住宅の設置

通常のプライベート・フラットを事務所兼住宅とする場合，従業員を雇用することができない，大量の電気を使用するコンピュータなどは設置できないなどの問題が発生します。法律上もオーナーとの間の契約上の問題，建築管理法（Building Control Act）など公的な規制の問題もありますので，あまりお勧めできません。

Q11　会社設立にかかる費用

シンガポールに会社を設立しようと考えています。新会社設立にかかる費用にはどのようなものがありますか。

Answer

新会社設立に際してかかる費用には，以下のような経費があります。

① 定款（Q 9）の作成費用

定款は，銀行口座開設，リース契約，事務所の賃借など，いろいろな場合に必要とされますので，20部程度作成しておくほうがよいでしょう。

② 取締役会・株主総会などの議事録や株主名簿など法定帳簿の作成費用

③ 株券（Share Certificate）の印刷費用

④ 登記上の事務所（Q10）のネームプレート作成費用

⑤ 会社の正式の社印（金属製）（Common Seal）の作成費用

⑥ ACRA（Q 4）に対する登記料（S$300）

⑦ 会社設立手続を代行するカンパニー・セクレタリー会社（Q21）または弁護士事務所への手数料

⑧ その他雑費（会社のゴム印，電話ファックス代など）

Q12 銀行口座の開設

当社はシンガポールに新会社を設立しました。まずは銀行口座を開設しようと思いますが，どのような書類を準備すればよいでしょうか。

Answer

シンガポールで銀行口座を開設するには，会社，支店，駐在員事務所で用意する書類はそれぞれ異なります。銀行による所定の書式（口座開設申込書，署名届）以外に，概ね次のような書類が必要です。

詳しくは銀行に直接お問い合わせください。

1　会社の場合

下記①と③は，会社設立に携わったカンパニー・セクレタリー会社（Q21），弁護士事務所などで用意されます。②は会社設立後に，ACRA（Q４）より交付されます。④は銀行口座を開設する銀行名，口座の種類と通貨，サイン権者等を取締役会で決議した旨の議事録です。

①　定款（Q９）の写し

②　会社設立証明書の写し

③　取締役の遵法宣誓書の写し

④　取締役会議事録

⑤　小切手署名権限のある取締役のパスポート（の写し）

2　シンガポール支店の場合

下記①と②は支店開設のために必要とされる書類です。④は支店開設後にACRAより交付されます。

①　日本の本店の定款

②　日本の本店の登記簿謄本

③　支店長に対する委任状

④　支店登録証明の写し

⑤　取締役一覧表の写し

3　駐在員事務所の場合

下記④は駐在員事務所開設後にIE Singapore（シンガポール国際企業庁）より交付されます。

①　日本の本店の定款

②　日本の本店の登記簿謄本

③　駐在員に対する委任状

④　IE Singaporeよりの設立許可証

⑤　取締役一覧表の写し

Q13 決算日の決定

当社は，シンガポール支店の設立を検討しています。日本の本店の決算日は３月31日ですが，シンガポール支店の決算日を12月31日とすることは認められますか。また，支店ではなく子会社の場合はどうですか。

Answer

決算日に関する規定は，支店の場合と会社の場合とで異なります。

1 支店の場合

原則として，本店とシンガポール支店の事業年度は一致していなければなりません。一致していなければ，ACRA（Q４）から説明を求められます。ただし，特殊な業種（銀行業や保険業）についてはACRAも不一致を認めることがあります。

2 会社の場合

会社については，決算日は自由に選択することができます。また設立初年度の決算期は18ヶ月を超えない期間で設定することができます。

したがって，会社設立日が2021年８月１日の場合，決算日を12月31日とすると2021年12月31日を第１回決算日（①）とすることもできますが，翌年の2022年12月31日を第１回決算日（②）とすることも可能です。

非上場会社の場合，株主総会は決算日から６ヶ月後以内に開催する必要がありますので，第１回決算日を2021年12月31日とした場合には2022年６月30日が，2022年12月31日とした場合には2023年６月30日が株主総会開催期限となります。

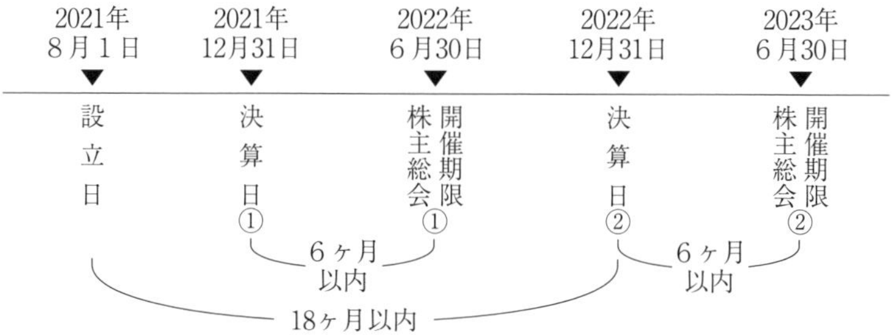

Q14 就労許可証の種類

シンガポールで就労するにあたっての就労許可証および就労者に帯同する家族の許可証の種類について教えてください。

Answer

シンガポールで外国人が就労する場合には，原則として就労許可証（Work Pass）を取得することが必要です。2021年1月1日現在での就労許可証および就労者に帯同する家族に対する許可証やビザの種類は以下のとおりです。

1 管理・専門職向け

(1) 就業許可証（Employment Pass：EP）（Q15）

高度な専門職，管理職，経営者等を対象としています。

月額固定給S$4,500*（ただし金融サービス業はS$5,000*）から申請可能となっており，経験豊富な人材にはより高い給与が求められます。

＊ 2022年9月1日以降，月額固定給はS$5,000（金融サービス業はS$5,500）へ引き上げられることが決まっています。

扶養家族の滞在許可証を取得することも可能です。ただし配偶者と子供の場合は月額S$6,000以上，親の場合は月額S$12,000以上の収入が必要となります。

EP申請にあたっては，原則的にシンガポール政府が認知した大学の卒業資格を有していることが要件となっています。MOM（人事省）は認定大学の公開は取り止めましたが，自己査定ツールをウェブ上で提供しており，申請前の自己査定の実施を推奨しています。

EPおよびS Pass（下記2参照）を申請する雇用者には，以下に該当する場合を除き，My Careers Futureを通じての求人広告掲載義務が課せられるため注意が必要です。

・従業員数が10名未満であること

・対象者の月額固定給がS$20,000以上であること

・1ヶ月以内の短期就業許可の申請であること

・シンガポール国内の関連会社間で転籍する場合

・対象者が世界貿易機関のサービス貿易一般協定（World Trade Organisation's General Agreement on Trade in Services）またはシンガポールが加盟する自由貿易協定（Free Trade Agreement）により定められる海外企業内転勤者（Overseas Intra-Corporate Transferee）であること

(2) 個人就業許可証（Personalised Employment Pass：PEP）

高所得の外国人専門家を対象としています。PEPは雇用者を限定することがないため他のワークパスと比べより高い柔軟性をもちます。離職したEP保有者またはシンガポールで就労を希望する外国人専門家が対象となります。前者の場合，直近の月収がS$12,000以上であること，また後者の場合は海外における直近6ヶ月の月収がS$18,000以上であることが必要となります。

(3) アントレパス（Entre Pass）

外国人起業家・イノベーター・投資家等を対象とした就業許可証で，シンガポールで新たに事業を立ち上げようとするものや将来有望な事業計画を有するものに申請資格が与えられます。国籍は特に問われませんが，MOMが定める要件を充足する必要があります。要項は事業内容等により異なるため，詳細につきましては会計事務所にご相談ください。また以下の事業は対象外となりますので注意が必要です。

・コーヒーショップ，ホーカーセンター，フードコート

・バー，ナイトクラブ，カラオケルーム

・足つぼマッサージ等のマッサージ店

・鍼治療，漢方薬

・人材紹介

・ジオマンシー（風水）

2　中技能熟練労働者向け

○　S pass

EPが高度な専門職，管理職，経営者等を対象としているのに対し，S Passは高等専門学校に匹敵する学歴および技術を保有する中堅技能者等を対象としています。月額固定給はS$2,500*から申請可能となっており，経験豊富な人材にはより高い給与が求められます。

＊　2022年９月１日以降，月額固定給はS$3,000（金融サービス業はS$3,500）へ引き上げられることが決まっています。

月額S$6,000以上の場合，配偶者および子供の扶養家族滞在許可証の取得が可能です。MOMは自己査定ツールをウェブ上で提供しており，申請前の自己査定の実施を推奨しています

S Pass保有従業員数は外国人従業員の採用可能枠（Quota）により制限されており，またQuotaは業種により以下のように異なるため注意が必要です。

・サービス業：全従業員数の10％

・製造業：全従業員数の20％

・その他業種：全従業員数の18％

3　低技能労働者向け

○　労働許可証（Work Permit：WP）

労働許可証は，建設，製造，海上造船所，プロセスまたはサービス部門で働く，シンガポール政府が認める特定の外国人国籍の労働者が対象となります。

また申請要件，採用可能枠等は業種毎に異なるため，注意が必要となります。

4　外国人就業者の扶養家族向け

(1)　扶養家族滞在許可証（Dependant's Pass：DP）（Q15）

以下の要件を満たす場合，DP申請が可能となります。

・EP保有者またはS Pass保有者であること

・月額固定給がS$6,000以上であること

・シンガポールで登録された会社（通常は，雇用者）がスポンサーであること

申請対象となる扶養家族は以下のとおりです。

・法的な婚姻関係にある配偶者

・21歳未満の未婚の子供および法的に養子縁組された子供

(2)　長期滞在許可証（Long Term Visit Pass）

以下の条件を満たす場合，長期滞在許可証の申請が可能となります。

・EP保有者またはS Pass保有者であること

・月額固定給がS$6,000以上であること

・シンガポールで登録された会社（通常は，雇用者）がスポンサーであること

申請対象となる扶養家族は以下のとおりです。

・内縁の配偶者

・21歳以上の障がい児の未婚の子供

・21歳未満の血縁関係のない未婚の子供

・親（ただし月額固定給S$12,000以上であること）

5　短期滞在者向け

(1)　各種労働許可証（Miscellaneous Work Pass）

各種労働許可証は特定の活動のためシンガポールで60日以内の短期間就労する外国人向けの労働許可証です。セミナー講演者，宗教関係者，ジャーナリストなどを対象としています。特定の活動とは以下のとおりです。

①　宗教・人種・政治・社会的な活動に関連するセミナー，会議，ワーク

ショップまたは会合の開催または実施に直接関与する者

② 宗教的または関連活動を行う宗教関係者

③ シンガポールでのイベント取材や執筆活動を行うジャーナリスト，レポーター，または同伴するクルーメンバー

⑵ アーティスト労働許可証（Work Permit for Performing Artistes）

バー，ホテル，ナイトクラブといった認可を受けた公共娯楽施設でアーティストとして演奏等を行う外国人等を対象としており，最長で6ヶ月以内の滞在許可証となります。

6 学生および訓練中の外国人向け

⑴ ワークホリデイ許可証（Work Holiday Programme）

シンガポール国内で最長6ヶ月以内の就労を希望する外国人の大学生や卒業生を対象としています。以下の要件を満たす場合において申請が可能となります。

・対象者の申請時における年齢が18－25歳であること

・オーストラリア，フランス，ドイツ，香港，日本，オランダ，ニュージーランド，スイス，英国，または米国の大学の在学生または卒業生であること

・当該大学はその国の政府から正式に認可を受けたものであること

・在学生の場合：申請時点で少なくとも最低3ヶ月間は当該大学へフルタイムの学生として在籍していること

・卒業生の場合：フルタイムの学生であったこと

⑵ 研修就業許可証（Training Employment Pass）

海外の事務所や子会社から従業員を研修目的でシンガポールへ派遣する場合や外国の大学生のインターンシップとして企業研修を受け入れる場合に申請することができます。申請のための要項は以下のとおりです。

大学生の場合：

・当該研修が大学の教育課程における履修科目に含まれていること

・当該大学の学生であること，または月額固定給がS$3,000以上であること
・ビザスポンサーがシンガポール国内法人であること

海外の事務所または子会社からの研修生の場合：

・月額固定給がS$3,000以上であること
・ビザスポンサーがシンガポール国内法人であること

(3) 研修労働許可証（Training Work Permit）

シンガポールで実務研修を受ける外国人の低技能研修生や，シンガポールの教育機関で履修している留学生等が対象となります。学生の場合，当該研修が教育課程における履修科目に含まれていることが要件に含まれます。申請する許可証は最長で6ヶ月間まで有効であり，また許可証保有者数はQuotaにより制限を受けます。

(4) 通学許可証（Student Pass）

通学許可証は，DP（4(1)参照）保有者以外の外国人が，シンガポールの全日制教育機関で勉学をする際に認められる長期滞在許可証です。

例えば，EP保持者である父親が先に帰国し，EPをキャンセルした後に子供がシンガポールで学校に通学する場合，通学許可証が必要です。

なお，母親もシンガポールに残る場合は，長期滞在許可証を取得し，滞在許可を得ます。

Q15 就業許可証の取得手続

当社はこのたびシンガポール支店に，日本人の総務経理担当マネージャーを送りたいと思っています。就業許可証の取得手続について教えてください。

Answer

シンガポールで就労する日本人駐在員とその帯同家族に対する主な就業許可

証等の取得手続は以下のとおりです。

1 管理・専門職向け就業許可証（EP）（Q14)の申請

MOMウェブサイトののオンラインポータルから電子申請により申請が可能です。シンガポールで登録手続が完了していない海外企業の場合，ローカル・スポンサー（シンガポール登録会社）が代理申請を行う必要があります。

申請手続：

・ポータルへログインして申込書の記入および必要書類*のアップロードを行います

・手数料$105がかかるため，GIRO，VISA，Master Cardのいずれかの方法で支払います

・申請状況については提出後から３週間を目安として一度ご確認ください。追加で情報が必要な場合，通常よりも審査に長く時間がかかる場合があります

・申請が承認された場合はEPオンラインにログインしIPAレターを印刷します

＊　就労パスに必要な書類：

・候補者のパスポートの個人明細を記載したページの写し

・雇用者のビジネス・プロファイルまたはACRAへ届出た事業内容に関する概要

・候補者の学歴証明書（学位証明書など）

取得したIPAレターのコピーの一部は候補者に送付してください。候補者はIPAレターのコピーを一次ビザとして，シンガポールへの入国手続を行います。

候補者はIPAレターが発行されてから６ヶ月以内に入国手続およびパスの交付手続を完了させる必要があります。またIPAレターにはシンガポール到着後の健康診断の要否についても記載しています。

2 扶養家族滞在許可証（DP）（Q14）

扶養家族を帯同する場合は，DPを申請する必要があります。申請に必要な書類は以下のものです。

(1) 戸籍謄本

法的な婚姻関係にある配偶者の場合は「Marriage Certificate」，21歳以下の未婚の子供の場合は「Birth Certificate」，21歳以下の法的に養子縁組された子供の場合は「Official Adoption Papers」となります。

日本で取得した戸籍謄本の翻訳について発行元の役所の証明書を入手するか当地の日本大使館で翻訳します。

(2) パスポートの個人明細を記載したページの写し

申請はEPオンラインを通じて申込書に必要事項を記入し，必要書類をアップロードするかたちで行います。

3 EP取得の要件

EPが取得できるかどうかは，申請書に記載された本人の条件（年齢，学歴，実務経験，給与，職種など），勤務先の規模（払込資本金，プロジェクトの規模，会社の事業内容）などを勘案して，総合的に判断して許可されます。したがってEPが必ず入手できるとは限りません。

4 EP取得までに要する期間

オンライン申請の場合，通常は３週間以内に結果が分かります。ただしシンガポールで登録していない海外法人の場合，申請結果が判明するまでに３－８週間程度の時間がかかる場合があります。

5 シンガポール永住権（Permanent Residence：PR）

シンガポール永住権（PR）を取得すると，シンガポール滞在が無期限で許可（ただし，通常５年ごとに再入国許可証（Re Entry Permit：REP）の更新が必要）され，EPなしで就業できるようになります。

また，EP取得者と違い，PR取得者は中央積立基金制度（CPF）（Q158）に加入する義務があります。

以下に該当する方の場合，PRを申請することが可能です。

・シンガポール国民またはPRの配偶者

・シンガポール国民またはPRとの間で法的婚姻関係にあるか，または養子となった21歳未満の未婚の子供

・シンガポール国民の高齢の親

・EPまたはS Pass保有者

・シンガポールに留学中の学生

・シンガポールの外国人投資家または実業家

審査は候補者のシンガポール人との家族関係，経済的貢献，資格，年齢，家族構成，居住期間など，シンガポール社会への貢献や適応能力を図るための様々な要素を総合的に評価したうえで判断されます。

申請手続は全てｅサービスによるオンライン申請により行います。

以下の条件に該当する場合，有効なSingpassアカウントを通じて必要手続を行うことができます。

・シンガポール人またはPRで，自身の配偶者または21歳未満の未婚の子供に対して申請する場合

・シンガポール人が高齢の親に対して申請する場合

・EPまたはS Pass保有者が自身に対して申請する場合

現在シンガポールに留学している学生の場合，FIN（Foreign Identification Number）と保有している滞在許可証の発行日を入力することで，ｅサービスにアクセスしオンライン申請することが可能です。

投資家または起業家の場合，シンガポール経済開発庁（Singapore Economic Development Board）によるグローバル・インベスター・プログラム（Global Investor Programme：GIP）という事業実績と起業家精神を持つシンガポールへの投資家向けスキームの要件を満たすことで，申請が可能です。

PRの審査は厳しいものになっており，申請しても必ず認められるとは限りません。申請や必要書類の詳細については，入国管理局（Immigration & Checkpoints Authority：ICA）のウェブサイト（http://www.ica.gov.sg/）をご参照ください。

Q16 長期滞在者のための諸手続

今回の人事異動でシンガポール支店勤務を命じられました。シンガポール長期滞在者のための諸手続を教えてください。

Answer

シンガポールに長期滞在するにあたっての諸手続には以下のようなものがあります。

1　在留届の提出

日本の旅券法16条により，日本国外で３ヶ月以上滞在しようとする人は，到着後住所が決まり次第，遅滞なく在留届をその地を管轄する在外公館または最寄りの公館に提出しなければなりません。シンガポールの場合は，シンガポール日本大使館に提出することになります。

2　就業許可証（EP）（Q15）の入手

EPの取得手続としては，日本に滞在している間に取得申請をしておき，許可が下りた時点でシンガポールに渡り，パスポートにEP承認の裏書きをもらうとともにEPを入手する方法が，もっとも効率がいい方法です。EPの取得申請は，MOM（人事省）に行います。

3　運転免許証の取得

日本の運転免許証をシンガポールの運転免許証に切り替える場合，学科試験（Basic Theory Test：BTT）を受けて合格することが義務づけられています。

試験合格後，申請の際の必要書類は，①パスポート，②シンガポール長期滞在ビザ（EP／S Pass等），③国際免許証または日本の運転免許証の英文翻訳証明書，④パスポートサイズの顔写真，です。学科試験は50問で45問以上正解すると合格になります。試験は，英語，中国語，マレー語，タミール語の４カ国語で行われます。

４ その他

その他の手続としては以下のようなものがあります。それぞれ関係諸機関に連絡して申込手続を確認してください。

① 日本人会（http://www.jas.org.sg/）

② 日本商工会議所（http://www.jcci.org.sg/）

③ 電気・水道・ガス

④ 電　話

⑤ 銀行口座の開設

⑥ クレジットカードの作成

⑦ インターネット

第3章

会社法務に関するQ&A

● Point ●

シンガポールはグリーン＆クリーンカントリーとよばれており，官吏の腐敗や不正といったことは，極めて少なくなっています。その反面，高度に発展した管理社会であるため，企業活動や日常の生活の隅々まで，法令による規制がなされています。

企業活動に関してもさまざまな法律があり，それに準拠して企業活動を営まないと，罰金などが課せられます。第３章では会社の運営に係わる法律や手続についての質問を集めました。株式会社の株主総会，取締役会，取締役，会社の清算，合併，事業譲渡など，会社法に関するものが大半です。

企業活動に関する法律としては以下のような法令があります。

Companies Act	会社法
Securities and Futures Act	証券取引法
Limited Liability Partnership Act	LLP法
Partnership Act	パートナーシップ法
Business Trust Act	ビジネス・トラスト法
Banking Act	銀行法
Money Lenders Act	貸金業法
Bankruptcy Act	倒産法
Business Registration Act	事業登記法
Employment Act	雇用法

Q17 利用できるアウトソーシングサービス

シンガポールで事業を始めます。固定費を最小限にして小規模でスタートするため，またその後ある程度の事業規模になっても経営効率を上げるため，管理業務のアウトソーシングを利用したいと思います。どのようなサービスがありますか。

Answer

シンガポールは国策として外資系企業を誘致してきましたので，その業務をサポートするさまざまなサービス会社があります。ある程度の規模を持つ日系のサービス会社や日本人窓口を置いているアウトソーシング会社が多いのがシンガポールの特徴です。

どのようなサービスが利用できるのか，会社の進出段階ごとに見ていくことにしましょう。

【会社設立時】

サービス会社の種類	受けられるサービス
カンパニーセクレタリー会社・法律事務所・会計事務所	設立事務の代行や名目取締役の名義貸し，会社の登録住所の代理請負，就労許可証申請
会計コンサルタント	納税者登録，GST登録，就労許可証申請
不動産仲介業者	オフィスや駐在員住居の紹介

【事業草創期・発展期】

サービス会社の種類	受けられるサービス
サービスオフィス	オフィスのレンタル，受付・電話応対代行
人材紹介会社	中間管理職から貿易事務やエンジニアリングなど専門職，一般職まで人種を問わず紹介
人材育成会社	ローカルスタッフのトレーニング，研修
IT通信サービス	IT環境の構築とマネジメント，海外コミュニケーションネットワークの構築支援
通訳・翻訳	英語・中国語を始めアセアン各国の言語の通訳の派遣，翻訳
カンパニーセクレタリー会社	取締役会や株主総会の議事録作成，ACRAへの変更登録，アニュアルリターンの作成と登録
会計コンサルタント	記帳代行，監査対応，税務申告（法人税，個人所得税，GST），給与計算代行
法律事務所	契約書作成，各種法務アドバイス，知財管理サポート，JV支援
会計事務所	会計監査，税務申告（法人税，個人所得税，GST），各種税務アドバイス，内部統制強化サポート，買収支援，組織再編サポート

【事業縮小・撤退】

サービス会社の種類	受けられるサービス
法律事務所	労務アドバイス，解約サポート
会計事務所	会社清算手続サポート，清算申告

アウトソーシングサービスの会社は，JETROシンガポールや日本商工会議所で紹介を受けられるほか，現地で刊行されている日本語の生活ガイドや電話帳で調べることができます。

Q18 現地代表者

当社はシンガポール支店を開設しましたが，現地代表者を１名選任する必要があると聞きました。
現地代表者の役割を教えてください。

Answer

現地代表者（Authorised Representative）は外国会社の支店の行為に対して責任があります。またシンガポールの法律に関して，当該支店が違反行為をした場合の罰則に関して，個人的に責任があります（会社法370条２項）。

その資格要件と選任手続は以下のとおりです。なお，以前はローカル・エージェント（local agent）と呼ばれていましたが，2014年の会社法改正により，現地代表者（authorised representative）に呼称が変更されています。

1　資格要件

外国会社の支店は，１名の現地代表者を指名する必要があります。現地代表者はシンガポール居住者（シンガポール国民，シンガポール永住権（PR）または就業許可証（EP）（Q14，Q15）の保有者）でなければなりません。現地代表者が退任するにあたってはACRAに対して所定の通知をする必要がありますが，新たな現地代表者による就任承諾書がACRAに届け出されないと退任の効力は発生しません。また，仮に現地代表者が死亡した場合には，21日以内に新たな現地代表者を選任する必要があります（会社法370条３，４，６および７項）。

2　現地代表者選任のための手続（会社法370条４項）

現地代表者選任のための書類は次のようなものが必要です。

① 現地代表者の名前，国籍，居住住所等を記載した通知書

② 現地代表者の就任承認に関する所定の文書

Q19　株主総会

シンガポール会社における株主総会の役割について教えてください。

また，株主総会を開催するにあたっての手続，留意事項について説明してください。

Answer

シンガポール会社法上，株主総会は株主によって構成され，会社の意思を決定する最高機関です。株主総会の権限は主に定款（Q９）で定められますが，一般的な役割，開催手続，留意事項は以下のとおりです。

1　株主総会の役割

① 決算の承認
② 取締役の選任，解任（Q30）
③ 会計監査人の選任，解任（Q22，Q23）
④ 増資，減資（Q35，Q36）
⑤ 定款の変更
⑥ 会社の合併（Q39）
⑦ 会社の清算（Q41）
⑧ その他会社法，定款で株主総会決議が必要であると定めた事項

2　開催の時期

シンガポール会社法では，会社は１年に最低１回，会計年度末から６ヶ月以内（上場会社の場合は４ヶ月以内）に定時株主総会を開催しなければなりません（会社法175条１項）。この決算の承認のために１年に一度開催する株主総会を定時株主総会（Annual General Meeting：AGM）と呼び，必要に応じて開催される

定時株主総会以外の株主総会を臨時株主総会（Extraordinary General Meeting：EGM）と呼びます。

3　決議の種類

株主総会決議の種類には，普通決議（Ordinary Resolution）と特別決議（Special Resolution）があります。普通決議とは出席株主の過半数（Simple Majority）の賛成が必要な決議です。特別決議は出席株主の４分の３以上の賛成が必要な決議です。特別決議が必要な議題は，会社の清算，減資，定款の変更など会社の基本的事項に関する決議です。

4　株主総会の定足数・開催場所

株主総会の定足数は１人株主の会社を除いて最低２名です（会社法179条１項）。株主総会の開催地は自由ですので，必ずしもシンガポールで開催する必要はありません。

5　委　任　状（Proxies）

会社法181条は，株主は株主総会に出席する権利を有しており，自分以外の代理人を選任して議決権を行使してもらうことができる旨規定しています。日系企業の場合，株主総会がシンガポールで開催される場合には，現地の取締役を代理人として議決権を行使してもらうことも一般的に行われています。代理人を選任する場合，委任状が必要です。

6　株主総会開催の通知

株主総会を開催する前には，招集通知を株主総会の14日前までに各株主宛に送付する必要があります（会社法177条２項）。ただし特別決議が必要な株主総会の場合は，プライベート・カンパニー（Ｑ１）では14日前までに，パブリック・カンパニー（Ｑ１）では21日前までに通知する必要があります（会社法184条１項）。また，所定の手続を経ることにより，招集通知の期間については短縮することも可能です。

7　株主総会議事録（Minutes）

株主総会が開催された場合，株主総会から1ヶ月以内に，株主総会議事録を作成しなければなりません。当該議事録には株主総会の議長が署名します（会社法188条）。

実際の作成はカンパニー・セクレタリー（Q21）が行います。

Q20　取締役会

シンガポール会社における取締役会の役割はどんなものでしょうか。また，取締役会を開催する上での手続，留意事項について説明してください。

なお，当社のシンガポール子会社の取締役は3名で，うち1名はシンガポールに駐在しており，残り2名は日本在住の取締役です。定款上，取締役の定足数は2名です。

Answer

シンガポール会社法上，取締役会は会社の経営全般を担う機関です。

取締役会は，会社法または定款（Q9）により株主総会（Q19）の権限とされているもの以外の，会社の持つ権限の全てを行使するとされています（会社法157A条）。

一般的な役割，開催手続および留意事項は以下のとおりです。

1　取締役会の役割

①　決算の承認

②　配当金の決定（Q33）

③　取締役の欠員補充（Q30）

④　カンパニー・セクレタリー（Q21）の選任，解任

⑤　取締役の利益相反取引の承認

⑥　その他会社法，定款で取締役会決議が必要であると定められた事項（マネージング・ダイレクター（Q29）の選任，解任等）

2　取締役会決議の方法

取締役会決議は実際に取締役会を開催して決議する方式と，取締役会議事録を全員の取締役に回覧して署名をもらう持ち回りによる書面決議（Directors' Resolution in Writing）による場合の２形態があります。前者の場合は，取締役２名で取締役会を開催して決議するため，取締役２名が同時に同じ場所にいなければなりません（ただし，１名がテレビ会議などの方法により遠隔地から参加する余地もあります）。後者の場合，決議事項を議事録に記載して，取締役全員がそれに署名することとなるため，実際の取締役会は開催されません。

3　貴社のケース

貴社の場合，現在のところ取締役２名が日本に在住していますので，いつでも取締役会を日本で開催できる状態になっています。一方，取締役会をシンガポールで開催するためには，原則としては，日本在住の取締役に出張でシンガポールに来てもらう必要がありますが，日本在住の取締役がテレビ会議などの方法により参加する余地もあり，特にコロナ禍以降はそのような形がより一般的になっているものと考えられます。

持ち回りによる書面決議を行う場合は，取締役全員が署名すればよいだけです。

4　開催場所

実際に取締役会を開催する場合，その日時，場所に定足数の取締役がそろうならどこで開催してもかまいません。しかしシンガポール国外であまり頻繁に

開催すると，税務上，シンガポール非居住法人とみなされるおそれがありますので，注意する必要があります。また書面決議による取締役会決議ばかり行っている場合も同様です。非居住法人とみなされた場合のデメリット等についてはQ47をご参照ください。

Q21　カンパニー・セクレタリー

カンパニー・セクレタリーはどのような業務を行うのですか。

Answer

シンガポール会社法におけるカンパニー・セクレタリー（Secretary of Company）は会社の機関のひとつであり，日本の文献では秘書役あるいは会社書記役と訳される場合があります。日本の会社法には見られない制度です。

カンパニー・セクレタリーは，取締役会の意思決定が法令に基づき行われ，会社が法令に準拠して届出や文書作成を行うことを監視する機関です。

全ての会社は，最低1名のカンパニー・セクレタリーを置かなければなりません。カンパニー・セクレタリーはシンガポールに居住する自然人であることを要します。また取締役が1名である場合には，取締役を兼務することはできません（会社法171条1E項）。

その資格要件や業務内容は以下のとおりです。

1　カンパニー・セクレタリーの資格要件

現在のところ，プライベート・カンパニー（Q1）のカンパニー・セクレタリーに資格要件はありません。パブリック・カンパニーについては以下の資格要件を持つ者でなければなりません（会社法171条1AA項，会社規則89条）。

【秘書役の資格】

(1)　最近5年間のうち，少なくとも3年間カンパニー・セクレタリーとして従

事していた者

(2) Legal Profession Actに基づく資格を有する者（弁護士）

(3) 公認会計士

(4) 次のいずれかの団体に所属している者

① the Institute of Singapore Chartered Accountants

② the Chartered Secretaries Institute of Singapore

③ the Association of International Accountants（シンガポール支局）

④ the Institute of Company Accountants, Singapore

2 カンパニー・セクレタリーの任命

カンパニー・セクレタリーは原則として取締役により任命されます（会社法171条３項）。カンパニー・セクレタリーの職務者が６ヶ月以上空席であってはなりません（会社法171条４項）。

カンパニー・セクレタリーが交代した場合や，住所などに変更があった場合は，法定の登記事項ですので，ACRA（Q４）に届け出なければなりません（会社法173条６項，173A条１項）。

3 カンパニー・セクレタリーの業務内容

カンパニー・セクレタリーの業務は，ACRAへの届出事項（Q26）に関する業務を行うことです。基本的には手続上の書類作成業務が主になりますので，日本の監査役のような業務監査権はありません。

公開会社では，常勤のカンパニー・セクレタリーを置いているのが通常です。しかし，一般の中小規模の会社については，カンパニー・セクレタリーの名義借（Named Company Secretary）をし，実務上の仕事（Corporate Secretarial Services）はカンパニー・セクレタリー会社や弁護士事務所が代行しているケースがほとんどです。

具体的には次のようなことをします。

① 会社法上の登記事項についてACRAに提出する書類の作成と登記

② 認証のための副署（Countersigning）

③ 取締役会議事録，株主総会議事録など法定帳簿の整備・保管

④ 株主総会招集通知などの作成・発送

⑤ 発行する株券（Share Certificate）への署名

Q22 監査役と会計監査人

シンガポールの株式会社には監査役という機関はあるのでしょうか。

また，会計監査人についてはどうでしょうか。

Answer

結論からいうと，シンガポール会社法には監査役という機関はありません。シンガポール会社法は，英国法による影響が強いため，会社の機関としては，株主総会，取締役会などの機関はありますが，監査役という機関はありません。

ただし，上場会社については取締役により構成される監査委員会（Audit Committee）を設置することが義務づけられており（会社法201B条），監査委員会は会計監査人（後述）と共同して会計監査を行います。業務監査は行いません。

1 会計監査人（Auditor）

シンガポールでは会社法に基づく会計監査人の監査が強制されています（ただし例外あり，Q134）。会計監査人はシンガポール公認会計士でなければなりません。会計監査人の責務は，会社（取締役）が作成する財務諸表が会社法およびシンガポール会計基準に準拠しているか否かについて意見を表明することです。

取締役会は設立後３ヶ月以内に会計監査人を選任しなければならず，その後，毎年開かれる定時株主総会において会計監査人を選任しなければなりません（会社法205条１・２項）。

日本の監査役の名刺には，英語の肩書として，「Auditor」とか，「Corporate Auditor」などと印刷されています。日本の事情をよく知っているシンガポール人ならともかく，通常のシンガポール人は「Auditor」という名称からは公認会計士のような外部会計監査人を思い浮かべ，「Internal (In-house) Auditor」からは会社の内部監査室のスタッフを連想するようです。

Q23 会計監査人の変更

日本の親会社の会計監査人がＡ会計事務所に変更になり，シンガポール子会社である当社も会計監査人をＡ会計事務所のメンバーファームに変更することになりました。

会計監査人を変更するにはどのような手続が必要でしょうか。

Answer

会計監査人は株主総会で選任，解任されます。実務上，会計監査人変更に際して，以下の手続が必要です。

⑴ まず，株主からの監査人変更承諾通知をもらう必要があります。

⑵ つぎに，監査人退任の要請により前会計監査人に自発的に退任してもらうように，会計監査人の辞任を要請します。

⑶ 一方で，新会計監査人に対し，会計監査人に指名する旨の文書（Letter of Appointment）を提出し，会計監査人就任を要請します。

⑷ その上で，新会計監査人は前会計監査人に対し，新会計監査人就任にあたって会計監査上の問題がないかの確認書（Professional Clearance）を依頼します。

⑸ 前会計監査人は，辞任要請を受けて会社に対して，辞任届（Letter of Resignation）を提出します。

⑹ ほぼ同時に，前会計監査人は新会計監査人に対し，会計監査人引継ぎのた

めの確認書を提出します。

(7)　確認書に問題がなければ，新会計監査人は会計監査人就任要請を承諾する旨の文書（Letter of Consent）を会社に提出します。

(8)　その後，会社は会計監査人変更に関する臨時株主総会開催のための取締役会決議をします。

(9)　取締役会決議後，臨時株主総会の招集通知を総会の２週間前までに発送します。なお，株主の同意を得ることで，発送時期を短縮することも可能です。

(10)　臨時総会で新会計監査人の選任決議をします。

(11)　臨時株主総会後，取締役会が２週間以内にACRAに新会計監査人を届け出る必要があります。

(12)　ほぼ，同時に会社と新会計監査人との間で監査契約を締結し，監査人変更手続は終了します。

一連の流れを図示すると以下のようになります。

【会計監査人の変更に関する一連の流れ】

番号	手　続	関係者	タイミング
(1)	株主からの監査人変更承諾の通知	株主から会社へ	
(2)	監査人退任の要請	会社から前会計監査人へ	(1)とほぼ同じタイミング
(3)	監査人就任の要請	会社から新会計監査人へ	(1)とほぼ同じタイミング
(4)	監査人引継ぎのための確認書依頼	新会計監査人から前会計監査人へ	(3)を入手次第，できるだけ早く
(5)	監査人退任届	前会計監査人から会社へ	
(6)	監査人引継ぎのための確認書入手	前会計監査人から新会計監査人へ	(5)とほぼ同じタイミング
(7)	監査人就任の承諾	新会計監査人から会社へ	(6)を入手次第，できるだけ早く
(8)	臨時株主総会開催に係る取締役会決議	会社	(7)を入手次第，できるだけ早く
(9)	臨時株主総会の通知	会社から株主へ	臨時株主総会の２週間前（短縮可）

(10)	臨時株主総会による監査人選任	会社	
(11)	ACRAへの監査人変更登録	会社	(10)の後２週間以内
(12)	監査契約締結	会社と新会計監査人	

※　図中の番号欄記載の数字は，手続説明本文の項番と対応しています。

Q24　決算書の提出期限

当社は12月31日が決算日のシンガポール会社です。会社の監査済決算書をいつまでにACRAに提出しなければなりませんか。なお，定時株主総会は６月30日に開催する予定です。

Answer

貴社の場合，最長で７月30日が提出期限になります。具体的な規定は以下のとおりです。

1　株主総会への決算書の提出義務

会社法201条１・２項によると，取締役は定時株主総会の前までに監査済決算書（Q118）を作成し，会社に備えておく必要があります。会社は１年に最低１回，会計年度末から６ヶ月以内（上場会社の場合４ヶ月以内）に定時株主総会を開催しなければなりません。したがって貴社が非上場会社であれば，今年の６月30日までに，決算書を作成して定時株主総会に提出する必要があります。

2　ACRA（Q４）に対する提出書類

会社は上記の監査済決算書と年次報告書（Annual Return）を，定時株主総会の開催日から１ヶ月以内に，ACRAに提出する必要があります。もし提出を怠った場合には，取締役がS$5,000以下の罰金に処せられる可能性があります（会社法197条6項）。

3　提出期限の延長

6月30日までに株主総会が開催できない場合には，6月30日までに，その理由をACRAに書面で提出して，提出期限延長の申請をすることができます（最長2ヶ月間）。

4　シンガポール支店の場合

支店の場合は会社の場合と異なり，支店の監査済決算書に加え，全社の監査済（監査を受けている場合）決算書（英文）を本店の株主総会から2ヶ月以内に作成し，ACRAに登記する必要があります。日本の場合，決算日から3ヶ月以内に株主総会を開催しなければならないため，通常は最長5ヶ月以内に監査済決算書を登記しなければなりません。罰則等については会社の場合と基本的に同様です。

Q25　ACRA（企業会計規制庁）への登記事項［支店］

当社は，シンガポールに支店を置いていますが，日本の法務局に対するようにACRAに対して届け出るべき事項はありますか。

Answer

ACRA（Q4）に対する，設立時届出事項の変更が生じた場合やその他の届出必要事項は次のとおりです。現在はオンラインによる届出が一般的です。

上記に掲げたのは，しばしば届出を要すると思われるものだけで，このほかにも様々な届出事項があります。

届 出 事 項	期 限
支店の代表（ローカル・エージェント（Q18）） または取締役の選任・退任 登録事務所および営業時間の変更 設立地での事業活動および組織体の変更	30日以内
本店の商号の変更	30日以内に届出。ACRAに新商号の承認申請をすることができ，承認申請後，届出をACRAに行うことができる。
支店の代表または取締役の名前，身分証明書情報，住所，連絡先等の情報の変更	30日以内
定款変更	30日以内
全社および支店の決算書の提出	定時株主総会開催後60日以内 定時株主総会が開催不要の場合，前会計年度から7ヶ月以内
支店の営業停止	7日以内
本店の解散・清算	14日以内

Q26 ACRA（企業会計規制庁）への登記事項［会社］

当社は，シンガポールに子会社を設立していますが，日本の法務局に対するようにACRAに対して届け出るべき事項がありますか。

Answer

ACRA（Q4）に対する，設立時届出事項の変更が生じた場合やその他の届出必要事項は次のとおりです。現在はオンラインによる届出が一般的です。

届出事項	期限
商号，事業活動，住所および営業時間の変更	14日以内
取締役，カンパニー・セクレタリー（Q21），マネージング・ダイレクター（Q29）および会計監査人（Q23）の選任・退任，住所や連絡先などの届出情報の変更	14日以内
年次報告書（Annual Return） 　決算期ごとに監査済決算書（Q118）を添付して提出	会計年度末後5ヶ月以内（上場会社）または7ヶ月以内（非上場会社）[注]。ただし， ① 定時株主総会開催後， ② 定時株主総会を開催する必要がない場合には，年次報告書が株主に送付後，または ③ 財務書類を作成義務が免責されている，若しくは定時株主総会の開催が免除されている会社については，会計年度後でなければならない。
新株の発行 　割当報告書（Return of Allotment of shares）を提出	14日以内
株式の譲渡	特に期限はないが，譲渡通知書（Notice of Transfer of Shares）の届出をし，株主名簿の名義書換が行われなければ株主変更の効力が生じないため，通常は速やかに行われる。
株主総会決議 　定款変更	決議後14日以内

（注） シンガポール国外に支店名簿（branch register）を有する会社は，6ヶ月以内（非上場会社）または7ヶ月以内（上場会社）

上記に掲げたのは，しばしば届出を要すると思われるものだけで，このほかにも様々な届出事項があります。詳細については，カンパニー・セクレタリー会社または弁護士事務所にご相談ください。

Q27 取締役（Director）の資格

シンガポールに会社を設立する予定です。シンガポール法人の取締役について，何か資格要件がありますか。新会社の取締役を決定する上で，注意すべき事項を教えてください。

Answer

シンガポールの会社法では，取締役は最低１名で，シンガポールの居住者であることが必要です（会社法145条１項）。シンガポールで就業許可証（Employment Pass：EP）（Q14，Q15）を保有している者は，シンガポール居住者として取り扱われます。したがって，取締役候補者として，シンガポールの会社に派遣する駐在員を含めることができます。シンガポールの居住者が１名取締役に含まれていれば，他の人は日本在住者でも構いません。また，カンパニー・セクレタリー会社（Q21）を介して名義上の居住者取締役を手配することが可能ですので，その者を新会社の居住者取締役とすることもできます。

なお，就業許可証を保有している者が，シンガポールで２つの会社の取締役になるためには，MOMから同意書（Letter of Consent）を取得する必要があります。

1　取締役の資格要件

取締役に就任するためには，主に以下の条件を満たしている必要があります。

①　満年齢18歳以上であること（会社法145条２項）

②　シンガポールの国内または国外において破産宣告を受け，免責を受けていない者（会社法148条）

③　シンガポールの裁判所により，過去の債務超過状態で清算手続に入った会社の取締役である，またはあったことにより，取締役になることが不適格であるとの命令を受けていないこと（会社法149条）

④　シンガポール国内または国外において，詐欺や不正行為による犯罪による禁固３ヶ月以上の有罪判決を受けていない，若しくは証券先物法第７章に基づく違反（市場での虚偽取引，相場操縦，インサイダー取引等）により有罪判決を受けていない，または証券先物法232条に基づき民事制裁の負担を負わないこと（会社法154条１項）

⑤　会社の設立若しくは経営に関する違反，会社法に基づく取締役の信義誠実義務若しくは会計書類の保管義務の違反等による有罪判決を受け，裁判所から取締役としての不適格命令を受けていないこと（会社法154条２項）

⑥　申告書，計算書類，その他商業登記にともなう提出義務に関して，会社法13条，399条に関連した事項について，５年間で３回以上，登記業務を怠ったことにより有罪になったり，裁判所から改善命令を受けたことがないこと（会社法155条）

2　取締役の選任にあたって必要な書類

取締役に選任される者は，「取締役就任の同意書（Consent to Act as Director）」に署名する必要があります。

Q28　取締役の義務

シンガポール子会社の取締役に選任されました。一般的な取締役の義務について教えてください。

Answer

一般的な取締役の義務として，コモン・ロー上の義務と制定法上の義務とがあります。

1　コモン・ロー上の義務

取締役は，コモン・ロー上の義務（過去の判例の蓄積によって認められた義務）として，信認義務（Fiducially Duty）と注意義務（Duties of Care and Skill）を負うと言われています。

信認義務とは具体的に以下の４つが挙げられます。

①　会社の利益のために誠実に行動する義務

②　適切な目的に従って権限を行使する義務

③　自由裁量を保持しなければならない義務

④　会社と自己との利益相反を回避する義務

また，注意義務とは，常に誠実かつ合理的な注意をもって業務を遂行しなければならないという義務のことです。

2　制定法上の義務

コモン・ロー上の義務を明文化したものであり，具体的にシンガポール会社法上で定められている義務には，一般的に，以下のようなものがあります。

⑴　利害関係の報告・開示義務（Q31も併せてご覧ください）

例えば，取締役が会社の行っている取引または潜在的取引について利害関係のある場合は，事前に取締役会に事実を公表等する必要があります（会社法156条）。違反した場合取締役は，S$5,000以下の罰金または12ヶ月以下の禁固に処せられる可能性があります（会社法156条15項）。

⑵　注意義務

会社法157条１項は，取締役は常に誠実かつ合理的な注意をもって業務を遂行しなければならないと定めています。また，取締役は，取締役の地位により取得した情報を，自己または他者の利益を得るために利用したり，会社に不利益をもたらす目的で不正に利用してはならないとしております（会社法157条２項）。

注意義務に違反した取締役は，それによって個人で得た利益を会社に返還する義務，また，会社に損害を与えた場合には損害賠償義務を負います。さらに，S$5,000以下の罰金または12ヶ月以下の禁固に処せられる可能性があります（会社法157条3項(a)(b)）。

(3) 適正な決算を行う義務

会社は，十分に，当該会社の取引および財務状況を説明し，かつ真実かつ適切な財務書類およびそれに付属させるために必要な書類を適時に準備できるよう会計その他の記録を整理保持し，適切に監査が受けられる状態にしておかなければなりません（会社法199条1項。Q24，Q118，Q133等もご参照ください）。

違反した場合，その会社の取締役は，S$5,000以下の罰金または3ヶ月以下の禁固に処せられる可能性があります（会社法199条6項）。

(4) 内部統制システム構築義務（パブリック・カンパニー（Q1）とその子会社のみ）

パブリック・カンパニー，もしくはその子会社の取締役は，資産を不正な使用や処分から保全し，取引が適切な承認手続を経て行われ，会計上適切に記録されるための内部統制を構築，維持しなければなりません（会社法199条2A項）。

違反した場合は，S$5,000以下の罰金または3ヶ月以下の禁固に処せられる可能性があります（会社法199条6項）。

(5) その他の義務

取締役は，その他下記の義務を負っております。なお，これらに限定されるものではありません。

① 会社の全部または重要な一部の財産・事業の譲渡の場合の株主総会の承認の取得義務（会社法160条）

② 取締役の保有する会社株式の開示義務（会社法165条。Q31もご参照ください）

③ 定時株主総会での監査済み財務書類および取締役会報告書の提出義務（会社法201条）

④ 清算またはジュディシャル・マネジメント手続における会社資産の開示義務等の違反（破産法234条）

Q29 マネージング・ダイレクター

シンガポールではいわゆる社長のことをマネージング・ダイレクターと呼ぶことが多いですが，日本の代表取締役との違いについて教えてください。

Answer

マネージング・ダイレクターと代表取締役はイコールではありません。具体的な違いは以下のとおりです。

1　日本の会社法上の規定

日本の会社法では，会社は一部の例外を除き代表取締役を選任しなければなりません。会社の業務上の意思決定は取締役会でなされますが，その決定を実行する機関は代表取締役であり，法令上，会社を代表して契約締結を行う等の権限があります。

2　シンガポール会社法におけるマネージング・ダイレクター（Managing Director：MD）

シンガポール会社法ではマネージング・ダイレクターの選任に関しての規定はありません。マネージング・ダイレクターは定款上の役職で，会社法上の機関ではありません。会社のモデル定款（定款規則別紙第95条）（Ｑ９）において，取締役会はその構成員の中から１名以上をマネージング・ダイレクターとして選任することができる旨を定めています。

モデル定款を採用している会社は多く，実務上は会社の最高責任者がマネージング・ダイレクターに就任する場合が多くみられます。マネージング・ダイレクターは必ず任命しなければならない機関ではありません。マネージング・ダイレクターの権限，義務，責任は，基本的には他の取締役と同じで，単独で行使できる権限は定款や取締役会などにより委譲されたものに限られます。また，議事録，決算書など法的な書類にマネージング・ダイレクターの署名が要求されているわけではありません。また，代表取締役のように，会社を代表して契約書にサインを行う権限が当然に認められているものでもありません。

Q30　取締役の選任・辞任・解任および任期

シンガポールの会社の取締役はどのように選任されるのでしょうか。また任期は何年でしょうか。取締役を任期満了前に解任することはできるのでしょうか。

Answer

1　取締役の選任（Appointment）

定款で別途定める場合を除き，会社は，株主総会での普通決議により取締役を選任することができます（会社法149B条）。モデル定款では，取締役会は，定款に従い決定された取締役の人数の範囲内であれば，取締役の一時的欠員の補充または取締役の増員のために取締役を選任することができると定められています（定款規則別紙1第72条1項）。

2　取締役の辞任（Resignation）と解任（Removal）

会社法145条1項は，会社の取締役は最低1名はシンガポールの居住者であることが必要な旨を定めています。取締役が辞任することにより居住者取締役が不在になる場合を除いて，取締役はいつでも辞任することができます。定款により別除定めがない限り，辞任は書面で行うことができます（会社法145条4A項）。また，取締役会や株主総会の承認を条件とすることはできません（会社法145条4B項）。

また，モデル定款では，取締役は任期満了前に株主総会の普通決議により解任することができると定められています（定款規則別紙１第73条１項）。

3　取締役の任期

通常は会社の定款において取締役の任期を定めています。モデル定款では，次のようになっております（定款規則別紙１第67条～70条）。

・第１回定時株主総会において取締役は全員退任すること

・その後毎年の定時株主総会において，在任中の取締役の３分の１が退任すること

・退任取締役の再任は妨げないこと

・退任取締役は，最も長期に在任した者から順番に退任すること

・取締役が退任する総会において，当該取締役の後任者を選ばない場合，再選されたものとみなされること

Q31　取締役の利害関係の開示

このたびシンガポール子会社の社長として赴任します。

私は親会社の株式を2,000株保有しておりますが，シンガポールでは会社と取締役の利害関係を開示する必要があると聞きました。利害関係の開示に関して教えてください。

Answer

1　利害関係取引等の開示義務

会社法156条は，一定の例外を除き，取締役が会社との間で直接または間接的な利害関係を有する場合，取締役会にその事実を報告し，会社に対して，会社との取引若しくは提案されている取引における利害の性質や程度などの詳細を記載した通知を会社に対して行わなければならない旨規定しています。

取締役は会社の営業上の秘密を知る立場にあり，会社の営業と同じ取引を自

分個人または会社以外のためにすることがあると会社にとって不利益なことが生じるため，取締役に対しては，上記の義務を課しています。この規定に違反した場合にはS$ 5,000の罰金または12ヶ月以内の禁固に処せられる可能性があります（会社法156条15項）。

2　保有株式等の報告義務

会社法164条は，取締役が会社またはその関係会社などの株式，社債，新株式引受権などを保有している場合，会社は，その持株などの種類，数量などについて，名簿に記録し，保持する義務を定め，会社法164条では，取締役に対して，これを会社に書面で報告する義務がある旨を定めています。報告の期限は取締役に就任した日もしくは持株などを取得または売却した日から２日以内となっています。

この場合，当該取締役の配偶者や子供などの親族が有する持分も含まれます。またここでいう関係会社は親会社，子会社，当該会社の他の子会社も含まれます。

この規定に違反した場合にはS$ 15,000の罰金または３年以内の禁固に処せられる可能性があります。

3　結　　論

ご質問の場合には，貴殿はシンガポール会社の株式を保有していませんが，関係会社である親会社の株式を2,000株保有していますので，その事実を適時に報告，開示する義務があります。

Q32　取締役に対する貸付

シンガポールで取締役が会社から借入をする場合，何か問題があるでしょうか。

Answer

取締役が自分の会社と取引する場合には，会社の利益を犠牲にして，自己の利益を図る恐れがあるため，会社法上の規制があります。

会社法162条は会社からその取締役またはその関係会社の取締役（取締役の配偶者，子息などの親族も含む）への貸付やこれらの者への貸付に対する保証等を原則禁止しており，同163条は，会社は当該取締役が20％以上の議決権を保有する他の会社等への貸付を禁止しています。貸付以外に債務保証や担保の提供なども禁止されています。

違反した場合，S$20,000以下の罰金または２年以下の禁固に処せられる可能性があります。

ただし，以下の場合は例外的に貸付を行うことができます（会社法162条２項，３項(a)～(d)）。

① 会社がエグゼンプト・プライベート・カンパニー（Ｑ１）である場合
② 取締役としての義務を適正に遂行するための費用の支出にあてるための貸付（具体例としては旅費などのための貸付）
③ 常勤の取締役に対して，その居住する住宅の取得にあてるための貸付
④ 常勤の取締役に対して，株主総会において承認された従業員に対する貸付制度に準じて行う貸付
⑤ 銀行などの金融業の場合には，その業務の一環として金融庁の定める規則に準拠して行われる貸付

上記②，③の場合には，株主総会においてその事実が開示された上で，承認がなされることが必要です。もし株主総会でその承認がなされなかった場合，６ヶ月以内に当該貸付を返済する必要があります（会社法162条４項）。

Q33 配当金の支払い

当社は日系企業のシンガポール子会社ですが，この度，親会社に対して設立以来はじめて配当金を支払うことになりました。

配当金を支払うにあたっての手続，留意点について教えてください。

Answer

会社法では，株主に対する配当金は「利益（Profit）」からのみ支払うことができると定められています（会社法403条１項）。また，配当を行う際の手続については会社法には規定がなく，定款（Ｑ９）で定められることになっています。

一般的には（モデル定款上は），取締役会が配当額等を決定し，株主総会でそれを承認するという手続がとられます（定款規則別紙１第103条から110条）。

また，配当金を支払うにあたっては，以下の点に留意する必要があります。

1 「利益（Profit）」の解釈

会社法にはただ「利益」とのみ記載されているため，この「利益」が単年度利益であるのか未処分利益（剰余金）であるのかという問題があります。

「利益」が単年度利益であるとするならば，欠損金がある会社や債務超過の会社でも，単年度さえ利益を計上すれば配当することができると考えられます。

しかしながら，欠損金がある状態で配当を行うことは考えにくく，実務上，「利益」は未処分利益であると解釈されているようです。

2 中間配当

定款に規定することにより，中間配当を行うことができます。シンガポールのモデル定款では，取締役会の決定により中間配当を行うことができる旨を定めており，回数についても制限はありません（定款規則別紙１第104条）。

３　違法配当を行った場合

配当可能利益がないにもかかわらず配当を行った場合（いわゆるたこ配当），取締役またはマネジャー（上級管理職）は，S$5,000以下の罰金または12ヶ月以下の禁固に処せられる場合があります。当然，違法配当額の賠償責任も負います（会社法403条２項）。中間配当を行ったにもかかわらず，期末に十分な配当可能利益がなかった場合も同様です。

また，「Q64　配当金に関する税務」についてもあわせてお読みください。

Q34　種類株式の内容，取扱い

配当や議決権等の権利内容の異なる複数の種類の株式を発行することは可能でしょうか。

Answer

シンガポールでは定款に定めることにより，普通株式に加え，数種類の株式を発行することができます。

普通株式と比較して配当や残余財産の分配に関して，普通株よりも優先的な取扱いを受ける優先株式を発行することが可能です。この場合には，定款に下記事項を記載することが必要となります（会社法75条１項）。

①　未払優先配当が累積するか否か

②　他の種類株式に対する資本金や配当に関する優先権の有無

③　余剰資産や利益分配への参加権の有無

④　議決権の有無

また，株主による買戻しを予定した償還優先株式についても定款に記載することにより発行することが可能です（会社法70条１項）。

なお，償還優先株式については，シンガポール会計基準（SFRS 32号）上は，その経済的実態に基づき負債として会計処理されることもあれば資本として会計処理されることもありますので注意が必要です。

例えば，優先株のうち，①特定額もしくは，特定の資産での支払い等の義務がなく，②企業の資本で償還されるものは，資本として扱われます。一方，定率での配当および一定日における償還が取決められている償還優先株式は負債として扱われます。

Q35　増　資

当社のシンガポール子会社を増資しようと考えているのですが，どのような手続が必要でしょうか。

Answer

シンガポールには授権資本制度がありません。したがって，取締役会は，株主総会（Q19）の承認がなければ，新株発行（増資）を行うことができません（会社法161条1項）。

通常は，定時株主総会で包括的な承認を決議し，取締役が取締役会決議を経て新株発行を実行します。定款（Q9）の定めにより普通決議あるいは特別決議が必要となります。

なお，株主総会の決議は，次の年次株主総会か，法律で求められている次の株主総会開催期間の満了日のいずれか早い日までしか有効ではないため（会社法161条2項），それ以降に新株発行を行う場合は，再度，株主総会の承認を取る必要があります。

その他，以下のような手続が必要になります。

1　ACRA（Q4）への届出

新株発行による株式の割当が行われた後14日以内に，その旨をACRAに届け出る必要があります（会社法63条1項）。割当の効果を生じさせる，すなわち当該新規発行株式の株主となるには，ACRAにおける株主名簿の記載の変更が必要となります（会社法63条２項）。

２　株券の発行

増資が行われた後に株券を発行します。プライベート・カンパニーの場合は，新株の割当後60日以内に株券を発行する必要があります（会社法130AE条２項(a)）。株券にはコモン・シールが貼される必要があります（会社法123条２項）。

日本の会社法では一定の要件のもと株券不発行が認められていますが，シンガポールではこのような制度はありません。

ただし，シンガポールにおける株券（Share Certificate）は日本の株券とは法的意味合いが異なります。シンガポールの株券は日本の株券のように，株主の法律上の地位を表章するものではなく，株主であることを強く推定する証明書のようなものです（会社法123条１項）。

Q36　減　資

当社のシンガポール子会社は近年赤字続きで欠損金が発生しています。いわゆる無償減資を行い，資本金と欠損金を相殺したいのですが，この場合の手続を教えてください。

Answer

資本金は企業活動上債務者にとって担保的な役割があるため，会社債権者保護という観点から，シンガポールの会社法上も減資には慎重な配慮がされております。

ここでは，プライベート・カンパニーの株主総会の特別決議を経る原則的な減資手続について説明します。

原則的な手続は，以下の手順で行います（プライベート・カンパニー（Ｑ１）の場合)。

① 取締役全員が減資に関しての支払能力陳述書（Solvency Statement）を作成する（減資をしても支払不能や債務超過に陥らないことを宣誓する）（会社法78B条１項(b)，３項)。なお，資本の欠損解消のために減資を行う場合は，支払能力陳述書の作成は不要となります（会社法78B条２項)。

② 株主総会で特別決議（Q19）を可決する（支払能力陳述書の日付から15日以内）（会社法78B条４項)。

③ 決議から８日以内に決議内容と決議日について税務当局へ通知を行う。

④ 債権者が異議申立てをする機会を確保するため，会社は，当該特別決議事項と支払能力陳述書をACRAに届け出なければならない（会社法76Ej条１項)。

⑤ ACRA（Q４）に対し減資の登記を行う（会社法78E条)。

債権者は，減資の決議から６週間以内であれば，支払能力陳述書を登記住所において閲覧することができ，その期間は減資の取消を裁判所に申し立てることができます（会社法78D条)。申立てが行われた場合，裁判所は減資後の会社の支払能力や担保状況等を勘案し，申立てを行った債権者を保護する他の有効な手段がない場合は，減資の特別決議取消の命令を下すことができます（会社法78F条)。

Q37 金 庫 株

シンガポールでは，自己株式の取得および保有（金庫株）は認められているのでしょうか。

Answer

自己株式の取得は会社法76条の規定により原則として禁止されていますが（会社法76条１Ａ項(a)(i)），一定の条件を満たせば取得することが認められています（会社法76B～G条）。

ここでは，プライベート・カンパニー（Q１）の場合について説明します。

主な条件として以下のものが挙げられます。

① 会社が自己株式を取得しても支払能力を有すること……支払能力を有するとは，債務を完済することができ，かつ債務超過にならないことを意味します（会社法76F条）。

② 一定期間（定時株主総会から次の定時株主総会まで）における自己株式取得数が株式総数の20％以内であること（会社法76B条３項・３B項）……なお，償還条項付きの株式についてはこのような制限がありません。

③ 定款に自己株式の取得ができる旨が規定されていること（会社法76B条１項）

また，日本と同様に，取得した自己株式を金庫株として保有することが認められています。ただし，保有できる金庫株は総株式数の10％が上限です（会社法76I条１項）。

金庫株は，売却や消却のほか，ストック・オプションによる譲渡，他社の株式取得の対価などにも使用することができます（会社法76K条１項）。

Q38 休眠会社

当社は日系企業のシンガポール子会社ですが，業績不振により一旦全ての事業を停止することになりました。ただし，再開の可能性もあるため清算はせず，当面は休眠会社にしたいと考えています。

休眠会社の要件，留意事項について教えてください。

Answer

会計取引が一切発生しない状態を休眠状態（Dormant）と呼びます（会社法

205B条２項)。「会計取引が一切発生しない」というのはかなり厳格で，例えば定期預金を保有しているような場合は，利子を得るという会計取引が発生していると解釈され，休眠状態とはみなされません。

ただし，以下の取引については，ここでいう会計取引には該当しません（会社法205B条３項)。

① カンパニー・セクレタリー（Q21）の選任

② 会計監査人（Q22）の選任

③ 登記上の事務所（Q10）の維持

④ 会社法に定められる登記と会計帳簿の維持

⑤ 会社法に定められる手数料，登記上の罰金等の支払い

休眠会社には，以下の免除規定があります。

1　監査および年次報告書の届出の免除

設立以来，休眠状態である場合，または前会計年度終了日以来，休眠状態である場合には，会計監査人による法定監査および年次報告書（Annual Return）のACRAへの届出が免除されます（会社法205B条１項）（Q135)。

2　法人税申告の免除

以下の要件を全て満たす場合，法人税の申告免除を申請できます。

① 休眠会社であり，事業を停止するまでの財務諸表および税務申告書等を提出していること

② 当該賦課年度中において投資資産（株式，不動産，定期預金等）を保有していないこと。もし投資資産を持っている場合においては，その投資から収益が発生しないこと

③ 過去にGST課税業者であった場合には，その登録解除手続がされていること

④ 将来２年以内に事業を再度開始する意図がないこと

Q39 合併，事業譲渡

シンガポールにおいてグループ事業の再編成を行う場合，どのような方法がありますか。また，どのような手続が求められますか。

Answer

シンガポールで事業の再編成を行う場合の方法としては，以下に掲げる方法があります。簡単にその内容を紹介します。具体的な手続については会計事務所，弁護士事務所等の専門家にご相談ください。

1 合　　併（amalgamation）

２つ以上の会社が１つの会社となり，被合併会社の権利義務関係は合併会社に包括承継されます（会社法215A条）。個々の権利関係の個別の移転手続を必要としない，清算手続を行わずに他方の会社を消滅させることができるなどのメリットがあります。

合併の手続は以下のとおりです。

① 合併提案書（会社法215B条）の作成

② 合併提案書を取締役会（Q20）で承認（会社法215C条２項(a)）

③ 合併に賛成した取締役は支払能力陳述書（Solvency Statement）の作成（会社法215C条２項(b)，(c)215I条，215J条）

④ 株主，債権者への通知，公告（会社法215C条４項，５項）

⑤ 合併提案書を株主総会の特別決議（Q19）で承認（会社法215C条１項）

⑥ ACRA（Q４）への合併の登記（会社法215E条），合併通知書の取得（会社法215F条）

親会社と完全子会社または完全子会社同士の合併の場合は，略式合併（Short form amalgamation）という制度が適用でき，合併提案書の作成や公告が免除

（債権者・株主保護の手続は必要）されるなど，手続が簡略化されています（会社法215D条）。

なお，略式合併において，親会社と完全子会社の場合には，完全子会社の株式は全て消滅し，完全子会社同士の合併の場合は，一方の完全子会社の株式は全て消滅します。

また，合併においては，株主や債権者が，不利な扱いを受けることがないよう，株主および債権者は，裁判所に合併提案書の効力発生不服の申立てを起こすことができます（会社法216条）。

2　事業譲渡

包括承継である合併と異なり，会社間の事業譲渡契約により資産，負債等を個別に移転します。その分手間がかかる反面，必要なものだけを移転させられるというメリットもあります。留意点として以下のことが挙げられます。

① 債権については原則自由に譲渡できますが，債務者との合意により債権譲渡が禁止されている場合があるので注意を要します。

② 債務については債権者の了承なく譲渡することはできません。

③ 営業基本契約や賃貸借契約などの契約関係については，譲渡に際し契約の相手方の了承が必要な場合が多いので注意を要します。

④ 従業員との雇用契約は，譲渡人から譲受人に従前の条件で，承継させることができます（雇用法18A条）。従前の条件を承継させずに，譲渡人との契約を終了させ，譲受人との間で新たに雇用契約を締結する場合もあります。

⑤ 債権・債務その他契約の根拠法がシンガポール法でない場合は，権利・義務の移転は根拠法となっている各国の法令に従うことになります。

※ ①～③については，譲渡契約以外に，譲渡人・譲受人，債権者／債務者の三者間での手続（Novation）が必要になります。外国会社とシンガポール会社間の事業譲渡の場合，外国会社は，設立された国の法律に基づいた事業譲渡手続，シンガポール会社は，シンガポールの手続に基づいた事業譲渡手続が必要となります。

3　株式の買収（Take Over）

株式の買収は既存の株主からその持株を買収して，会社を自己の支配下に置くものです。取得の方法は，その会社の支配株主等相手先との合意により買収する方法，証券市場を通じて買収する方法（任意的に公開買付けを行う場合（Voluntary General Offer）や公開買付けが強制される場合（Mandatory General Offer）もあり得ます），スキーム・オブ・アレンジメント（会社法210条）による方法などがあります（会社法215条）。

なお，上場会社を買収する場合には，シンガポール証券先物法（the Securities and Futures Act of Singapore）やシンガポール企業買収コード（the Singapore Code on Take-overs and Mergers）の適用がある点も留意が必要となります。

Q40　支店の閉鎖

当社のシンガポール支店は，長年営業を続けてきましたが，営業の状態が悪化してきたため，閉鎖することにしました。支店の閉鎖についての手続を教えてください。

Answer

外国会社がシンガポールにおける支店を閉鎖し，事業を停止する場合，停止後７日以内に事業停止の通知（Notice by Foreign Company of Cessation of Business）をACRA（Q４）に提出する必要があります（会社法377条１項）。ACRAは，その通知の提出後その外国会社がシンガポールで事業を停止している旨，登記簿に記録します。

外国会社のシンガポールでの代表者は，以下の条件を満たす場合に，ACRAに支店の登記抹消を申請することができます（会社法377条10項）。

a　唯一のシンガポールでの代表者が，外国会社が他の代表者を選任しないために，辞任できない場合

b　代表者が，外国会社がシンガポールでの事業を継続するか否かに関しての問い合わせ後12ヶ月間，外国会社からそれに関する指図を受けなかった場合

最終の決算日から，閉鎖日までの期間における損益計算書をもとに，法人税申告書を作成し，税務当局へ提出，納税します。

このように，支店の閉鎖手続は，次に紹介する会社の清算（Q41）より比較的簡便です。

Q41　会社の清算

当社の子会社は，長年シンガポールで営業を続けてきましたが，営業の状態が悪化してきたため，清算することにしました。株式会社の清算の手続について教えてください。

Answer

株式会社の清算には，以下の方法があります（倒産，再生および解散法（Insolvency, Restructuring and Dissolution Act. 以下，単に「倒産法」とする）第８章）。

⑴　会社が自発的に解散する任意清算（Voluntary Winding Up by the Company）

①　株主による任意清算（Members' Voluntary Winding Up）

②　債権者による任意清算（Creditors' Voluntary Winding Up）

⑵　裁判所の命令判決により強制的に清算する強制清算（Winding Up by Court）

ここでは，株主による任意清算手続の説明をします。

1　任意清算

会社は，以下の場合に自発的に清算をすることができます（倒産法160条）。

①　定款に記載される会社の存続期間が経過した場合，または定款で会社が一定の事由の発生で解散する旨が定められており，当該事由が発生し，株主総会で任意清算する旨の決議がなされた場合

② 株主総会の特別決議（Q19）で議決された場合

清算されようとしている会社がその債務を全て返済できる支払能力を有している場合，取締役会は，当該会社の状況ついて調査を行ったこと，および清算開始後12ヶ月以内にその債務を完済できる旨の意見を形成したことの宣言を行い（倒産法163条1項），株主総会がこれを受けて清算に入る特別決議を行います。この宣言を行う場合は，株主による任意清算，この宣言を行わない場合には，債権者主導の任意清算により会社を清算することになります。

2　株主による任意清算（Members' Voluntary Winding Up）

前述のとおり，会社は清算決議後12ヶ月以内に，会社の債務を全て決済できる支払能力を保有している必要があります（会社法163条1項）。したがって，会社が債務超過である等の場合においては，親会社に対する債務を親会社に放棄してもらい，それでも債務超過である場合には，親会社に資本注入をしてもらったり，債務を肩代わりしてもらう等することで，保有する全資産で全負債を完済できる状況にしなければなりません。

会社の清算手続は清算人（Liquidator）によりなされます（倒産法134条から149条）。株主総会で清算人を選任するため，清算人を誰にするかは会社の自由になります。通常は会計事務所が清算手続を一括して代行してくれるので専門家に任せることになります。

3　清算手続の順序

(1) 清算に関する決議をする取締役会を招集します。その取締役会に提出するため，直近の会社の財政状態を示す決算書を用意しておきます。

(2) 取締役会において，会社が清算開始日後12ヶ月を超えない期間内で，債務を完済できる旨の宣誓書を作成し，ACRA（Q4）に登記します（倒産法163条）。

(3) 臨時株主総会を開催して，清算の特別決議を可決し清算人を選任します（倒産法164条1項）。

(4)　臨時株主総会の決議後７日以内にACRAにその旨を届け出ます（倒産法160条２項(a)）。

(5)　臨時株主総会の決議後10日以内に官報および１社以上の地元の英字新聞において清算決議の旨および支払能力がある旨ならびに清算人の任命を公告します（倒産法160条２項(b)）。

(6)　この時点より会社は清算人の管理下に置かれます。清算人は会社の資産を換金して負債を返済し，残余財産があれば株主に分配することになります。また一定日までに債権額の立証をするように債権者に通知します。

(7)　税務当局よりの最終の納税完了通知（Tax Clearance）を入手し次第，最終の株主総会を開催します。最終の株主総会開催通知は，最終の株主総会の30日前までに官報および１紙以上の地元英字新聞において公告します（倒産法180条２項(a)から(c)）。

(8)　最終の株主総会終了後７日以内に，報告書をACRAに提出します（倒産法180条３項）。報告書をACRAに提出した後３ヶ月を経過した時点で，清算が確定します（倒産法180条６項）。

上記手順を図表にすると，次頁のようになります。

4　その他留意すべき事項

実務上，もっとも時間がかかるのは納税完了通知（Tax Clearance）の入手です。過去における申告について疑問点がある場合には，税務当局はこの点に関して疑問が解決されない限り，納税完了通知を発行しません。

また，清算手続開始までに，会社の資産・負債・契約関係をできるだけ整理・処分しておくと清算手続時に作業量を減らすことができ，清算手続にかかる時間を短縮することができます。事前に行える手続としては，清算会社の事業譲渡，債権の譲渡，債務の承継，オフィスおよび工場の処分，雇用関係の整理（詳しくは，Q39，Q160参照）などが挙げられます。

【会社清算のタイムライン】

会社の実施事項

◀取締役会招集（本文(1)）

約2週間

◀取締役会開催（本文(2)）
- 清算の意思決定
- 臨時株主総会招集

取締役による会社が支払能力を有することの宣言
（任意清算の株主総会決議前５週間以内）

3～5週間

清算人の実施事項

◀臨時株主総会（本文(3)）
- 清算人の選定
- 清算の開始

ACRAへの決議内容の届出（決議後7日以内）（本文(4)）
清算決議，支払能力，清算人選任公告 （決議後10日以内）（本文(5)）

清算人による会社管理（本文(6)）
- 清算人による銀行口座の管理
- 債権額の立証の広告

4週間

◀債権者の債権証明の提出期限

4～6週間

◀清算人による債権証明の検証

4週間

◀債権者への支払　資産の処分・残余財産の分配

2週間

◀税務申告

税務当局の実施事項

◀税務当局（本文(7)）
- 申告未了の税務申告書提出
- 税務当局に提示された税金の納付
- 納税完了通知依頼

約6ヶ月

◀税務当局よりの最終の納税完了通知（本文(7)）
最終株主総会の招集通知発送および公告
（最終の株主総会の30日前まで）（本文(7)）

1ヶ月

清算人の実施事項

◀最終の株主総会（本文(6)(7)）
- 最終の株主総会終了後７日以内に報告書をACRAに提出

3ヶ月

◀会社清算完了（上記報告書提出後３ヶ月経過したとき）（本文(8)）

5　例外：ACRAによる登記抹消（Striking Off）

会社の申請により，ACRAがその会社が事業を行っておらず，かつ以下の要件を満たすことができると信じることに合理的な理由ありと判断する場合，その会社の登記を抹消することで会社の清算ができます（会社法344A条）。

・会社が，設立以来事業を行っていない若しくは事業を止めていること
・会社が税務当局，Central Provident Fund Boardその他の政府当局に対して，未払いの債務を負っていないこと
・会社の担保名簿（charge register）上に，有効な担保がないこと
・シンガポールの国内外を問わず，訴訟手続に関与していないこと
・政府機関との間において継続中の手続等がないこと
・申請時に，資産・負債がなく，偶発資産・負債が将来発生することもないこと

上記の場合には，通常の清算のような手続は不要となります。

Q42 個人情報保護法

シンガポールでは個人情報を保護するどのようなルールがありますか。

Answer

シンガポールにも，個人情報保護法（the Singapore Personal Data Protection Act.）があり，個人情報（真実であるか否かを問わず，当該情報から，または当該情報とその企業等がアクセス可能なまたはアクセス可能であろうその他の情報と合わせて，その個人が識別可能な情報）の収集，使用および開示等に関して規制がされています。

1　必要な対応

個人情報の収集，使用および開示等を行う企業等は，個人情報保護のコンプ

ライアンスの責任者であり，個人情報に係る個人からの問い合わせや苦情を受ける窓口となるためその連絡先である情報保護責任者（Data Protection Officer）を任命し，企業の内規となる個人情報保護方針の策定・実施や，社内の従業員への教育等，個人情報保護法遵守の体制を作る必要があります（個人情報保護法12条）。

2　個人情報保護方針ポリシーの内容

個人情報保護方針の内容としては，個人情報の収集，使用および開示においてはそれ以前に個人からその目的を告げて同意を取得する必要がある等，個人情報保護法の９原則である，①同意原則（個人情報保護法13条から17条），②目的による制限原則（個人情報保護法18条），③告知原則（個人情報保護法20条），④アクセスと是正原則（個人情報保護法21条・22条・22Ａ条），⑤正確性の原則（個人情報保護法23条），⑥保護原則（個人情報保護法24条），⑦保持制限原則（個人情報保護法25条），⑧国外移動制限原則（個人情報保護法26条），⑨説明原則（個人情報保護法11条・12条），データ・ブリーチの場合の通報義務（個人情報保護法26Ａ条から26Ｅ条）およびデータ・ポータビリティーに関する義務（2021年12月15日現在未施行）をその企業の取り扱う情報に応じて，より具体的な規程を盛り込むことになります。

3　個人情報保護法遵守体制の具体例

具体的には，個人消費者が取引先である企業においては，その取引に応じ，個人情報をその個人から直接またはネットを通じて，取得する必要があることがあるかと思いますが，その場合，個人情報取得時に，個人情報を取得する目的を開示し，かつ同意をとるためのフローを作る必要があります。そのため，その目的や使用方法，情報加工のために外部に情報を移動させる可能性がある場合には，その旨，更に情報保護責任者のコンタクトを記載した書面（Privacy Statement）を作成し，これを情報取得先に開示し（Webで情報取得する場合には，当該Webにて開示），同意を得る手続を設ける必要があります。

また，取引先が個人ではなく，企業であり，個人情報保護法が適用されない名刺情報以外に外部の個人情報を取得することが稀な企業においても，その従業員の個人情報を取り扱っている以上，個人情報保護法への対応を行う必要があります。

４　個人情報の国外移転

日系企業については，その親会社である日本の会社に対し，顧客や従業員管理のために個人情報を送付することが必要となる場合がありますが，個人情報保護法では，個人情報の国外への移動が禁止されています（個人情報保護法26条）。この例外としては，移転先にて，移転された個人情報が個人情報保護法において定められる個人情報の保護基準と同等の保護が与えられていることが確保されている必要がありますが，そのために，移動先との契約において，その基準を確保したり，同グループ内の移動であれば，移動が予定されている日本の本社などシンガポール国外の企業に個人情報保護方針を遵守させるよう内部規定を設けさせることなどによりこれに対応することが考えられます。

５　罰　　則

個人情報保護法の違反に関しては，管轄当局である個人情報保護委員会によるS$１百万までの制裁金（2022年３月15日現在施行されておりませんが，2022年２月１日以降，S$１百万またはシンガポールにおける事業者の年間売上高の10%のいずれか高いほうの金額となる予定です）の追徴や民事訴訟の提訴，刑事罰（罰金S$10,000以下，身柄拘束３年以下等）の可能性もあります。

第4章

法人税に関するQ&A

● Point ●

シンガポールに進出した日系企業の重大な関心事項の一つが税金です。事業を展開する場所を決定する上でも，また，事業を展開する上でも税金は重要な要素を占めています。この章ではシンガポールの法人税に関する質問をまとめました。

シンガポールでは日本と違い法人税法と所得税法が区分されておらず，全てIncome Tax Actに集約されています。本書では便宜上Income Tax Actを法人に関する場合には法人税法と訳し，個人に関する場合には（個人）所得税法と訳しています。

法人税に関する法令としては，以下のようなものがあります。

・Income Tax Act（Chapter 134）

・Economic Expansion Incentives Act（Chapter 86）

法人税および所得税を管轄するのは内国歳入庁（Inland Revenue Authority Singapore：IRAS）です。シンガポール税務署と訳されることもあります。本文に内国歳入庁あるいは税務当局と書かれているのはこのIRASを指します。

シンガポールの法人税は賦課課税制度であり，申告納税制度である日本とは大きく異なります。そのため賦課決定までに時間がかかりますので，会社によっては過去数年間の申告に関して，決着がついていない場合もあります。また，通常は税務調査が直接会社に入らないため，調査事項は全て文書で税務当局とやりとりすることになります。実務上，ほとんどの日系企業は，会計事務所をタックス・エージェントに任命し，税務当局との交渉を委任しています。

Q43 シンガポール税務行政の特色

シンガポールの税務行政の特色を説明してください。

Answer

他の東南アジアの諸国と比較して，シンガポールは高度に発達した管理社会であって，税務行政制度もかなりよく整備されています。税務当局の不正腐敗がないという点は，大きな特色です。

1　英国流の慣習法に依存した法律体系

一般的にシンガポールの税体系は，英国の影響が大きいと言えます。法人税，個人所得税についても，日本のように法律，施行令，施行規則，通達というような明文の法律体系になっているのではなく，全ての可能性について条文化されているわけではありません。実際の運用における慣習，判例の占める割合が大きいと言えます。

2　通常は税務当局の直接調査がないこと

税務調査については会計事務所の監査が信用され，申告書等に疑義がある場合でも，タックス・エージェントたる会計事務所を通して，会社の意見を求めるのが通常です。ただし，稀にですが実地による税務調査が行われることもあります。

3　優遇税制の適用には関係当局の認可が必要であること

企業誘致や経済活動の推進を目的として，さまざまな優遇税制を設けていますが，関係当局（税務当局に限らない）の認可が必要なものもあります。認可を得ることは必ずしも容易ではなく，相当な説得が必要です。優遇税制についてはQ74をご参照ください。

Q44 法人税の税率

シンガポールの法人税の税率は何%でしょうか。またシンガポールには住民税や事業税はあるのでしょうか。

Answer

全ての法人（居住法人，非居住法人を問わず）について税率は一律17%です。

法人住民税や法人事業税はシンガポールにはありません。また，シンガポールは都市国家であるため，地方税という概念もありません。

1　シンガポールの法人税率の推移

シンガポールの法人税率の推移は以下のとおりです。

賦課年度	税率
1965年	40%
1987年	33%
1990年	32%
1991年	31%
1993年	30%
1994年	27%
1997年	26%
2001年	25.5%
2002年	24.5%
2003年	22%
2005年	20%
2007年	18%
2010年以降	17%

賦課年度2022年とは2021年１月１日から12月31日の間に決算日が到来する事業年度のことです。

2　部分免税（Partial Tax Exemption）

シンガポールには全ての会社，外国会社の支店に適用される，部分免税の制度があります。

具体的には，賦課年度2020年以降については，算定された課税所得（Q50）のうち，最初のS$10,000については75％が免税となり，次のS$190,000までは50％が免税となります。

すなわち，例えば，算定された課税所得がS$200,000であったとすると，部分免税考慮後の実際の課税所得はS$97,500となり，これに税率17％を乗じて算定される税額は，S$16,575となります。

この場合，実効税率は約8.29％となります。なお，適用される部分免税の金額・割合については年ごとに変更される可能性がありますので留意が必要となります。

3　税額還付（控除）（Tax rebate）

上記の部分免税に加え，シンガポールにはTax rebateによる法人税の軽減措置があります。賦課年度2020年については，S$15,000を上限として法人税額の25％相当が本来の法人税額から控除されます。

なお，部分免税同様，Tax rebateについても年ごとに変更される可能性がありますので，留意が必要となります。

Q45　賦課課税制度

シンガポールでは法人税額の確定までに，非常に時間がかかるとのことですが，なぜ長期間を要するのでしょうか。

Answer

日本の法人税の申告は申告納税制度で，事業年度終了の日の翌日から２月

(延長の特例を受ける場合は３月または４月）以内に申告書を提出するとともに，納税額を納付する必要があります。一旦申告納税した後に調査があり，誤りがあれば修正申告をすることになっています。

これに対しシンガポールでは賦課課税制度によっており，納税義務者の納税債務が税務当局により確定される方式になっています。

1　課税対象期間と賦課年度（Year of Assessment：YA）

課税対象期間は原則として，会計期間と一致します。

決算日が属する年に１を加えて賦課年度とします。

すなわち，2021年３月31日決算の賦課年度は2022年（YA 2022とよぶ）であり，2021年12月31日決算の賦課年度もやはり2022年です。

2　確定税額の決定過程

まず，会社は見積課税所得（Estimated Chargeable Income：ECI）に基づく見積申告という形で納税し，その後に正式の申告書を提出します。申告書の提出までの期間に見積納税額が大きく修正されることが明らかになった場合は，修正見積申告をしなければなりません。

申告書の提出が行われると，税務当局は，提出された申告書の内容を吟味し，疑問点があれば文書による照会をします。会社は質問に対して文書で回答します。調査の過程で納税額が不足していると，追加の課税通知が会社に送付されてきます。なお，調査の過程では，納付した税額はあくまでも予定額であり，確定税額ではありません。

税務当局が最終的に調査を完了して，税額に誤りがないことを確認した，最終の賦課決定通知（Notice of Assessment Completed）を発行することにより，はじめて納税額が確定します。

3　結　　論

法人税の確定（Tax Clearance）に時間がかかる理由は，申告することにより納税額が自動的に確定する日本と違い，シンガポールでは税務当局による税額査定が完了し，最終の賦課決定通知を発行してはじめて税額が確定するためです。

最終の賦課決定までは事業年度終了後１～２年かかるのが普通です。過去の申告に疑問がある場合，確定に数年かかる場合があります。

Q46 法人税の申告スケジュール

シンガポールの法人税申告，納税の事務手続を説明してください。

Answer

法人税申告，納税の具体的な手続は以下のとおりです。

1 申告の手続

(1) 20X1年３月31日が決算日のケース

20X1年６月30日には，決算日後３ヶ月以内に見積課税所得（ECI）の申告をしなければなりません。ECIの申告後に見積課税所得に基づく課税通知書が発行されます。この課税通知書日付から１ヶ月以内に当該税額を納付する必要があります。

(2) 20X2年

従来，申告書様式につきましては，税務署から送付，または納税者がIRASのウェブサイトからダウンロードしておりましたが，電子申告の普及に伴い，myTax Portalという会社の納税管理が一括で行うことができるサイトから11月30日までに直接E-filingにより申告する方法となりました。

また，申告書の提出の数ヶ月後，実際の課税所得に基づく賦課決定通知（Notice of Assessment：NOA）が発行されます。発行後１ヶ月以内に納付する必要があります。予定納税額と課税通知額との差額を精算します。

2　納税の手続

(1) 原　　則

実際の課税所得に基づく賦課決定通知発行後１ヶ月以内に納付する必要があります。

（注）　この時点でもまだ法人税額は確定していません。税務当局が提出された申告書をレビューし，必要に応じてタックス・エージェントを通じて質疑応答を行います。その後，最終の賦課決定通知が行われて，はじめて法人税額が確定します（Q45）。

(2) 分割納付

GIROと呼ばれる銀行の自動引き落としにより納税を行っている法人に対しては，一定期間内にECIの申告を行う場合については，その申告期限に応じて，最高10回までの分割納付が認められます。

なお課税通知入手前に分割納付を開始する場合，見積額と確定額が相違していれば，課税通知入手後，分割納付額を調整することになります。

3　申告および納税の遅延

申告が遅延した場合，当局の裁量により罰金が課せられます。罰金徴収の通知が送付されれば，交渉の余地はありません。罰金金額は税務当局により決定されます。

また，納税期限は，上記のような分割納付制度を利用しない限り，課税通知発行日より１ヶ月以内です。納付期限までに納税しない場合は，納税すべき税額の５％相当額の延滞税が課せられます。延滞税賦課後60日以降も滞納している場合，１ヶ月ごとに１％の延滞税が加算されていきます。ただし，延滞税合計が17％を超えることはありません。

課税通知額に異議がある場合も，当該税額を納付した上で通知を受けてから２ヶ月以内に異議申立の手続（オンライン，もしくは書面）をとることになります。

Q47 居住法人・非居住法人

当社はシンガポール子会社を設立しましたが，いわゆるペーパーカンパニーで従業員はおらず，取締役も日本に在住しています。このままだと非居住法人に当たると言われていますが，何か問題はありますか。

Answer

シンガポールは税制上，居住者を優遇しています。したがって，一般的には非居住者（法人）は居住者（法人）より税務上不利になる可能性があります。

1　居住者・非居住者の区別

シンガポールでは居住性に関する決定は，管理支配地主義によりなされますので，法人の全社的な経営上の意思決定がシンガポールでなされるかどうか（Where the control and management of business is exercised）により，居住者か非居住者かが決定されます。具体的には取締役会（Q20）がシンガポールで開催されているかどうかという点が重要な判断基準になります。したがって支店は非居住法人であるということになります。

居住者の判定は各賦課年度（Q45）ごとでなされます。

2　居住法人・非居住法人の差異

居住法人となるか非居住法人となるかで，以下の点の違いが生じてきます。

① 居住法人はシンガポールが各国と締結している租税条約の恩典を享受できますが，非居住法人は租税条約の適用対象とはなりません。

② 非居住法人は外国税額控除（Q65）を行うことができません。

③ 非居住法人は国外源泉所得免税（Q48）の適用対象となりません。

二重課税防止の規定の恩典を受けられる分，一般的には居住法人となるほうが税務上有利となります。

税務当局は経営の意思決定がどこで，誰によりなされているかに関心を持っています。したがって，居住法人である旨を主張するためには，継続的に取締役会を実際にシンガポールで開催して経営上の重要な意思決定を行い，その記録を残しておくこと等が必要です。

Q48 課税対象となる所得

シンガポールにおいて法人税の対象となる所得の範囲について概要を説明してください。

Answer

シンガポール法人税法（以下，「法人税法」とする）10条１項によれば，居住法人・非居住法人ともシンガポールにおいて課税対象となる所得は以下の２つです。

① シンガポールで生じた所得または稼得された所得（Income accruing in or derived from Singapore）

② 国外源泉所得のうちシンガポールで受領された所得（Income received in Singapore from outside Singapore）

「シンガポールで生じた所得または稼得された所得」とは，シンガポール源泉所得（Singapore Sourced Income）とほぼ同じ意味です。

「国外源泉所得のうちシンガポールで受領された所得」には，次のものを含みます（法人税法10条25項）。

① シンガポール国外からシンガポールに送金された国外源泉所得

② シンガポール国内での営業行為に関連して発生した負債の返済に充当された国外源泉所得

③ シンガポール国内に持ち込まれた動産の購入に充当された国外源泉所得

例えば，会社の余剰資金をシンガポール国外の銀行口座に預金している場合，その利息は国外源泉所得ですので，シンガポールの銀行口座に送金しない限り，シンガポールでは課税対象外です。

国外源泉所得の全てが，シンガポールに送金された時に課税されるわけではなく，国外源泉所得免税（Foreign Sourced Income Exemption）の制度が設けられています。

国外源泉所得のうち，配当金，支店の事業所得，サービス所得については，主に以下の要件を満たす場合，シンガポールに送金されても課税されません（法人税法13条８項，９項）。

① 当該所得がシンガポールに送金された年における，当該外国の最高法人税率が15％以上であること

② 当該所得が当該外国において課税されていること

Q49 キャピタル・ゲイン非課税

シンガポールではキャピタル・ゲインには課税されないということを聞きました。具体的にキャピタル・ゲインにはどのようなものがあるでしょうか。

Answer

シンガポールの法人税においては，資本取引と損益取引は税務上の取扱いが異なるため，各取引について性質に応じて資本取引か損益取引かを判定する必要があります。また，資本取引から生じるキャピタル・ゲインおよびキャピタル・ロス（Capital Gain ／ Capital Loss）は，税務計算上は課税所得から除外されます。キャピタル・ゲインは益金として課税対象にはならず，キャピタル・ロスは損金算入することはできません。

1　税法上の定義

法人税は所得に課される税金です（Income tax is a tax on income）。所得（Income）はキャピタル・ゲインに対比される概念ですが，残念ながら，法人税法では所得とキャピタル・ゲインの区分につき明確な定義を行っていません。

キャピタル・ゲインの明確な定義はありませんが，一般的には所有者が売買目的で保有したり，通常的に売り出していない資産の市場価値の増加による利益（the profit realized from increases in the market value of any assets that are not a part of the owner's stock in trade or that he does not regularly offer for sale）という解説がなされています。

なお，株式の売買取引については，企業による株式売却益にかかる税務上の扱いに関して透明性を確保し，企業のコンプライアンスコストを最小化するために，2012年６月１日から2027年12月31日の間に発生した普通株式の譲渡について，以下の条件を満たす場合には資本取引とみなし，株式譲渡の売却から生じる利益は自動的に非課税とされております。

・売却した企業が，売却される企業の株式の20％以上を保有している場合
・売却した企業が，売却時までの24ヶ月間以上，継続して株式の20％以上を保有している場合

上記の規定は，一定の不動産事業を行う法人の譲渡される株式については適用されず，一定の不動産法人の株式の譲渡および上記の要件を満たさない株式の譲渡については，原則どおり後述の判断基準を総合的に勘案し，資本取引か損益取引を判定することとなります。

(1)　対象資産

例えば，同じように不動産を売却して利益を上げたケースでも，事業として不動産業を行っている場合は所得，そうでない場合はキャピタル・ゲインと判断されます。

(2)　資産の保有期間

売却までの保有期間が長ければキャピタル・ゲイン，短ければ所得と判断されます。

(3) 取引の継続性，頻度

取引が継続して，または頻繁に行われていると所得，単発の場合はキャピタル・ゲインと判断されます。

(4) 資産購入時の動機，意図

事業に使用する目的であったならばキャピタル・ゲイン，転売が目的であったならば所得と判断されます。

(5) 資産売却時の状況

例えば，事業再編に際して不要となる事業用資産を売却するような場合はキャピタル・ゲイン，積極的に値上がり益を狙って売却するような場合は所得と判断されます。

(6) そ の 他（資金源など）

例えば，売却資産の購入時の資金源が短期の借入であったような場合は，短期で売却する意図があるとみなされ，売却益は所得と判断されます。

キャピタル・ゲインに該当するかどうかは，上記の６つの基準を総合的に検討し，判断されます。しかしながら，６つの基準がそれぞれ相反する答えを示すような事態が実務では頻発します。キャピタル・ゲインであるか否かの判定は困難な場合が多いため，事前に会計事務所に相談されることをお勧めします。

Q50 課税所得の算定

シンガポールの課税所得（Taxable Income）の算定方法はどのようになっていますか。また，日本との違いは何でしょうか。

Answer

シンガポールでも課税所得の算定にあたっては，日本と同様に法人税計算書（Tax Computation）（日本の「別表４」のようなもの）上で，原則的には会計上の利益に申告調整項目（Q51）を加算，減算して課税所得を算定します。

ただし，以下のような相違点があります。

1　会計上の利益と税法上の所得

シンガポールでは，課税所得は会計上の利益をもとに算定されるものの，日本と比べると会計と税務は相互に独立していると言えます。会計帳簿上の利益と税務計算上の利益は明確に区分されており，例えば日本の法人税法のように，損金経理を要件として損金として認めるというような規定はありません。この点から見るかぎり，日本のように税法によって会計上の利益がゆがめられることはありません。

2　所得の分類

所得は事業所得，配当，利息／割引料，資産所得（不動産賃貸料等），ロイヤリティ，その他，シンガポールで受け取った国外源泉所得（Q48）に分類され，それぞれ課税所得を計算しなければなりません。

日本では法人所得について分けて計算する必要はありません。

Q51　税務上の申告調整項目

シンガポールの税法上，損金にならない項目，益金にならない項目はどのようなものがあるのでしょうか。具体的に教えてください。

Answer

シンガポールでは，損金算入可能な費用は，一般的に完全に（Wholly）かつ専ら（Exclusively）所得を稼得するために支出発生したもので，債務が確定したものに限られます。

また，キャピタル・ゲインが益金不算入（非課税所得）となる反面，キャピタル・ロスは損金不算入になります（Q49）。

主な益金不算入項目，損金不算入項目としては次のようなものがあります。

1　益金不算入（非課税所得）

①　部分免税（Q44）

②　キャピタル・ゲイン

③　シンガポール会社からの配当金（Q64）

④　国外源泉所得（Q48）でシンガポールに送金されていないもの

⑤　国外源泉所得でシンガポールに送金されたもののうち，支店の利益，配当金，サービス所得で，所定の要件を満たすもの

⑥　実現・未実現に関わらず資本取引に関連して発生した為替差益など

2　損金不算入

①　キャピタル・ロス

②　減価償却費（Q52）

③　車両関連費用（Q61）

④　特定の相手先以外に対する寄附金（Q59）

⑤　開業費（Q60）

⑥　引当金・準備金（Q55）

⑦　資本取引に関連して発生した為替差損益，実現・未実現に関わらず資本取引に関連して発生した為替差損（Q63）

⑧　事業に関係しない交際費（Q59）

⑨　株主に50％以上異動がある場合の税務上の繰越欠損金（Q57）

⑩　罰金，反則金，加算税など

Q52 減価償却費

シンガポールにおける減価償却費の税務上の取扱いについて説明してください。

Answer

会計上の減価償却費については，税務上損金とは認められません。これはシンガポールの税務上，資本項目にかかる支出については原則として損金算入を認めていないためです。しかし，投資奨励の政策的配慮から資本的支出の一部項目についてのみ資産の償却を認めています。これがいわゆる税務上の減価償却費でありCapital Allowance（CA）として損金となります。そのため会計上の減価償却費は課税所得に全額加算し，税務上の減価償却費を新たに計算して課税所得から減算します。

Capital Allowanceは下記の項目についてのみ認められます。

1　各資産ごとの償却計算

(1)　産業用建物および構築物（Industrial Building Allowance：IBA）

IBAは2010年２月22日付で廃止されました。経過措置として，2010年２月22日以前に取得された産業用建物および構築物については従来どおりIBAが適用されます。

①　適格要件

Capital Allowanceとして税務上の減価償却費（損金）の対象となるのは「産業用」のものだけに限られています。したがって，商業用，住宅用等の建物および構築物については税務上の償却は認められません。

具体例としては法人税法18条に以下のとおり規定されています。

a　製造所，工場，その他類似の場所で行われる事業

b　輸送，水道，ドック，電気に関する事業

c　商品または各材料の製造，あるいはある工程への商品または原材料を供給する事業

d　他の商品または製造に使用または取引の過程においてある工程へ供給されるような商品または原材料の貯蔵事業

e　シンガポールに到着した商品または原材料の貯蔵事業

f　所管大臣の承認を必要とする豚および家禽の計画的生産事業

g　調査および開発活動を行う調査および開発機関

h　セントーサ島のホテルであって所管大臣の承認を受けた事業

i　シンガポールにおける（ホテル以外の）観光産業の促進を目的とする事業であって所管大臣が認可したもの

住宅，店舗，ショールーム，事務用建物は産業用建物に該当しません。建物の用途が産業用と非産業用が混在している場合，非産業用部分が10％以下である場合は，建物全体が産業用とみなされます。10％超の場合は面積などにより償却費を按分し，産業用部分の償却費のみが損金となります。

② 償却限度額

初年度償却（Initial Allowance：IA）：取得価額の25％

年次償却（Annual Allowance：AA）：毎年３％の定額法による償却

初年度は28（25＋３）％，第２年度以降24年間，毎年３％の償却を行うことになります。

⑵ 機械設備・器具備品（Plant and Machinery）

法人税法19条は機械設備・器具備品について税務上損金に算入できる旨規定しています。機械設備・器具備品が何であるか定義はしていませんが，一般的には事務用機器，家具，冷蔵庫，船舶，エアコンなども機械設備・器具備品に含まれるものとして取り扱われています。

① 償却限度額

初年度償却：取得価額の20％

年 次 償 却：毎年所定の償却率による定額法による償却

② 加速度償却（Accelerated Allowances）

法人税法19A条によれば，会社の選択により，機械設備・器具備品は，加速度償却が認められています。

税務上有利であるため，通常は上記①の償却方法にはよらず，加速度償却を選択します。

加速度償却を実施した場合，償却の中断は認められません。また途中で通常の償却に変更することはできません。

a 初年度全額償却（100% Allowance）

コンピュータ，オフィスオートメーション機器等特定の機械設備・器具備品（法人税法19A条参照）は，取得初年度に全額償却することができます。

b ３年償却（33 1/3% Allowance）

全ての機械設備・器具備品は毎年，取得原価の３分の１ずつ償却することができます。

(3) 事務用オフィスの改装費用（Renovation and Refurbishment：R&R）

事務用オフィスの改装費用は一部（動かせるパーテーションなどPlant and Machineryとみなされるもの）を除いてCapital Allowanceの対象になりません。

この問題を受け，賦課年度2009年より，Capital Allowanceとは別に，特定の改装費用について３年間の定額法による償却が可能になりました（法人税法14Q条）。一般的な電気・ガス・水道設備，照明設備，キッチン，トイレ，扉，動かせないパーテーション，塗装や壁紙などが特定の改装費用として例示されています。ただし，金額に制限があり，３年間でS$150,000が改装費の上限になっています。

(4) 知的財産（Intellectual Property）

ビジネス目的の知的財産権（特許権，著作権，商標権，意匠権，ノウハウ等）を取得するために発生した支出については，一定の要件を満たした場合，５年間，10年または15年間の定額法で償却（Writing-Down Allowance：WDA）することが認められます（賦課年度2025年まで）。

(5) 社用乗用車

1998年４月１日以降登録の乗用車については，減価償却費の損金算入は認められていません。

2　減価償却の任意性

税務上の減価償却の計上は任意です。また年次償却を中断した場合で，年次償却を再開する場合には，過去の部分を遡って償却することはできません（1賦課年度に認められる税務上の減価償却費は１年次分だけです）。

3　少額固定資産

S$5,000未満の固定資産については一括償却を行うことができます。しかし，一賦課年度におけるトータルの限度額はS$30,000です（法人税法19A条10A項）。

4　期中取得資産の減価償却

期中取得資産については，税務上の減価償却費の計上は月割償却する必要はありません。事業年度末において事業の用に供していれば，１年分の減価償却が認められます。

◉設例

７月15日に応接セットを購入して事業の用に供した例を考えてみます。取得価格はS$15,000で，会計上は５年（税務上の耐用年数は10年）で償却しています。会計期間は１月１日より12月31日までとします。

【会計上】

S$15,000÷6／60＝S$1,500

【税務上】

加速度償却（３年償却）を採用した場合

S$ 15,000 ÷ ３ ＝S$ 5,000

通常の償却を採用した場合

S$ 15,000×20%	＝S$ 3,000
S$ 15,000×80% ÷ 10	＝S$ 1,200
	S$ 4,200

Q53 減価償却未控除額の繰越

税務上の減価償却費を当期の課税所得から控除しきれなかった場合，未控除額を繰り越して，翌期以降に控除することはできますか。

Answer

減価償却未控除額を繰り越すことは可能です。繰越年数の制限もありません。ただし，そのための条件として，株主が実質的に同一（substantially the same）であることが必要です。具体的には50%以上株主の変動がないことが求められ，株主テスト（Shareholders Test）とよばれています。また，これに加えて控除する賦課年度（Q45）においても，同一の事業を営んでいることが条件とされます。以下，設例で検討を行います。

◉設例

決　算　期	課税所得(S$)	税務上の減価償却費(S$)
2019年３月31日	4,500	2,000
2020年３月31日	2,500	1,750
2021年３月31日	6,500	1,250

株主の比較時点	株　　主
2019年12月31日	A，B，C
2020年１月１日	A，B，C
2020年12月31日	A，B，C
2021年１月１日	A，B，C
2021年12月31日	X，Y，C
2022年１月１日	X，Y，C

未控除の減価償却費が発生した賦課年度の12月31日と，当該未控除減価償却費を所得から控除しようとする賦課年度の１月１日現在の株主を比較します。

・株主A，B，C，X，Yはそれぞれ1,000株ずつ保有しています。株主の変更は2021年10月１日です。

・賦課年度2018年（2017年３月期）の未控除の減価償却費はS$2,250，賦課年度2019年（2018年３月期）の未控除の減価償却費はS$3,000です（なお，賦課年度2018年および2019年の未控除の減価償却費は，賦課年度2020年において控除できます）。

【賦課年度2020年（2019年３月期）】

課税所得	4,500
賦課年度2018年の未控除の減価償却費	△2,250
賦課年度2019年の未控除の減価償却費	△3,000
差　　引	△　750
賦課年度2020年の税務上の減価償却費	△2,000
賦課年度2021年への繰越未控除減価償却費	△2,750（S$）

【賦課年度2021年（2020年３月期）】

課税所得	2,500
賦課年度2019年の未控除の減価償却費※1	△　750
賦課年度2020年の未控除の減価償却費※2	△2,000
差　　引	△　250
賦課年度2021年の税務上の減価償却費	△1,750
賦課年度2022年への繰越未控除減価償却費	△2,000（S$）

※１　賦課年度2019年の未控除の減価償却費に関する判定
　2019年12月31日と2021年１月１日を比較すると，株主Ａ，Ｂ，Ｃは同一ですので，未控除の減価償却費は控除できます。

※２　賦課年度2020年の未控除の減価償却費に関する判定
　2020年12月31日と2021年１月１日を比較すると株主Ａ，Ｂ，Ｃは同一ですので，未控除の減価償却費は控除できます。

【賦課年度2022年（2021年３月期）】

課税所得	6,500
賦課年度2020年の未控除の減価償却費※3	0
賦課年度2021年の未控除の減価償却費※4	△1,750
賦課年度2022年の税務上の減価償却費	△1,250
差　　引	3,500（S$）

※３　賦課年度2020年の未控除の減価償却費（S$250）に関する判定
　2020年12月31日と2022年１月１日を比較すると，株主Ｃのみ同一であり50%以上変動しているため，未控除の減価償却費は控除できません。

※４　賦課年度2021年の未控除の減価償却費に関する判定
　2021年12月31日と2022年１月１日を比較すると，株主Ｘ，Ｙ，Ｃは同一ですので，未控除の減価償却費は控除できます。

Q54 固定資産売却損益の計算

シンガポールではキャピタル・ゲインは非課税という一方で，税務上の減価償却費（Capital Allowance）は損金となる規定がありますが，固定資産を売却した場合の課税関係について教えてください。

Answer

固定資産を売却した場合，会計上の売却損益と異なる金額で課税される可能性があるため，注意が必要です。以下，設例で説明します。

◉設例

当社は産業用建物をS$1,380,000で20X1年に取得しました。初年度償却（IA）は25%，年次償却（AA）は３%です（Q52）。

（ケース１） 20X3年末に当該建物をS$1,500,000で売却しました。

（ケース２） 20X3年末に当該建物をS$900,000で売却しました。

【税務上の建物の簿価（Tax Written Down Value：TWDV)】

S$1,380,000－(S$345,000＋S$41,400×２年)＝S$952,200

初年度償却　S$1,380,000×25%＝S$345,000

年次償却　S$1,380,000×３%＝S$ 41,400

【税務上の減価償却累計額】

S$345,000＋S$41,400×２年＝S$427,800

【建物売却による利益】

（ケース１）

売却価格から税務上の建物の簿価を控除した建物売却による利益は，S$547,800（S$1,500,000－S$952,200）となります。

このうち，キャピタル・ゲインは売却価格から当初の取得価格を控除した額

S$120,000（S$1,500,000－S$1,380,000）であり，非課税となります。

一方，当初の取得価額から税務上の簿価を控除した額S$427,800（S$1,380,000－S$952,200）は課税されます。これをBalancing Charge（BC）と呼んでいます。

（ケース２）

当該建物をS$900,000で売却した場合は，売却価格と税務上の帳簿価格との差額は，減価償却が不足していたものとして損金になります。これをBalancing Allowance（BA）と呼んでいます。

S$900,000－S$952,200＝△S$52,200

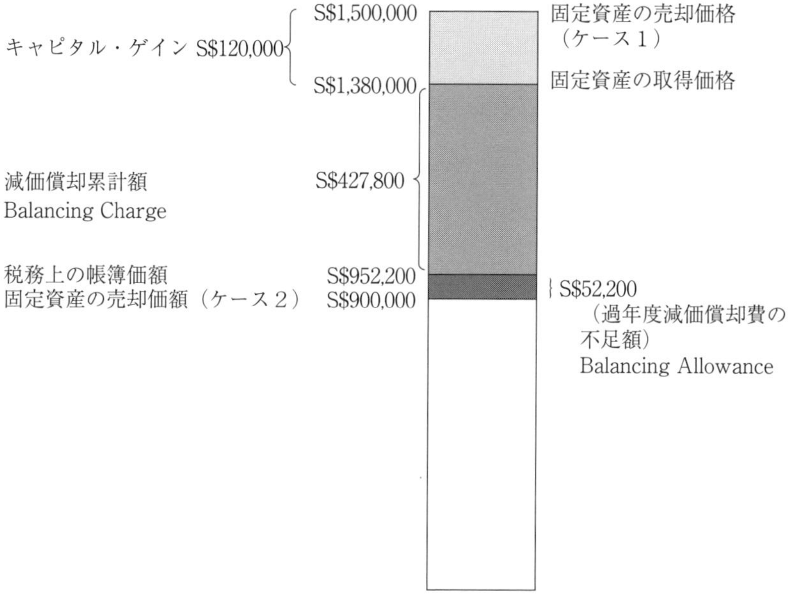

Q55 引当金

シンガポールにおいて税務上損金となる引当金を計上することはできるのでしょうか。

Answer

シンガポールでは，損金算入可能な費用は，一般的に完全に（Wholly）かつ専ら（Exclusively）所得を稼得するために支出発生したもので，債務が確定したものに限られます。従って，引当金や準備金（Reserves and Provisions）は，原則として損金になりませんが，一部，認められるものもあります。

1 貸倒引当金

個々の営業債権について具体的に判定し，回収が不可能なものは損金に算入されます。従来の日本のように法定率により債権の一定額を計上する方法は認められません。損金算入には以下のような点が説明できるように適切な証憑を準備する必要があります。

① 債務者の名前，住所

② 債権の発生日およびその性質

③ 回収不能額

④ 引当処理，貸倒損失とする理由

⑤ 回収努力の軌跡

また，棚卸資産陳腐化引当金についても同様に個別に棚卸資産を判定し，陳腐化が認められるものは，損金算入が認められます。

2 賞与引当金

シンガポールでは，賞与引当金ではなく未払賞与（Accrued Bonus）として計上されます。労働の提供がすでに完了している場合には，その提供された会計年度での未払計上額は税務上損金となります。ただし，利益を圧縮する目的で計上した支払う予定のない金額または支払予定を超えての未払額は税務上損金とは認められません。

3 その他

返品調整引当金，製品保証引当金については，返品が実際にあった場合，製品の保証費用が実際に発生した場合にのみ損金となります。

有給休暇引当金も税務上損金とは認められません。

Q56 貸倒損失

当社の取引先Ａ社に対する売掛金S$10,000が長期間にわたり回収できないままとなっています。理由はどうやら相手先の資金繰りにあるようです。

当期になって相手先は事業活動を休止したため，この売掛金を回収不能なものとして，貸倒損失として処理したいと思いますが，損金となるでしょうか。

Answer

法人税法14条１項(d)の規定によると，貸倒損失が損金となるためには以下の条件が必要です。

① 営業債権（Business debt）であること

② 営業債権に係わる所得が当期以前の事業年度で計上されていること

③ その営業債権が置かれている状況から判断して，明らかに回収不能であると判断されること

④ 当期において回収不能な状態になったこと

⑤ 回収不能部分の金額が予想できること

⑥　税務当局に回収不能である旨を立証できること

1　証憑等の整備

貴社の場合，取引先Ａ社に対する売掛金S$10,000に対して貸倒引当金を計上した場合あるいは貸倒損失処理した場合，上記要件を立証できれば損金となるものと思われます。この場合，以下のような点が説明できるように証憑等を適切に整備しておく必要があります。

①　債務者の氏名，住所

②　債権の発生日およびその性質

③　回収不能金額

④　引当処理，貸倒処理とする理由

⑤　回収努力の軌跡

また，Ａ社以外の得意先に対し債権総額に対して一定率を会計上，貸倒引当金として計上した一般引当（General Provision）は損金に算入することはできません。

2　売掛金回収に伴う法的措置・調査について

シンガポールでは，売掛金の回収に伴う法的手続・調査について，一般的に次のような手続を踏む場合が多いようです。

①　まず，企業調査を行い債務を抱える会社（債務者）の概略を調べる

②　会社整理の申請（Winding Up Petition）の状況調査を行い，管財人の任命が行われているか調べる

③　その他，債務者が第三者から訴えられているか，あるいはもうすでに何らかの判決が出ているか等裁判所の記録を調査する

④　実際に債務者のオフィス・工場等に行って，運営状況，雇用状況，商品の在庫等をチェックする

⑤　①～④を会社で行う代わりに外部の調査会社に，債務者の経営内情を調べさせる

⑥ 債務者に督促状（Letter of Demand）を送り支払いがない場合は民事訴訟を起こす旨伝えるか，あるいは法定督促状（Statutory Letter of Demand）を送って，支払がない場合倒産手続を開始する旨伝える

⑦ 督促状に対する返事，当事者間の交渉次第で，実際に裁判を起こすか決める

（注） 上記の手続の詳細については弁護士事務所等の専門家とよくご相談ください。

Q57 欠損金の繰越・繰戻

当社（シンガポール会社）は設立以来5年目にして初めて黒字になりました。今期の黒字を過去の累積欠損金と相殺するにあたって，税務上の問題はありませんか。

Answer

シンガポールでは当該企業の株主が実質的に（50%）変動しない限り，その発生年度に係わらず，無期限に繰越欠損金を控除することができます。日本のように，期限が来ると自動的に消滅するということはありません。

ただし，以下の点に留意する必要があります。

1 外部会計監査人もしくはカンパニー・セクレタリー（Q21）の証明

欠損金の繰越を行う場合（実際には繰り越された欠損金を使用するタイミングで），通常は税務当局より，当該企業の株主の50%以上が変動していないことについての証明を，当該会社の外部会計監査人（External Auditor）もしくはカンパニー・セクレタリーから入手するよう要求されます。これを株主テスト（Shareholders Test）とよびます。当該企業が孫会社あるいは子会社であれば，その親会社等の株主についても，同様の証明が要求されます。

最終的な親会社（Ultimate Parent Company）が上場会社である場合には，50％以上が変動していないことを確認するのは困難であるため，「当該親会社が対象期間において合併や買収がされていない」旨の証明で代用されます。

2　外部会計監査人もしくはカンパニー・セクレタリーの証明を入手できない場合

日本の場合，全ての会社が外部会計監査人による会計監査を要求されているわけではありません。また，費用等の問題で外部会計監査人による証明を得るのが難しい場合もあります。カンパニー・セクレタリーにいたっては，日本には制度自体がありません。

このような場合，監査委員会，経理責任者もしくは取締役が上記の証明を行うことで代用することができます。

3　株主比較の時点

損失が発生した事業年度の決算日が属する暦年の12月31日現在の株主と当該損失を所得から控除しようとする賦課年度（決算日が属する暦年の翌年）の１月１日現在の株主構成を比較します。以下，設例で検討してみます。

◉設例

決算期	比較時点	株　主	利益(損失)(S$)
2018年３月	2018年12月31日	A，B，C	△150,000
2019年３月	2019年12月31日	A，B，C	△200,000
2020年３月	2020年12月31日	A，B，C	250,000
	2021年１月１日	A，B，C	
2021年３月	2021年12月31日	A，X，Y	75,000
	2022年１月１日	A，X，Y	

株主A，B，C，X，Yはそれぞれ1,000株ずつ保有している。

【賦課年度2021年（2020年３月決算）】

課税所得	250,000
2018年繰越欠損金	△150,000
2019年繰越欠損金	△200,000
欠損金の翌期繰越	△100,000 （S$）

（2018年３月期の繰越欠損金に関する判定）

株主の比較　2018年12月31日（A，B，C）

2021年１月１日（A，B，C）

繰越欠損金は株主が50％以上変動していないため控除できます。

（2019年３月期の繰越欠損金に関する判定）

株主の比較　2019年12月31日（A，B，C）

2021年１月１日（A，B，C）

繰越欠損金は株主が50％以上変動していないため控除できます。

【賦課年度2022年（2021年３月決算）】

課税所得（繰越欠損金考慮前）	75,000
2019年繰越欠損金	0
課税所得（繰越欠損金考慮後）	75,000 （S$）

（2019年３月期の繰越欠損金に関する判定）

株主の比較　2019年12月31日（A，B，C）

2022年１月１日（A，X，Y）

繰越欠損金S$100,000は株主が50％以上変動しているため控除できません。

４　例　　外

たとえ，株主構成に実質的な変動があった場合でも合理的な理由により生じたものである場合（例えば救済のために買収されたような場合）には，同一事業より生じた課税所得との相殺に限り繰越欠損金の相殺が当局の裁量により認められるケースがあります。

5　欠損金の繰戻

質問とは逆のケースで，従来黒字であったのに赤字に転落したような場合に，欠損金の繰戻還付制度を利用することができます。

賦課年度2020および2021においては，合計S$100,000を限度として直近３賦課年度（賦課年度2017～2019または2018～2020）までの繰戻が認められます。なお，繰戻の対象金額・対象期間については改正が行われやすいため，留意が必要となります。

Q58　支払利息の損金算入制限

タックス・エージェントである会計事務所から，支払利息の一部が損金にならない旨の連絡を受けました。どういうことでしょうか。

Answer

シンガポールでは，所得を獲得するための支払利息のみが損金となります。借入金について親会社から債務保証を受けている場合に支払う保証料や金利スワップ契約を結んだ場合のオプション料なども同じ取扱いとなります。

例えば，ある借入金の支払利息の損金算入の可否を検討する場合，その借入金の用途を検討する必要があります。

当該借入金を，通常の運転資金や生産設備の購入に使用するとします。この場合，そこから発生する支払利息は事業所得の計算において損金算入可能です。

では，当該借入金を，グループ会社に対する出資や貸付金に使用するとしましょう。課税所得となる配当金や受取利息を得ている場合は，当該支払利息は投資所得の計算において損金算入可能です（配当金，受取利息は投資所得になります)。一方で，配当金がない場合や，無利息貸付の場合は，当該支払利息を損金算入することはできません。所得を獲得するための支払利息ではないと考えられるためです。

それでは，税金や配当の支払い原資にあてる場合はどうでしょうか。この場合，借入金と税金や配当支払いに直接的な関係があれば損金算入できない可能性があります。

1　直接識別法（Direct Identification Method）と総資産法（Total Asset Method）

特定の生産設備を購入するために借入を行ったケース等，有利子負債とその用途を明確に結び付けられるような場合は，そこから発生する支払利息の損金算入の可否について，個別に検討することになります。これを直接識別法と呼びます。直接識別法を適用する前提条件は，当該負債の用途が個別に追跡可能であるような記録が行われていることです。

しかしながら，実際には有利子負債とその用途を明確に結び付けられないケースが多くあります。そのような場合，実務上，総資産法という方法が用いられます。

（総資産法の計算式）

$$\text{損金不算入となる支払利息} = \text{支払利息総額} \times \frac{\text{期末における所得を生み出さない資産}}{\text{期末総資産額}}$$

2　結　　論

貴社の場合，例えば無利息貸付金など，所得を生み出さない資産に対応する分の借入金利息等が総資産法により計算され，損金不算入となっている可能性があります。もし，借入金ではなく余剰資金を原資として当該資産を購入しているのであれば，資金の流れを示した記録を根拠として，直接識別法の適用もご検討ください。

Q59 交際費・寄附金

日本では交際費の損金算入額に制限がありますが，シンガポールでは金額に制限がなく損金にできると聞いています。これは本当でしょうか。また，寄附金は損金になるのでしょうか。

Answer

シンガポールの法人税法上，損金に算入できる項目は，業務に関係した費用であり，かつ所得を獲得するのに必要とした費用ということになっています。

1　交際費の取扱い

業務に関係するとは，現存のクライアントではなくても，将来に取引が見込める取引先などが含まれますし，所得との関連性も飲食が契約に結びつくという直接的なものだけではなく，間接的な支出も含まれます。

実務上は，クライアントとのレストランでの飲食，ゴルフ，ラウンジでの飲食などほとんどの費用は上記の要件を満たすため，税務上損金算入となります。

しかし，会社の業務とは関係なく，家族同伴で個人的に飲食する費用は，損金とはなりません。交際費の損金性を判定する際には，ビジネスかプライベートかを十分に検討する必要があります。

2　寄附金の取扱い

シンガポールにおいて寄附金は原則として損金になりません。その理由は寄附金は通常，所得獲得のために直接要する支出ではないからです（法人税法14条)。しかし，Institution of a Public Character（IPC）に対する寄付金等の一定の寄付については，政策的な配慮により損金として認められます。

3　寄附金の損金算入額

2021年12月31日までに発生した損金算入可能な寄付金につきましては，支出額に対して250％の損金算入が認められます。

Q60　開　業　費

当社は今年６月14日に会社を設立して８月１日から営業を開始する予定です。シンガポールでは開業以前の費用は税務上損金になるのでしょうか。また，具体的にはどのような費用が開業費に該当するのでしょうか。

Answer

開業費（Pre-commencement and Incorporation Expenses）は，所得獲得のための支出ではなく，所得を獲得できる状態にするための費用であるとされ，原則的には損金算入の要件を満たしません。しかし，政策的配慮から，最初の売上を計上した事業年度の直前１事業年度の開始日以降に発生した開業費につきましては，原則として損金とすることができます。

開業費とは会社の設立日から，会社が所得を獲得できる状態になるまでに要した費用です。

例えば，卸売業の場合は最初の受注が発生した日までの費用であり，小売業の場合は店舗を開店した日までの費用です。小売業の場合，実際に販売が行われたかは関係ありません。機械の賃貸を業とする会社の場合，当該機械を購入し，賃貸可能な状態に整備し，それを貸し出すというステップをとります。開業費はこの場合賃貸可能な状態に整備するまでに要した費用のことです。

事業の種類によっても異なりますが，フィジビリティ・スタディの費用，定款（Ｑ９）の作成費用，会社設立代行料，などは明らかに開業費です。

しかし，会社が所得を獲得できる状態になる（a position to earn income）という表現は曖昧なところがあり，実務上はグレーな部分が生じる可能性があります。

なお，開業費の金額・内訳については，初年度の税務申告の際タックス・エージェントである会計事務所より必ず質問がなされますので，帳簿上当該事項について，区分把握できるよう事前に処理しておけば，初年度税務申告の際の事務処理負担が軽減できます。

Q61 車両関連費用

会社の業務用に乗用車を取得することを考えています。社用乗用車の税務上の取扱いについて教えてください。

Answer

シンガポールでは，個人登録車と法人登録車の税務上の取扱いは全く同一です。詳細は以下のとおりです。

1 個人登録車（Sナンバー）

法人税法上，個人登録車の減価償却費およびその他の関係費用は一切損金に算入できません（従来の取扱いと同様です）。

2 法人登録車（Qナンバー）

1998年4月1日より前に登録された法人登録車については，以下のとおり損金算入が認められていますが，1998年4月1日以降に登録された車両については，個人登録車，レンタカーと同様，損金算入不可という取扱いに統一されています。

(1) 減価償却費

初年度償却（Initial Allowance：IA）として取得価格の20%，年次償却（AA）

として取得価格の80%を，6年間の定額法で償却することになります。

ただし，これらの総額がS$35,000を超えることはできません。したがって，税務計算上は取得価格をS$35,000とみなして計算します。

(2) 乗用車関係諸費用

ガソリン代等の関係諸費用に関しては，次の金額を限度として損金算入が認められます。

$$\text{乗用車関係諸費用合計} \times \frac{\text{S\$35,000}}{\text{当該乗用車の取得原価}} = \text{損金算入限度額}$$

3 レンタカー

従来は一定の条件の下，レンタカー関係諸費用は損金算入が認められていましたが，1998年4月以降のレンタカー関係諸費用については一切損金算入できなくなりました。

Q62 本店経費の配賦

当社はシンガポールに支店を開設しましたが，本店経費の一部を支店に配賦したいと考えています。配賦にあたり注意すべき点を教えてください。

Answer

本店経費を支店に配賦する場合，本店経費の配賦基準・方法等についての法人税法上の明文規定はありません。

一般的には下記の点に留意する必要があります。

① 配賦された費用の性格（シンガポールの業務に関連したものであるか）

② 配賦基準は合理的であるか

③ 世界のどの支店に費用を配賦したか，また，他の海外支店への配賦基準

はシンガポールと同じか

④　配賦する金額の計算の根拠（売上金額に基づいて配賦したか，売上総利益に基づいて配賦したか，稼働時間により配賦したか）

⑤　同一業種と比較して採用されている配賦基準が合理的であるか

1　配賦の方法

本店経費の配賦は，一般的には以下のような方法となるものと思われます。

⑴　直接費の賦課

直接支店に関連する費用は，全てその支店の費用とします。

例えばシンガポールで発行される新聞などの媒体での宣伝費は，シンガポール国内売上に対応するものであるため，シンガポール支店の費用とします。

⑵　間接共通費の配賦

直接支店に跡付けできない経費は，シンガポール源泉所得との関連性を判断して，合理的基準で配賦します。

例えば人件費であればどの部課のどういう職種の人の給与で，それが会社全体でどの程度シンガポール支店の所得と係わりを持っているか，などです。

通常は本店共通経費は売上金額，稼働時間，売上総利益などその属性に応じた合理的基準で配賦することになります。

2　配賦にあたってのその他の留意点

下記の点に留意する必要があります。

①　税務当局に配賦基準の合理性を立証できること

②　一旦採用した配賦基準は継続して採用すること

③　配賦する本店経費の中にシンガポールにおける損金不算入項目の有無に留意すること

④　金融費用の配賦については源泉税の問題が発生する可能性があること

⑤　シンガポールにおける支店監査の際，配賦本店経費金額の妥当性について本店の外部会計監査人（External Auditor）の証明書を要求される場合が

あること

Q63 為替差損益

当社は外貨建の営業債権を期末で保有していたため，当期の決算期末の評価替で為替差損が発生しました。この為替差損は税務上損金となりますか。

Answer

為替差損益の税務処理については，以下の検討を行う必要があります。

1　資本取引（On Capital Account）か損益取引（On Trade Account）かの区分

資本取引に関連して発生した為替差損は損金になりません。同様に資本取引に関連して発生した為替差益は益金となりません。この取扱いについては，実現（Realized），未実現（Unrealized）に関わらず適用されます。

資本取引かどうかの判定は難しい問題ですが，投資のための資金調達を目的とした借入等から発生した取引から発生した為替差損については，損金算入されず，売上・仕入に係る取引（損益取引）から発生した為替差損は損金となります。

外貨建預金については原則的に資本取引であると考えられています。しかし，もっぱら売上の入金，仕入の支払に使用される口座（Designated Bank Account）については損益取引扱いになります。

2　結　　論

貴社の場合には，営業債権ということですので，損益取引に該当するため原則として，損金算入が可能と考えられます。

Q64 配当金に関する税務

シンガポール会社が配当金を支払う場合，また配当金を受け取る場合の税務について教えてください。

Answer

1 配当金の支払い

シンガポールはワンティア・システムを採用しているため，配当金の支払いについて課税されません。

したがって，日本のような配当支払時の源泉徴収制度もありません。

ワンティア・システムとは，法人が稼得した所得に対する課税（法人税）を最終課税とするシステムです。対応する考え方として，最終課税は個人に対して行われ，法人税は株主たる個人が支払う税金の仮払いにすぎないというインピュテーション・システムがあります。

シンガポールは従来，インピュテーション・システムを採用していましたが，2008年1月1日より，全面的にワンティア・システムに移行しました。

2 配当金の受け取り

シンガポール国内の関係会社，投資先からの配当金については，ワンティア・システムのため，課税所得とはなりません。

シンガポール国外の関係会社，投資先からの配当金については，国外源泉所得免税（Foreign Sourced Income Exemption）の対象になる場合があります（Q48）。国外源泉所得免税を受ける要件は，以下のとおりです。国外源泉所得免税の適用を受けるには，当該配当を受領する法人がシンガポール居住者法人であることに加え，以下の要件を満たす必要があります。

① 当該所得がシンガポールに送金された年における，当該外国の最高法人税率が15％以上であること

② 当該所得が当該外国において課税されていること

③ 課税対象外にすることが，当該シンガポール企業にとって有利に働くこと

上記の要件を満たす場合，当該配当金は課税所得とはなりません。

（注） シンガポール国外の関係会社が所在地国で優遇税制の恩恵を受け，実際に納税を行っていない場合でも，国外源泉所得免税を受けられる措置が設けられています。

国外源泉所得免税の要件を満たさない場合，あるいは要件は満たすが任意で適用を受けない場合には，代わりに外国税額控除（Q65）の適用を受けることができます。

Q65 外国税額控除の概要

シンガポールにおける外国税額控除の概要について教えてください。

Answer

日本において外国税額控除制度が設けられているのと同様に，シンガポールにおいても外国税額控除制度（Foreign Tax Credit）が認められています。しかし，日本において法人税法上，内国法人は，国内および国外の全ての所得について法人税の納税義務を負っているのに対し，シンガポールにおいては，シンガポール源泉所得のみを基本的な課税所得とし，国外源泉所得については，シンガポールに送金された所得についてのみ課税されるという地域限定的なものです（Q48）。そのため，従来は，日本の外国税額控除制度とは異なり，原則として租税条約の存在を外国税額控除の要件としていました。

しかし，シンガポールの資本輸出国化を背景に外国税額控除制度の範囲も拡大されてきており，現在のシステムは以下のようになっています。

① 租税条約に基づく外国税額控除（Bilateral Tax Credit Relief）

② 片務的外国税額控除（Unilateral Double Tax Credit Relief）

なお，日本のような外国税額の繰越控除制度はありません。

1 租税条約に基づく外国税額控除（Bilateral Tax Credit Relief）

法人税法49条に基づいた租税条約締結国において課された外国税額に対する外国税額控除制度です（法人税法50条）。

① 居住法人（Q47）に対してのみ認められます。

② 控除限度額はシンガポールにおける実効税率の範囲内で認められます。

③ 外国税額控除はその課税年度末後２年以内になされなければなりません。

④ 所得額の計算にあたり当該外国税額は控除できません。

2 片務的外国税額控除（Unilateral Double Tax Credit Relief）

シンガポールが租税条約を締結していない国から送金された国外源泉所得に係る外国税額控除制度です（法人税法50A条）。居住法人にのみ認められます。

以下の所得を対象にしています。

① シンガポール国外で行われたプロフェッショナル，コンサルティング，その他のサービス所得

② 配当所得

③ シンガポール居住法人の海外支店の所得

④ 特定の国外源泉ロイヤリティ

②の配当所得については，外国法人から受け取る配当に係る，当該外国での法人税相当額（Underlying Tax）の間接税額控除が認められます。従来は，シンガポール居住法人が配当支払法人の発行済株式総数の25％以上を保有することを条件としていましたが，1995年３月１日以降，税務当局の承認があれば必ずしもこの要件は必要ではなくなりました。

また，④の国外源泉所得をシンガポールに送金し片務的外国税額控除を受けるか，国外源泉所得を国外に留保するか，どちらが税務上有利であるかは慎重

に考慮する必要があります。

なお，配当，支店の事業所得，サービス所得については，特定の要件を満たすと国外源泉所得免税（Foreign Sourced Income Exemption）を受けられ，通常はそちらを利用します（Q48）。

3　外国税額控除プーリング制度

従来，シンガポールの外国税額控除は所得の種類ごと（source by source）および源泉地国ごと（country by country）に適用されていました。そのため，外国税額を控除しきれない場合が多く，ロイヤリティ等のシンガポールへの送金を躊躇させる一因となっていました。

賦課年度（Q45）2012年より，外国税額控除プーリング制度が導入され，外国税額の支払合計額と，対応する外国所得に対してシンガポールで課される法人税額（17%）のいずれか少ない額を外国税額控除額とすることができることになりました。外国税額控除プーリング制度の適用要件は以下のとおりです。

①　当該外国所得が送金元で課税されていること

②　送金元の国の標準税率が15%以上であること

③　当該外国所得がシンガポールにおいて課税所得であり，法人税により租税条約に基づく外国税額控除または片務的外国税額控除が認められていること

Q66　源　泉　税

シンガポールで徴収される源泉税について教えてください。

Answer

法人税法10条1項によると，シンガポールで生じた所得はシンガポールで課税されることになっています（Q48）。

例えば，日本会社Ａがシンガポール会社Ｂより収受する受取利息のような所得も，シンガポールで生じた所得とされています。利子はその支払者が居住する国において所得が発生するものとみなされるため，シンガポール会社Ｂが支払う利子については，シンガポール政府にも課税権があるものとされています。

この場合シンガポール政府がＡから法人税を徴収することができれば問題ありませんが，日本会社であるＡからの徴税の方法がないため，シンガポール会社Ｂの利息支払時において，あらかじめ源泉控除することになります。シンガポール会社Ｂが支払う時点で，利子のうちからシンガポールでの税率部分（ただし租税条約による軽減措置あり）をシンガポール政府が徴収することとなっています。これが源泉税です。

1　二重課税の防止

一方で日本会社Ａがシンガポール会社Ｂより収受した受取利息は，日本でも課税されることになります。利子のような所得については，二重課税が生じることとなるため，租税条約により，二重課税が起きないようにしています。

シンガポール・日本租税条約では，シンガポール国内法において15％と定められている源泉税の税率を10％に軽減しています。利子については，その支払者の居住地国（この場合シンガポール）において10％の源泉税で課税し，日本会社では通常30％の法人税（国税・地方税）が課税されますが，利子に係る源泉税10％は外国税額控除の適用を受けることができますので，日本会社では20％の税負担になります。

2　シンガポールで発生したとみなされる所得

法人税法12条６項，７項は上記の利子のようなシンガポールで発生したとみなされる所得を列挙しています。

⑴　法人税法12条６項

ａ　借入金や債務に関連する利子，仲介料，手数料，その他支払いもしくは借入れの手配や管理などのサービス，保証業務から生じる上記の収益で，

以下の①と②に該当するもの

① シンガポール国外の恒久的施設や不動産においてシンガポール国外でなされた事業以外で，シンガポール国内の居住者または恒久的施設において直接または間接的に生み出されたもの

② シンガポール国内で発生または得られた所得に対し損金となるもの

b 資金がシンガポールに持ち込まれたり，シンガポールで使用される借入金から得られる所得

(2) 法人税法12条7項

a 動産の使用または使用権に対する使用料，その他一時払金，その他

b 科学的，技術的，工業的，商業的な知識，情報の使用または使用権，もしくは，かかる知識または情報の適用または使用に関連する援助または役務の供与に対する支払い

c 取引，事業，または職業の管理もしくは管理援助に対する支払い（マネジメント・サービス・フィー）

d 動産の使用に関する協定または取決めに基づく賃貸料その他の支払い

上記の項目のうち（シンガポール外における施設によりシンガポール外で行われた事業に関するものを除き），シンガポールの居住者もしくはシンガポールの恒久的施設によって直接間接に生じたもの，またはシンガポールにおいて発生し，もしくはシンガポールで稼得した所得に対して損金となるものが，シンガポール源泉所得となります。

源泉徴収の対象となるのは，非居住者に対して支払う国内源泉所得のみです。法人税法45条は「居住者であることが明確でない場合に源泉税を控除せよ」という表現をしていますので，相手先が明らかに居住者であると認められる場合以外は，支払う側に源泉徴収する義務があります。

3 源泉税率

源泉税の税率は，支払先法人の居住地国にシンガポールとの租税条約があるかどうかにより異なります。

① 租税条約がない場合：シンガポールの法人税法において定められたところの税率（通常10%～17%）

② 租税条約がある場合：租税条約において定められたところの税率

4 日本・シンガポール租税条約（Q75）

日本・シンガポール租税条約では次のように決められています。

⑴ 利　　子

日本の居住者に対する利子には10%の源泉税が課されます。

⑵ ロイヤリティおよび機械などの動産に対する賃貸料

日本の居住者に対するロイヤリティおよび動産の賃貸料は，その総額に対して10%の源泉税が徴収されます。

5 その他の項目

⑴ マネジメント・サービス・フィー等

シンガポール国内で提供される役務の対価として非居住者に対して支払われるマネジメント・サービス・フィーは，シンガポール国内法においては，その支払総額に対して17%の源泉税が課されますが，日星租税条約により免除される可能性があります。

⑵ 取締役報酬

非居住者である取締役に対する報酬は，それが取締役の資格において支払われている場合，20%の源泉税が課されます。

⑶ 配　当　金

源泉税の対象となりません（Q64）。

6 源泉税の納付

源泉徴収額は，GIRO（自動引き落とし）の場合については，利子等の支払いがなされる月の翌々月の25日に引き落としが行われ，それ以外の支払い方法による場合については，翌々月の15日が支払い期限となります。

7　罰　　則

上記の期日までに支払いが行われない場合には，５％の罰金が課され，その後30日が経過すると１ヶ月ごとに未納額の１％の罰金が徴収されます。しかし罰金の総額が20％を超えることはありません。なお，非居住者への支払日は以下の事項のうちいずれか早い日付となります。

①　実際の支払日

②　非居住者または非居住者の代理人の口座に入金された日

③　取り決めや契約に基づく支払期日（取り決めや，契約がない場合，請求日が支払日とみなされます）

8　シンガポール支店に対して行われた支払いに係る源泉税の取扱いについて

従来，非居住者である外国会社のシンガポール支店に対して支払うシンガポール国内源泉所得については，支払者が当該所得についての源泉徴収義務を負っていましたが，2014年度の税制改正に伴い，当該源泉徴収義務はなくなります。この改正は2014年２月21日以降に行われる支払いより適用されています。

Q67　5％サービス・カンパニー

当社はシンガポールに子会社の設立を考えていますが，シンガポール子会社は当面，オーダーの取次，クレームの処理，新規顧客開拓などの業務を行い，商品は日本の親会社から直接販売しようと思います。

経費相当額をサービス・フィーとして親会社がシンガポール子会社に支払い，シンガポール子会社の損益はゼロにしたいと思いますが税務上問題はありますか。

Answer

貴社のシンガポール子会社のような会社は一般的にサービス・カンパニーとよばれております。サービス・カンパニーは自社で製品の売買をするわけではありませんので，売上・仕入ともありません。また，会社の経費として発生する給料，事務所賃貸料，日本人の住宅費用，車両費，交通費，交際費，その他雑費などを日本の親会社が負担することとなります。

1　税務上の取扱い

シンガポールの税務上は，貴社のようなサービス・カンパニーについては経費の５％を利益とみなして課税する取扱いが一般的な慣例としてなされておりました。一方，シンガポールの移転価格税制の改定により，低付加価値とされる一定のルーティーンサポートサービスについては簡便的に５％の利益率が認められるものの，それ以外のサービスについては当該提供されるサービスの付加価値に応じて適正な利益率の算出が必要になり，５％以上の利益率が必要となるケースもあるため留意が必要になります。

また，上記の５％が適用されるルーティーンサポートサービスのみを提供する法人以外については，賦課年度2021年以降は，通常の法人と同様の法人税計算を行う必要があります。詳細につきましては「Q78　シンガポールにおける移転価格税制の概要」をご参照ください。

2　処理方法

具体的には，以下の２つの方法があります。

①　経費に５％加えた額をサービス・フィーとして収益に計上する方法

②　経費は全額親会社が負担して経費の５％部分のみをサービス・フィーとして収益に計上する方法

3　留意事項

上記①の方法によった場合，経費の中に税務上の損金不算入項目があると，税務上の課税所得金額が経費の５％より大きくなり，実際の納税額が大きく膨らむ場合があることにご留意ください。

一方，上記②の方法によった場合，親会社が子会社の経費を全額負担するため，日本において当該負担額が寄附金として認定される可能性があることにご留意ください。ただし，シンガポールにおいては帳簿上経費の額が全く認識されないため，課税所得は経費の５％となり，上記①の方法をとった場合よりシンガポールでは税務上有利になる可能性があります。

いずれの方法の場合でも，日本での課税関係には充分にご留意ください。

Q68　連結納税

当社（Ｓ１社）は日系企業のシンガポール子会社ですが，100％子会社のＳ２社（日本の親会社から見れば孫会社）をシンガポールに持っています。決算日はともに３月31日です。

Ｓ１社は黒字，Ｓ２社は赤字であるため，所得を合算して納税したいのですが，シンガポールに連結納税制度はありますか。

Answer

連結納税制度は，一般的に，企業グループ内の個々の法人の損益を通算するなど，グループ全体を一つの納税主体と捉えて課税する制度です。米国や日本などの国で導入されています。

なお，日本においては2020年度（令和２年度）税制改正により，連結納税制度からグループ通算制度に移行することとされました。2022年４月１日以後に開始する事業年度から適用されます。グループ通算制度は，損益通算の基本的な枠組みを維持しつつ，各法人が個別に法人税額等の計算および申告を行う仕組みです。

シンガポールの「Group Relief」は，日本のグループ通算制度と同様のコンセプトとなります。

1　Group Relief（GR）

Group Reliefとは，グループ会社間の欠損金等の振替えを認める制度で，英国に同様の制度があります。

具体的には，Group Reliefの要件を満たすと，ある会社の当期の欠損金や未使用減価償却費（Capital Allowance（Q52））を，同じグループ内の他の会社の所得と相殺することができ，これによってグループ全体としての法人税額を減らすことができます。

相殺できるのは当期に発生した部分だけで，過年度より繰り越された部分については欠損金，減価償却費ともに相殺の対象になりません。

2　適用要件

① 双方ともシンガポール会社であること

② 決算期が同じであること

③ 年間を通じて株式の75％を保有している親子会社間

④ 親会社（シンガポール会社）が年間を通じて75％を保有している子会社間

法人税申告時に双方の会社においてGroup Reliefフォーム（Form GR-A/B）を税務当局に提出する必要があります。

3　結　　論

貴社の場合，Group Reliefの要件を満たすと考えられるため，Group Reliefフォームを提出すると，Ｓ１社の法人税申告書において，Ｓ２社の当期に発生した欠損金をＳ１社の所得と相殺することができます。

Q69 罰　　則

シンガポールでは，過少申告を行った場合のペナルティーが日本に比べて非常に厳しいと聞きましたが，本当でしょうか。

Answer

法人税の過少申告を行った場合，会社に加算税の支払いが課されることはもとより，取締役に罰金もしくは禁固刑が課される場合があります。

会社に対する罰金（過少申告加算税）については，日本が過少申告加算税10%，重加算税で35%から40%（国税のみ）であることを考えると，シンガポールは100%から400%と非常に高くなっており，申告の際には細心の注意が必要です。

1　過少申告を行った場合（法人税法95条1項）

会社に対して過少額と同額（100%）の加算税が課されます。

2　正当な理由なく，または懈怠により過少申告を行った場合（法人税法95条(2)）

会社に対して過少額の200%の加算税が課されます。また，取締役に対してS$5,000以下の罰金，もしくは3年以下の禁固，またはその両方が課されます。

3　脱税を行った場合（法人税法96条）

・虚偽の申告書作成

・当局からの質問や情報提供要請に対する虚偽の回答

会社に対して過少額の300%の加算税が課されます。また，取締役に対してS$10,000以下の罰金，もしくは3年以下の禁固，またはその両方が課されます。

4　悪質な脱税を行った場合（法人税法96A条）

・虚偽の会計帳簿作成

・その他の不正（詐欺）

会社に対して過少額の400％の加算税が課されます。また，取締役に対してS$50,000以下の罰金，もしくは5年以下の禁固，またはその両方が課されます。

5　過年度の過少申告に自ら気付いた場合

故意ではなく過少申告を行ってしまった場合，自主的修正申告制度（Voluntary Disclosure Programme）により罰則が軽減されます（Q70）。

Q70　修正申告

申告後に申告書内容に誤りがあることが判明しました。どのように対応すればよいでしょうか。

Answer

1　見積課税所得の修正

見積課税所得（ECI）は決算日後３ヶ月以内に申告する必要がありますが，申告後，確定申告書（Form C）の提出までの間に，追加の決算処理や監査の指摘に基づく決算数値の修正など，見積課税所得に大きな変更があることが判明した場合には，ECIの修正申告を行う必要があります。これは，修正したECIを再度申告することにより行われます。重要性に照らして変更が修正申告を要するかどうかは，タックス・エージェントに問い合わせをすることをお勧めします。

2　確定申告書の修正

確定申告書（Form C）提出後に申告内容の誤りが判明した場合，修正した

郵 便 は が き

料金受取人払郵便

落合局承認

4302

差出有効期間
2022年 8 月31日
(期限後は切手を
おはりください)

161－8780

東京都新宿区下落合2-5-13

㈱ 税務経理協会

社長室行

お名前	フリガナ	性別	男 ・ 女
		年齢	歳
ご住所	□□□-□□□□ TEL （ ）		
E-mail			
ご職業	1. 会社経営者・役員 2. 会社員 3. 教員 4. 公務員 5. 自営業 6. 自由業 7. 学生 8. 主婦 9. 無職 10. 公認会計士 11. 税理士 12. 行政書士 13. 弁護士 14. 社労士 15. その他（ ）		
ご勤務先・学校名			
部署		役職	

ご記入の感想等は，匿名で書籍のＰＲ等に使用させていただくことがございます。
使用許可をいただけない場合は，右の□内にレをご記入ください。 □許可しない

ご購入ありがとうございました。ぜひ、ご意見・ご感想などをお聞かせください。
また、正誤表やリコール情報等をお送りさせて頂く場合もございますので、
E-mail アドレスとご購入書名をご記入ください。

この本の タイトル	

Q１　お買い上げ日　　　　　年　　　月　　　日

ご購入方法　１．書店･ネット書店で購入（書店名　　　　　　　　）
２．当社から直接購入　　３．その他（　　　　　　　　）

Q２　本書のご購入になった動機はなんですか？（複数回答可）
１．タイトルにひかれたから　　２．内容にひかれたから
３．店頭で目立っていたから　　４．著者のファンだから
５．新聞・雑誌で紹介されていたから（誌名　　　　　　　　）
６．人から薦められたから　　７．その他（　　　　　　　　）

Q３　本書をお読み頂いてのご意見・ご感想をお聞かせください。

Q４　ご興味のある分野をお聞かせください。
１．税務　　２．会計・経理　　３．経営・マーケティング
４．経済・金融　　５．株式・資産運用　　６．法律・法務
７．情報･コンピュータ　　８．その他（　　　　　　　　）

Q５　カバーやデザイン、値段についてお聞かせください

①タイトル	1良い	2目立つ	3普通	4悪い
②カバーデザイン	1良い	2目立つ	3普通	4悪い
③本文レイアウト	1良い	2目立つ	3普通	4悪い
④値段	1安い	2普通	3高い	

Q６　今後、どのようなテーマ・内容の本をお読みになりたいですか？

ご回答いただいた情報は、弊社発売の刊行物やサービスのご案内と今後の出版企画立案の参考のみに使用し、他のいかなる目的にも利用いたしません。なお、皆様より頂いた個人情報は、弊社のプライバシーポリシーに則り細心の注意を払い管理し、第三者への提供、開示等は一切いたしません。

Form Cおよび添付資料に修正内容および理由を添えて再提出することにより，修正申告が可能です。

3　自主的修正申告制度

過失または懈怠による過少申告を行った場合，過少申告額の100%～200%の加算税が課されることになりますが（Q69），過年度の過少申告に自ら気付いた場合には，自主的修正申告制度（Voluntary Disclosure Programme：VDP）を申請することにより，加算税を軽減することができます。対象税目には法人税のほか，個人所得税，消費税（Goods and Service Tax：GST），源泉税，印紙税が含まれます。

法人税の場合の軽減税率は下記のとおりです。

法定申告期限から１年以内に修正申告を行った場合	加算税ゼロ
１年を超えて修正申告を行った場合	年５%の加算税

過去４年間遡及するため，最も古い年度の過少申告に対しては20%の加算税が課されますが，通常のペナルティ（200%）よりもかなり軽減されることになります。

なお，申請の際には，修正事項に関する資料に加え，申告誤りに対する予防策，他の申告書項目に誤りがないことを宣誓する必要がありますので，修正対象項目だけでなく，その他の申告項目についても適切に申告されていたかを再度確認する必要があるため，実施にあたりタックス・エージェントに問い合わせをすることをお勧めします。

Q71　税務当局による調査

税務当局による調査はありますか。またどのように行われるのでしょうか。

Answer

シンガポールでは，原則として全ての会社に財務諸表監査が義務付けられていることから，当該財務諸表をベースとして作成される税務申告書を信頼し，税務当局に実地調査を行う権限はあるものの，実際に行われることは少なく，書面・電話での調査が中心となります。また，多くの会社は，税務申告業務を会計事務所などのタックス・エージェントに委託しており，その場合，税務当局からの問い合わせはタックス・エージェントを通じて行われるのが通常です。

1　税額決定過程における調査

税務申告書（Form C）が提出されると，税務当局は申告書の検査を行い，最終的に納付すべき税額を決定します。検査は，会社の規模，複雑性，ビジネス内容などを勘案したリスクアプローチにより行われます。調査の結果，不明や疑義がある場合には，納税者またはタックス・エージェントに対して質問票を送付し，問い合わせを行います。

質問票を受け取ったら，会社は速やかに質問票に対する回答を準備し，求められた資料を提出します。回答の内容によっては，さらなる質問や更正を受けるケースもあるので，慎重な対応が必要です。必要に応じて，税務専門家に相談することも検討します。

2　税務当局（IRAS）による実地調査

シンガポールでは，申告書に誤りのある納税者の特定，納税者に対する教育等を目的として，IRASによる実地調査が行われています。

依然として件数は少ないものの，コンプライアンス強化の方針を受けて，近年における税務調査の実施案件は増加傾向にあります。調査はリスクアプローチにより実施されますが，税務当局にて設定した重点調査項目や業種に該当する会社，各納税者の申告データを分析し，コンプライアンス違反のリスクが高い会社を，調査対象として選定しています。

調査は法人税のほか，個人所得税，GST，印紙税などIRASが管轄している税目が対象となり，対象期間は法人税および個人所得税が４年，GSTは５年です。

税務調査の対象に選ばれると，税務当局から指定された日時に３，４名の調査員が会社を訪問し，通常１日から３日程度実地調査が行われます。調査期間中は，調査員の求めに応じて，資料の提出，面談，質問への回答などの対応を行います。調査の完了後（６ヶ月から１年程度かかることもある），税務当局から書面またはミーティングにより調査の概要が伝えられ，必要であれば修正申告の指導がなされます。

Q72 事前確認制度

当社はある取引を行う予定ですが，会計事務所から，当該取引の税務上の取扱いには不確定要素が大きいと言われています。

慎重を期すため，この取引の課税措置について，事前に税務当局に確認することは可能でしょうか。

Answer

シンガポールでは，税法の解釈が必要と思われる取引について，事前に納税者が税務当局に対し書面で確認する，事前確認制度（Advance Ruling System）が2006年１月１日に導入されました。

この事前確認制度は法的拘束力を有し，当該取引については，確認された税法解釈が適用されます。

米国等には同様の制度がありますが，日本では，現在のところ移転価格税制以外の事前確認制度はありません（移転価格税制の事前確認制度（Advance Pricing Agreement）についてはQ86をご参照ください）。

1　費　　用

申請料はS$660（事前確認が拒否された場合も返還されません）です。4時間を超えた場合，1時間につきS$165のタイムチャージがかかります。なお，これらの合計の2倍までの追加フィーを支払うことにより，優先的に手続が行われる場合があります（通常は先着順です）。

このほか，経費につき，実費精算を行うこととなります。

2　申請手続

確認したい取引が行われる少なくとも2ヶ月以上前に，必要事項を記入した所定の申請用紙（税務当局のウェブサイト　http://www.iras.gov.sg/からダウンロードできます），および確認事項を税務当局に提出の上，S$660をインターネットバンキングまたは電信送金により納付します。

3　期　　間

通常は8週間以内に完了されますが，複雑なケースの場合は延長されることもあります。

4　申請にあたって

Advance Ruling Systemは税法の解釈を事前確認する制度であるため，申請者にも税法の知識が求められます。実際の申請にあたっては，会計事務所に相談されることをお勧めします。

Q73　企業再編の税制

当社グループは全世界的にグループ再編を進めており，シンガポールも対象になっています。企業再編を行った場合の税制について教えてください。

Answer

従来シンガポールには日本でいう「適格合併」や「適格現物出資」のような特別な企業再編税制はありませんでした（会社法215A条から215J条）。

キャピタル・ゲインは非課税（Q49）であるため，合併や事業譲渡によって直接的に多額の法人税が発生するケースはあまりないと言えますが，減価償却費未控除額（Q53）や繰越欠損金（Q57）が消滅することによって，将来の節税のチャンスを逃すという事態はあり得ます。

そこで，合併に関する税制を整備して欲しいという実務界からの要請を受け，2010年1月20日に，「企業合併の税制フレームワーク」が発表されました。

なお，合併や事業譲渡に関する法務についてはQ40をご参照ください。

1　事業譲渡

(1)　固定資産

譲渡側の固定資産について，譲渡時の税務上の簿価が譲渡価格よりも高い，もしくは低い場合，その差額について譲渡会社側でBalancing AllowanceもしくはBalancing Chargeが発生する可能性があります（Balancing AllowanceとBalancing ChargeについてはQ54をご参照ください）。ただし，シンガポール国内での親子会社間，兄弟会社間の事業譲渡の場合，所定の条件を満たせば固定資産の税務上の簿価をそのまま引き継ぐことができ，その場合はBalancing AllowanceやBalancing Chargeは発生しません（法人税法24条）。

固定資産の売却価額が取得価額を超える場合，その部分については，キャピタル・ゲインであれば，課税されません。

(2)　棚卸資産

シンガポール国内での親子会社間，兄弟会社間の事業譲渡であれば，所定の条件を満たせば棚卸資産を簿価で売買した場合には課税所得は発生しません。第三者またはシンガポール国外への事業譲渡の場合，棚卸資産は市場価格で評価し，簿価との差額は譲渡会社において課税所得となります（法人税法32条）。

⑶ の れ ん

譲受会社側でのれん（Goodwill）が発生する場合，譲渡会社側でのれんの譲渡による利益（負ののれんの場合は損失）が発生しますが，キャピタル・ゲイン（ロス）と認められれば課税されません。

⑷ 不良債権

譲渡会社の不良債権を引き継いだ場合，その後，譲渡会社において貸倒処理もしくは貸倒引当金を計上した時には，当該費用を損金算入することはできません。

2 合　　併

合併日から90日以内に所定の書面で税務当局に申請し，承認されると「適格合併（Qualifying Amalgamation）」となります（法人税法34C条）。「適格合併」の場合，被合併会社（消滅会社）のシンガポールにおける事業は，合併日において合併会社（存続会社）に引き継がれるという取扱いになります。具体的には以下のようになります。

⑴ 固 定 資 産

合併時の税務上の簿価で合併会社に引き継がれます。

⑵ 棚 卸 資 産

合併時の税務上の簿価で合併会社に引き継がれます。

⑶ 減価償却費未控除額と繰越欠損金

合併時の金額で合併会社に引き継がれます。

適格合併とならない場合，実務上は事業譲渡の場合と同じ考え方に従うことになります。具体的には以下のようになります。

⑴ 固 定 資 産

事業譲渡の場合と同じです。

⑵ 棚 卸 資 産

事業譲渡の場合と同じです。

⑶　減価償却費未控除額と繰越欠損金

被合併会社における減価償却費未控除額や繰越欠損金が合併会社で引き継げるかどうかは，合併後も株主が実質的に同一かどうかの判定によります（Q53，Q57）。

⑷　不良債権

事業譲渡の場合と同じです。

Q74　企業優遇税制

当社はシンガポールでビジネスを開始する計画があります。シンガポールは法人税率が低いということですが，優遇税制の適用が受けられれば，さらに有利であると考えます。優遇税制全般に関して説明してください。

Answer

シンガポールにおける企業優遇税制（Tax Incentive）は所得税法および経済拡大奨励法によって定められており，大きく法定のものと裁量によるもの，2つのカテゴリーに区分されます。

法定のものは，シンガポール国外からの配当について免税が適用される国外源泉所得免税制度等の所得税法に明記されているものとなります。一方，裁量によるものは，金融および財務活動の拠点としてのシンガポールの活用を促進し金融センターとしての競争力の強化を目的とした金融・財務センター（FTC）スキームや，シンガポールにおける国際貿易や販売活動の促進，発展のためシンガポールに国際貿易企業の誘致を目的としたグローバル・トレーダー・プログラム（GTP）等があり，それぞれの優遇税制の内容に応じて優遇税率（5％，10％等）が適用されます。なお，裁量による優遇税制については，ＥＤＢ，Enterprise Singapore等の各優遇税制を管轄する当局との交渉が必要となります。

1　最近の傾向

従来，税制優遇の対象となっていた製造業では，労働コストなどの生産コストの上昇に伴い，他国への製造拠点のシフトが進んでいます。そのため，政府はシンガポールを世界の金融・貿易・知的財産情報インフラの中心となるための政策を採用し，最近発表される優遇措置は，金融業・海運業，IT関連業その他高付加価値産業に関するものが中心となっています。

2　優遇措置の適用を受けるための方法

裁量による優遇税制は，適用要件があまり明確に公表されていません。例えばパイオニア企業インセンティブの場合，何がパイオニア企業なのか明確に定められておらず，その適用期間も５～15年間という幅があり，関係当局との交渉により決定される部分が非常に大きいと言えます。したがって優遇税制を検討する際には，関係当局から公表されている諸条件を検討するだけでなく，実際の施行状況をよく検討する必要があります。優遇税制に係る検討や，実際の申請手続，関係当局との交渉は，会計事務所等の専門家と共に進めていくことが一般的です。

Q75　日本・シンガポール租税条約

日本・シンガポール租税条約の主な特徴について教えてください。

Answer

日本・シンガポール租税条約は1961年９月５日に締結されました。その後，1971年８月３日に全面改定され，1981年，1994年に一部補足改定がありました。同条約は全30条からなっています。主な内容は以下のとおりです。源泉税は一般的に，それぞれの国の法の規定より税率が低くおさえられています。

1　人的役務の提供を主たる内容とする事業の所得（7条，17条）

日本企業がシンガポール国内において，人的役務提供事業を行う場合，恒久的施設（支店や営業所など）を有していない限り，シンガポールの租税は免除されます。これが「恒久的施設がなければ課税せず」という原則です。

ただし芸能プロダクションのような事業形態に関しては，この原則は適用されず，演劇，映画等の俳優，音楽家，スポーツ選手の役務提供については，役務提供国で課税されます。

2　配当・利子・使用料（10～12条）

配当，利子，使用料の源泉税に係る適用税率は，以下のとおりです。

租税条約	所得の種類		源泉税率
10条	配当	(1)　日本法人からシンガポール法人に支払う場合	
		①　配当の支払日に先立つ6ヶ月間を通じて，当該配当支払法人の議決権株式の25%以上を保有する場合	5%
		②　上記①以外のもの	15%
		(2)　シンガポール法人から日本法人に支払う場合	0%
11条	利子	(1)　一方の締結国内で生じる利子で他方の締結国の政府に支払われるもの（政府とは日本国政府，地方公共団体，日本銀行，日本輸出入銀行，シンガポール政府，MASなど）	0%
		(2)　上記(1)以外のもの	10%
12条	使用料	(1)　工業所有権，著作権等の使用料（その権利の譲渡の対価を含む）	10%
		(2)　産業上，商業上，学術上の設備の使用料（機械装置等の使用料）	10%

なお，使用料の範囲は，以下のように規定されています。

①　文学上，美術上若しくは学術上の著作物（ソフトウエア，映画フィルム等を含む）の使用および譲渡収入

② 工業所有権の使用料。特許権（Patent），商標（Trade Mark），意匠（Design），模型（Model），図面（Plan），機密方式（Secret Formula），機密工程（Secret Process）が含まれます。

③ 機械装置等の使用料。機械装置には，車両，工具，器具，備品，絵画，美術工芸品なども含まれます。

3 短期滞在者の給与，報酬（15条）

シンガポールまたは日本での滞在日数が183日以下の者の給与所得に係る所得税は，一定の条件の下で免税となります（Q88）。

4 退職年金（18条）

受給者の居住地国のみで課税されます。

Q76 タックス・ヘイブン対策税制

日本における外国子会社合算税制に関しシンガポール子会社についてどのような留意点があるのでしょうか。

Answer

日本における外国子会社合算税制は，軽課税国における外国子会社を利用した租税回避行為を抑制・防止するために，一定の条件に該当する外国子会社の所得を，日本の親会社の所得とみなして合算し，日本で課税する制度です（下記図１参照）。

外国子会社合算税制の判定については，租税負担割合が20％未満か否かで判定フローが異なります（下記図２参照）。

図1　外国子会社合算税制の概要

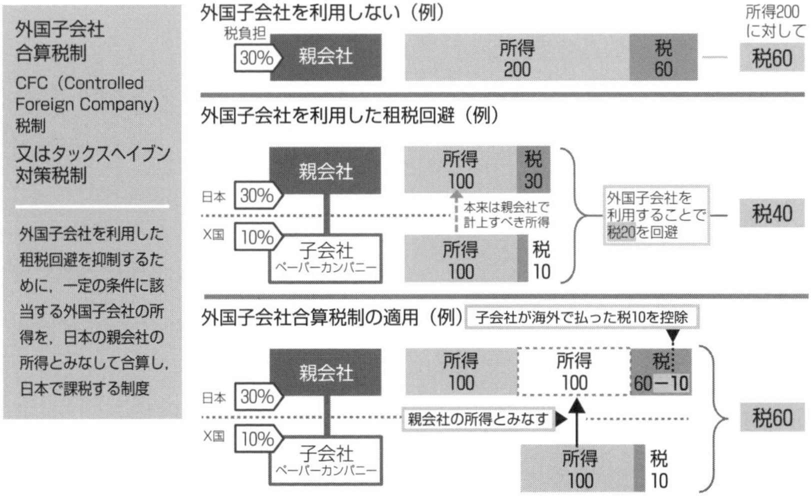

図2　外国子会社合算税制の判定フロー

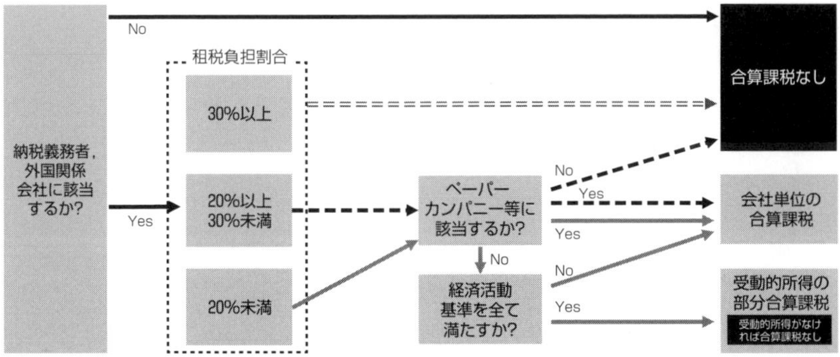

シンガポールの法人税の法定税率は17%であることや，優遇税率の適用により，シンガポール子会社の租税負担割合は通常は20%未満になると考えられます。

その場合は，ペーパカンパニー等に該当するか否か，経済活動基準の要件を満たすか否かの確認が必要になります。いずれも満たせない場合は会社単位の合算課税になります。

またいずれを満たした場合においても，配当や利子などの受動的所得がある場合は受動的所得のみ合算課税されます。

外国子会社合算税制は，このように複雑な税制となっており，改正も頻繁に行われます。また，租税回避行為の目的でなかったとしても，一定の条件に該当した場合は合算課税されます。

このことから，シンガポール子会社において特に非経常な取引（組織再編，清算，債務免除益の発生，株式の譲渡など）を行う場合は，会計事務所に事前に相談されることを推奨します。

Q77 恒久的施設（PE）の取扱い

恒久的施設の概念および課税関係について教えてください。

Answer

恒久的施設（Permanent Establishment：PE）は国際税務上の一般的な概念で，国が外国法人に対して課税する際の根拠となるものです。支店や工場など，事業が行われている一定の場所を指しますが，定義の詳細は国によって異なります。通常，一国に恒久的施設が存在する場合，恒久的施設に帰属する当該国源泉所得について課税されます。

シンガポールでは，所得税法２条において恒久的施設の定義がなされていますが，二重課税の回避の観点から，当事者国どうしで租税条約を締結し，恒久的施設の定義がなされていることがあります。その場合には租税条約の規定が優先します。なお，日本・シンガポール租税条約５条には，恒久的施設とは「事業を行う一定の場所であって企業がその事業の全部または一部を行っている場所」と定義されており，特に以下の場所が含まれます。

① 事業の管理の場所

② 支店

③ 事務所

④ 工場

⑤ 作業場

⑥ 鉱山，石油または天然ガスの坑井，採石場その他天然資源を採取する場所

また，上記のほか，建築工事現場若しくは建設若しくは据付けの工事またはこれらに関連する監督活動が6ヶ月を超える期間存続する場合には，恒久的施設に該当するとしています。

第5章

移転価格税制に関するQ&A

● Point ●

企業活動のグローバル化の進展に伴い，海外グループ関連会社との取引規模が拡大の一途を辿っており，税務当局においても納税者においても，移転価格税制への関心が高まっています。内国歳入庁（IRAS）は，移転価格税制の執行に対する厳格化の姿勢を明確に打ち出しており，シンガポールに所在する企業の移転価格リスクは益々高まっているといえます。したがって，シンガポールにおける移転価格リスクを適切に管理するためのポイントを十分に理解する必要があります。この章ではシンガポールの移転価格税制に関する質問をまとめました。

Q78 シンガポールにおける移転価格税制の概要

シンガポールでは移転価格税制は導入されているのでしょうか。シンガポールにおける移転価格税制の概要を教えてください。

Answer

シンガポールにおいても移転価格税制が導入されています。グループ会社との取引がある会社は，シンガポール移転価格ガイドラインに基づいた対応が必要になります。

1 移転価格税制とは

企業活動のグローバル化に伴い，国境を越えた国際取引は拡大し，なかでも親会社と海外子会社などのグループ会社のクロスボーダー取引の規模は，大きな比重を占めるようになっています。

グループ会社間取引においては，取引価格を任意に設定することが可能であるため，海外の関連会社との有形資産，役務提供などの取引価格を，市場における適正な価格（独立企業間価格）と異なる金額に設定することにより，一方の利益を他方に移転することが可能になります。特に一方のグループ会社（関連者）が外国に所在する場合には，この不当な価格の設定により，国家の課税権の侵害にまで発展してしまうことがあります。

こうした所得の海外移転に対処し，また，適正な国際課税の実現を図ることを目的として定められた税制が移転価格税制です。具体的には，関連者間で行われた取引が独立企業間価格と異なる価格で行われたと税務当局から判断された場合には，その取引が独立企業間価格で行われたものとみなして所得の金額を計算し直し，課税するというものです。日本はもとより多くの国々でこの考え方に基づいた移転価格税制が導入されています。

2　シンガポールにおける移転価格税制

シンガポールでは，2006年２月にシンガポール税務当局から最初の移転価格ガイドライン（Singapore Transfer Pricing Guidelines）が公表されて以降，その内容が拡充されてきました。

・移転価格ガイドライン＜第１版＞（2006年２月）
・移転価格コンサルテーション（2008年７月）
・事前確認制度ガイドライン（2008年10月）
・関連者間ローン／サービスに係る移転価格ガイドライン（2009年２月）
・移転価格ガイドライン＜第２版＞（2015年１月）
・移転価格ガイドライン＜第３版＞（2016年１月）
・移転価格ガイドライン＜第４版＞（2017年１月）
・移転価格文書規則／移転価格ガイドライン＜第５版＞（2018年２月）
・移転価格ガイドライン＜第６版＞（2021年８月）

上記のとおり，2021年８月に第６版の移転価格ガイドラインが発表されており，納税者は，当該移転価格ガイドラインに基づいて管理をすることが求められています。

Q79　移転価格税制の対象取引

どのような取引が移転価格税制の対象となるのか教えてください。

Answer

グループ会社間で，棚卸資産の売買，サービスの提供，ロイヤリティの支払いなどを行った場合には，移転価格税制の対象となります。

1　移転価格税制の対象となる関連者（Related Party）の定義

シンガポール移転価格税制における関連者は，後述のとおり定められており，役員派遣状況，取引・資金依存などを含む従属支配関係の有無をもとに判断されることになります。

・直接的または間接的に他の者を支配しているまたは支配されている企業

・直接的または間接的に同一の者に支配されている企業

この点においては，日本などのように，明確な出資比率基準が定められていないため，実質的な支配関係を基準に判断することが求められています。

2　移転価格税制の対象となる取引

原則的には，上述の関連者（Related Party）に該当するグループ会社間の全ての取引が移転価格税制の対象になります。シンガポール移転価格ガイドラインには，具体的に，以下の関連者間取引が移転価格税制の対象と定められています。

・棚卸資産取引

・役務提供（サービス）取引

・無形資産取引

・金銭貸借取引

・その他の関連者取引

なお，移転価格税制の執行においては，上述の関連者間取引が独立企業原則に基づいた独立企業間価格*で設定されている必要があります。前述のとおり，シンガポール移転価格ガイドラインは，OECD移転価格ガイドラインに概ね準拠した内容になっており，関連者間取引の価格設定に係る移転価格算定方法においても同様に，以下の移転価格算定方法の中から選択適用することが認められています。

・独立価格比準法（Comparable Uncontrolled Price Method：CUP法）

・再販売価格基準法（Resale Price Method：RP法）

・原価基準法（Cost Plus Method：CP法）

・利益分割法（Profit Split Method：PS法）

・取引単位営業利益法（Transactional Net Margin Method：TNMM）

＊　独立企業間価格（Arm's length price）は，関連者との取引を，その取引と同様の状況の下で非関連者と行ったとした場合に成立するであろう価格。

Q80 移転価格の同時文書化規定

シンガポールでは，移転価格に関する文書化が義務付けられているのでしょうか。

Answer

シンガポールでは，所得税法第34F条に基づき，後述する要件に該当する納税者は，移転価格文書作成が義務化されています。移転価格文書化要件に該当する企業は，対象事業年度の法人税申告期限までに移転価格文書の作成が求められます。なお，シンガポール税務当局は，納税申告書の提出と同じタイミングで移転価格文書を提出することは求めていませんが，シンガポール税務当局から提出要求があった場合には，30日以内に提出することを求めています。また，移転価格文書は，作成後５年間の保存が求められています。

1　移転価格同時文書作成の作成要件

シンガポールでは，所得税法第34F条において，移転価格文書化要件が定められており，以下の２つの要件を満たした場合には，移転価格文書の作成が求められます。

・対象年度における納税者の総収入（取引または事業から稼得した収入）がS$10百万を超えている場合

・前対象年度に移転価格文書の作成義務があった場合＊1

また，上述した２つの要件に加え，移転価格ガイドラインにおいては，移転価格文書作成の免除規定が設けられており，以下の条件に該当した場合，移転価格文書作成の免除を受けることが可能になります。

(a) シンガポール国内における関連者間取引で，関連者に適用される法人税率が当該納税者と同様の場合（金銭貸借取引は除く）

(b) シンガポール国内における金銭貸借取引で，貸し手が金銭の貸借を業としていない場合

(c) 金銭貸借取引に対して，指針スプレッド（Indicative margin）を適用している場合

(d) ルーティーン・サービスに対して，セーフハーバーのマークアップ率である５％を適用している場合（Q82）

(e) 関連者間取引が，IRASとの事前確認（APA）の対象となっている場合（Q86）

(f) 関連者間取引額が一定の取引基準値を超えない場合（詳細は以下の一覧表をご確認ください）

関連者取引の種類＊2	事業年度ごとの取引額基準値（S$）
全ての関連者からの棚卸資産の購入	15百万
全ての関連者への棚卸資産の販売	15百万
全ての関連者への金銭の貸付け	15百万
全ての関連者からの金銭の借入れ	15百万
その他全ての関連者取引 ▶ 役務提供に係る収入 ▶ 役務提供に係る支払 ▶ ロイヤリティ収入 ▶ ロイヤリティ支払 ▶ 賃借収入 ▶ 賃借費用 ▶ 保証料の収入 ▶ 保証料の支払　など	１百万／取引種類ごと

2　移転価格同時文書の記載要件

移転価格文書の内容に関しては，シンガポール税務当局は，グループレベル（Group level）および拠点レベル（Entity level）の２段階のアプローチで移転価格文書を作成することを要求しており，それぞれの項目に関して，移転価格ガイドラインに詳細な記載要件を定めています。

なお，基本的にはOECD移転価格ガイドラインに準拠した文書の作成要件になっていますが，前述のとおり，シンガポールの移転価格文書においては，シンガポールに所在する会社に関係するグループレベルおよび拠点レベルの情報を記載する必要があります。当該記載内容は，OECD移転価格ガイドラインで個別に定められているマスターファイルおよびローカルファイルに対応していますが，シンガポールでは個別に作成することは求められていないため，納税者は両方の情報を含めた移転価格文書のみを作成する必要があります。また，シンガポールでは，OECD移転価格ガイドラインで定められている国別報告書（Country-by-Country Reporting）の作成および提出は，シンガポールを本社とするシンガポール企業以外は求められていません。

また，移転価格ガイドラインにおいて，移転価格文書の更新の頻度も定められており，納税者は，機能分析または移転価格分析に影響を与える大きな事業内容の変更があった場合には，移転価格文書を更新することを要求されています。その他の場合においても，シンガポール税務当局は，納税者に少なくとも３年に一度は移転価格文書を更新することを推奨しています。文書の更新に関わらず，納税者は，関連者間取引について，適切な独立企業間価格であることを毎年検証（モニター）することが求められています。

＊1　本対象年度における総収入がS$10百万を超えない場合においても，当該要件に該当する場合は移転価格文書の作成が求められる点は留意が必要になります。

＊2　取引額基準値の判定に際しては，関連者取引の種類ごとの合計値を使用します。例えば，複数の関連者に役務を提供していた場合には，全ての関連者からの役務提供に係る収入を合計します。

Q81 関連者間取引開示フォーム

シンガポールでは，移転価格文書以外に移転価格に係る資料の作成が必要でしょうか。

Answer

シンガポールでは，移転価格同時文書以外に，関連者間取引の開示フォーム（RPT Form）の作成および提出が必要になります。

当該関連者間取引の開示フォームの記載要件は，対象となる賦課課税年度の関連者間取引（財務諸表内の関連者取引額）の合計金額がS$ 15百万を超えた場合に，納税申告書（Form C）の一部として開示が必要となります。当該開示フォームに不備があった場合においては，納税申告書の不備に係るペナルティと同じ罰則規定が適用されます。

Q82 シンガポール移転価格税制におけるルーティーン・サービスの取扱い

弊社はシンガポールに統括会社があり，ASEANの各国に所在する子会社にサービスを提供していますが，シンガポールではサービス取引に関して独自の定めはありますか。

Answer

関連者間の役務提供（サービス）取引についても，独立企業間価格の適用が求められています。関連者間のサービス取引の内容は多岐に渡りますが，シンガポールの移転価格税制上，サービス取引として扱われる取引は，サービス提供の受領者が一定の便益（Benefit）を受けるものであるとされています。当該便益とは，第三者であっても対価を支払うだけの経済的・商業的価値があり，識別可能で評価することができ，かつ十分に直接的で実態のあるものでなければならないとされていますので，サービス取引がこれらの要件を満たさない場合には，サービス提供はなかったものとして取り扱われます。

サービス取引に係る独立企業間価格に関して，最も適切な算定方法を決定するにあたっては，サービスの性質などを十分に考慮に入れる必要があり，サービス提供に要した適当なコストの算出，ベンチマーク分析に基づく適切なマークアップの適用が必要になります。

なお，移転価格ガイドラインには，ルーティーンサポートサービス（Routine Support Services）について定められており，後述するサービスに該当する場合は，納税者の利便性や効率性などの観点から，ベンチマーク分析を行わず，簡易的に５％のマークアップ率を適用して価格設定することが認められています。

・会計・監査（Accounting and auditing）
・債権債務の管理（Accounts receivable and accounts payable）
・予算の作成または管理（Budgeting）
・システムサポート（Computer support）
・データベース管理・運用（Database administration）
・従業員の福利厚生（Employee benefits administration）
・総務（General administration）
・法務（Legal services）
・従業員の給与（Payroll）
・広報（Corporate communications）
・従業員の配置または採用（Staffing and recruiting）
・税務（Tax）
・従業員の教育（Training and employee development）
・マネジメントへの報告（Management reporting）

また，サービスの提供者が単に費用の立替払いをした場合などについては，マークアップを付加することなく，費用の請求を行うことも認められています（Strict Pass Through Costs）。これは，サービスを受領した関連者に法的または契約上の責任があり，サービス提供者は単なる支払代理人であり，かつサービス提供者がこれらのサービスに対して価値を加えるようなことをしていないことなどが条件とされています。

Q83 シンガポール移転価格税制における金銭貸借取引の取扱い

シンガポールでは，金銭貸借取引に関して独自の定めはありますか。

Answer

1　金銭貸借取引に係る移転価格算定方法

シンガポールの移転価格ガイドラインには，関連者間における金銭貸借取引における独立企業間価格の設定方法などについて言及されています。国外関連者間の金銭貸借取引については，独立企業間価格を反映した金利の設定が求められています。金利の設定にあたっては，以下の要素を考慮に入れる必要があります。

・ローンの性質および目的
・ローン実行時の市場の状況
・ローンの元本金額，期間，条件
・ローンの通貨
・貸手または借手が負担する為替リスク
・借手により提供された担保
・ローンに関連する保証
・借手の信用状況

なお，ローン取引における独立企業間価格の算定方法としては，独立価格比準法（CUP法）が望ましいとされています。また，金利設定にあたっては，SIBOR（Singapore Inter Bank Offered Rate），LIBOR（London Inter Bank Offered

Rate）といった基準金利を適切に設定した上で，比較可能性分析の結果に基づいて当該基準金利に調整を加えることで，適切な独立企業間価格を算定することとされています。

2　金銭貸借取引に対する指針とするスプレッド（Indicative Margin）の適用

シンガポール税務当局は，2017年１月１日以降に行われる関連者間の金銭貸借取引に対する指針とするスプレッド（Indicative Margin）*の適用を導入しています。指針とするスプレッドを適用したS$15百万未満の関連者間の金銭貸借取引については，納税者は移転価格文書を作成する必要がありません。また，指針とするスプレッドを適用できる取引は，移転価格文書作成の要否を判断するに際して，関連者取引の合計金額から除外することができます。なお，適用する基準指標は納税者が決める必要があります。なお，当該指針とするスプレッドはシンガポール税務当局の指針であるため，取引相手国の移転価格の観点からも適用金利の妥当性を検討する必要があります。

*　指針とするスプレッド（Indicative Margin）は，IRASのホームページ内で公表され，毎年始めに更新されます。

Q84　シンガポール税務当局の移転価格執行状況

シンガポールでの移転価格調査の執行状況を教えてください。

Answer

シンガポール税務当局は，移転価格税制の運用に対する厳格化の姿勢を明確に打ち出しており，シンガポールに所在する企業の移転価格リスクは益々高まっているといえます。シンガポール税務当局からの移転価格に係る質問が増加しているため，シンガポールにおける税務・移転価格調査のプロセスを理解することが重要になります。

1　シンガポールにおける税務・移転価格調査

シンガポールにおける税務・移転価格調査は，大きく以下の２つに大別することができます。

⑴　納税申告書の確認プロセス

納税者から提出した納税申告書の確認プロセスの一環として，シンガポール税務当局からの法人税に係る質問の一部として，移転価格に係る質問票を受領します。

⑵　移転価格調査（Transfer Pricing Audit）

納税申告書の確認プロセスの一環としての確認ではなく，シンガポール税務当局が選定した納税者に対して，移転価格文書の整備状況，使用している移転価格算定方法の妥当性などについて，直接，シンガポール税務当局が移転価格を確認するプロセスになります。

移転価格調査の目的は，納税者の移転価格リスクを評価すること，納税者の移転価格文書化について検討すること，リスク管理について提言を行うこととされており，具体的な調査のプロセスは，以下のとおりです。

①　税務当局が，一定の基準に基づいて選定された納税者に対して，質問票を送付する。質問票では，会社の事業内容や移転価格文書化に対する対応状況に加えて，海外関連者取引の種類や取引額などに関する情報提供を求められる。

②　納税者からの質問票に対する回答に基づいて，さらなる移転価格調査を行うかどうかを検討する。

③　税務当局が，移転価格調査を続けると判断した場合には，納税者に対して追加的な説明を求めるほか，事業活動，関連者間取引，移転価格実務に関する理解を深めるため，納税者の事業所を訪問する場合もある。

④　調査での発見事項に基づき，税務当局は納税者の移転価格のリスクや手法に関する見解，今後の文書化や手法をいかに改善できるかについて見解

を伝える。

⑤　納税者の移転価格実務が税務当局の見解から大きく逸脱している場合には，納税者がしかるべき時期に問題点を見直すよう取り決めを行う。

移転価格調査にあたっては，シンガポールに所在する企業が関連者間取引においてどのような機能を果たし，リスクを負っているか，価格設定がどのように行われているのかなどについて立証する必要があります。したがって，事前に移転価格文書を作成することが求められます。

Q85 移転価格税制に係る罰則

シンガポールでの移転価格に係る罰則規定を教えてください。

Answer

シンガポールでは，納税者が独立企業間原則または移転価格文書規定を遵守しなかった場合に科せられる加算税（Surcharge）および罰則制度が賦課年度2019年から導入されています。

納税者の関連者間取引が独立企業間原則に基づいて設定されておらず，シンガポール税務当局が移転価格調整が必要であると判断した場合には，移転価格調整に対して５％の加算税（Surcharge）が科せられます。また，上述の加算税（Surcharge）に加え，移転価格文書の不備などのコンプライアンス違反とみなされた場合には，S$10,000以下の罰金が科せられます。当該加算税（Surcharge）および罰金はいずれも損金算入することはできません。

なお，納税者から移転価格文書が提出されない場合，移転価格文書において納税者が関連者間取引が独立企業間価格であることを立証できない場合，または移転価格文書の記載要件が満たされていない場合には，以下の取扱いとなる可能性があることも留意が必要になります。

・シンガポール税務当局からの要請に応じた移転価格文書の提出が行えない

場合には，記録保管の不備として，ペナルティが課される

・シンガポール税務当局は，不適切な移転価格による過少申告とみなして，加算調整（課税）を行う

・シンガポール税務当局または外国の課税当局における税務調査により，二重課税が生じた際の相互協議におけるディスカッションにおいて，シンガポール税務当局は納税者を支援しない

・移転価格文書を保持していない場合には，シンガポール税務当局は，事前確認（APA）申請を受け付けない

・移転価格文書を保持していない場合には，シンガポール税務当局は，納税者の移転価格調整金を否認する

移転価格に関する罰則および課税リスクを軽減するためには，事前に国外関連者間取引の価格設定について検討し，当該取引が独立企業間価格で行われるように留意する必要があります。そして，移転価格文書の作成義務に関わらず，説明資料として文書を整備することが重要になります。

Q86 移転価格に係る事前確認制度

シンガポールでは，移転価格に係る事前確認制度は導入されていますか。事前確認制度の概要を教えてください。

Answer

移転価格に係る事前確認制度が導入されており，詳細な手続は，移転価格ガイドラインに規定されています。

1　事前確認制度の概要

事前確認（Advance Pricing Arrangement：APA）とは，企業が国外関連者と取引を行うにあたって採用する独立企業間価格やその算定方法などについて，

税務当局がその合理性を事前に検証し，確認を行うことです。事前確認を行うことにより，企業は事前に確認された内容に基づいて税務申告を行うことで移転価格に関連した罰則および課税リスクを排除することが可能となります。

なお，事前確認には，１ヶ国の税務当局による確認を受ける国内APA（Unilateral APA），相手国も含めた２ヶ国の税務当局から確認を受ける二国間APA（Bilateral APA），３ヶ国以上の税務当局から確認を受ける多国間APA（Multilateral APA）があります。国内APAについては１ヶ国で処理が完結するため，事前確認に至るまでの期間が短いという利点がありますが，二国間APAや多国間APAとは違い，相手国における課税リスクを回避することはできません。

一方，二国間APAや多国間APAは相手国の税務当局との相互協議を伴うことから手続に要する期間は長くなりますが，移転価格課税についての予見可能性を確保し，二重課税のリスクを回避することができます。

【二国間APAの例】

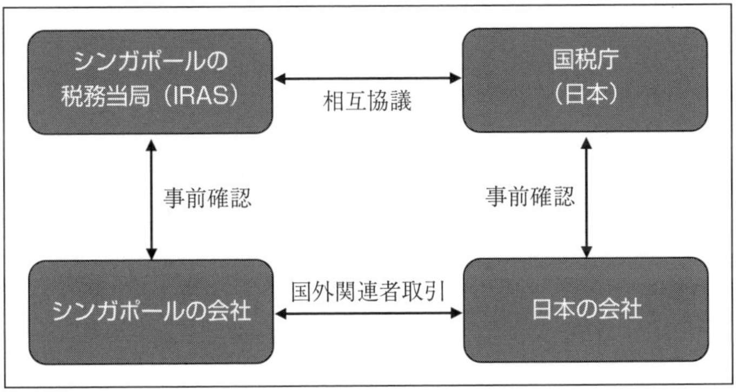

2　シンガポールにおける事前確認制度

シンガポールにおける事前確認制度は，移転価格ガイドラインにその手続が規定されています。シンガポールにおける事前確認制度の一般的なプロセスは，以下のとおりです。

① 納税者と税務当局との事前相談……納税者は，APA対象事業年度開始日の9ヶ月前までには事前相談を行い，事前相談の資料は事前相談の1ヶ月前までにシンガポール税務当局に提出する必要があります。

② APAに係る申請書類の提出……納税者は，APA申請書類の提出の可否に係る通知を，シンガポール税務当局からAPA対象事業年度開始日の4ヶ月前までに受領し，受領後3ヶ月以内にAPAに係る申請書類を提出します。

③ 税務当局による申請書類の審査……二国間APAまたは多国間APAの場合には，APA申請書類を受領した各税務当局による申請書類の審査後に，相手国の税務当局との相互協議を開始します。なお，税務当局による審査の期間および相互協議のタイミングは，申請内容・税務当局の状況などにより異なります。

④ APAの合意……相互協議を経てAPAの合意が締結されます。なお，APA申請書類の提出から合意までの期間は，申請内容・税務当局間の協議の状況などにより異なりますが，1年から複数年を要することが一般的です。

【二国間APAの申請スケジュール（シンガポール側）】

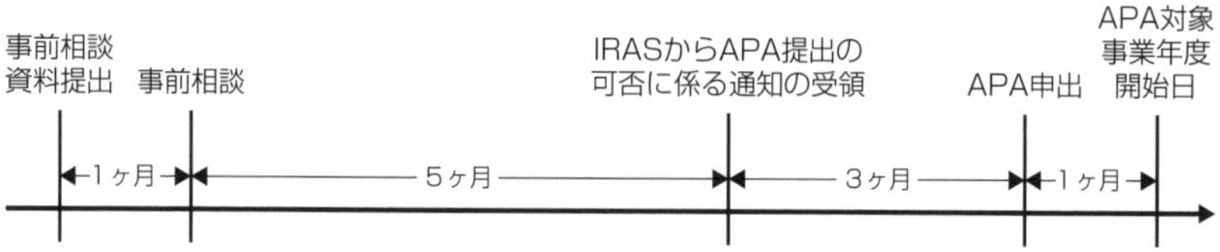

第6章

個人所得税に関するQ&A

● Point ●

シンガポールには日本のような給与所得の源泉徴収制度がありません。したがって，日本人駐在員はシンガポールに赴任してきてから帰国するまで，毎年シンガポールでの所得を申告し納税する義務があります。この章では個人所得税に関するさまざまな局面についての質問をまとめました。

日本人駐在員の場合，住宅，個人所得税，車，子供の学校の授業料などが会社負担となっているケースが多いこと，また，現地のみならず日本においても手当が支給されていることなどが特徴となっています。そのため以下のような質問がよくあります。

・シンガポールへの赴任が決定してからの日本の税務当局への所得税・住民税の申告
・シンガポールへ赴任してきた時点でのシンガポール税務当局への報告
・日本で支給される留守宅手当等の課税
・親会社が子会社の給与を一部負担した場合の取扱い
・シンガポールでの所得税を会社が負担した場合の取扱い
・住宅，車等を会社が補助した場合の取扱い
・シンガポールでの所得税の納税方法
・日本に帰国する場合の申告方法

シンガポールで申告を行うにあたっては，特に所得の申告漏れに注意する必要があり，そのためには何が所得になるのかを十分に理解する必要があります。

Q87 居住者，非居住者

シンガポール居住者と非居住者で個人所得税課税上，どのような違いがあるのか教えてください。

また，自分が居住者か非居住者かを判定する方法を説明してください。

Answer

居住者と非居住者では，以下のように税額計算の方法が異なってきます。

1　居住者，非居住者の税額計算

(1)　居住者の税額計算

課税所得の計算には，各種の所得控除が認められ，税額の計算には累進税率が適用されます。累進税率についてはQ89をご参照ください。

(2)　非居住者の税額計算

居住者に対し認められる各種の所得控除は認められません。従業員の給与所得に対しては，15％（役員報酬，専門家の報酬の場合は22％）の税率で課税がなされます（シンガポール所得税法40C条，以下，単に「所得税法」という）。ただし，居住者として算出した税額を下回ることはできません。

2　居住者，非居住者の判定基準

税務上，以下のいずれかに該当するとシンガポール居住者として扱われます。

①　シンガポール国籍を持ち，シンガポールに居住する者

②　シンガポール永住権を持ち，シンガポールに居住する者

③　外国籍でシンガポール滞在または雇用期間が１暦年において183日以上の者（ただし，シンガポール法人の取締役に就任している者は除く）

税務当局の取扱いとして，３暦年以上にわたって，シンガポールに滞在また

は雇用期間を有する場合は，たとえ１年目および最終の年の滞在または雇用期間が183日未満であっても，当該暦年について居住者として取り扱われます。

また，２暦年以上にわたってシンガポールに滞在または雇用期間を有し，２年間で183日以上シンガポールに滞在または雇用期間を有する場合，１年目，２年目の滞在または雇用日数が183日未満でも居住者として取り扱われます。

例えば，2019年10月にシンガポールに赴任し，2021年５月に帰国する人について，最初の年と最後の年は滞在日数が183日未満であるにもかかわらず，2019年から2021年までは居住者として取り扱われます。

ただし最初の年（2019年）においては，帰国の年月日は予想できないため，税務当局から保証書を要求される場合があります。もし2020年中に当初の予定とは異なり，急遽帰国する場合で，かつ2019年と2020年の合計滞在日数が183日未満の場合には，2019年分を非居住者として修正申告する必要があるため，納税額が増加した場合には追加の所得税を納付する旨の保証です。

Q88　非居住者に対する免税措置

１ヶ月の短期出張のつもりでシンガポールに入国しましたが，仕事の関係で滞在が３ヶ月半になりました。このような場合のシンガポールでの課税関係について説明してください。

Answer

シンガポール滞在が183日未満であり，滞在予定も長期でないため非居住者となります（Q87）。したがって，３ヶ月半に対応する給与等について，所得税法上は15％（会社役員や専門家の場合は22％）の税率で所得税が課せられることになります。ただし，非居住者に対しては下記のような免税措置があります。

1　短期滞在者免税規定

シンガポール滞在日数が１暦年で60日以下の非居住者は，シンガポール源泉の給与所得は税法上免税となります（所得税法13条６項）。ただし取締役，芸能人等の報酬に対しては免税措置は適用されません。

2　中期滞在者免税規定

滞在日数が１暦年で60日を超えれば所得税法上は免税措置はないのですが，日本・シンガポール租税条約において，日本の居住者がシンガポールで提供した人的役務に関して稼得する所得（ただし取締役・芸能人等の報酬は含まず）は，以下の条件の全てを満たせば，シンガポールでは課税されないことになっています。

① シンガポール滞在が継続するいかなる12ヶ月の期間においても合計183日を超えないこと
② その所得が日本の雇用者またはこれに代わる者から支払われていること
③ その所得がシンガポールの恒久的施設によって負担されていないこと

つまり，出張中の給与などが日本の親会社において支払われ，かつその給与等の経費がシンガポールの支店あるいは子会社へ付け替えられていなければ，免税となるわけです。ただしこの免税措置を受けるには，日本の税務当局に所定の居住証明書（Certificate of Residence）を発行してもらい，シンガポール税務当局に提出しなければなりません。居住証明書のフォーマットはシンガポール税務当局のウェブサイト（http://www.iras.gov.sg/）からダウンロードすることができます。

Q89　個人所得税率

シンガポール居住者に適用される累進課税税率を教えてください。

Answer

個人所得税の累進課税税率は以下のとおりです（賦課年度（Q90）2017年以降）。

課税所得(S$)		税率(%)	所得税額(S$)
最初の	20,000	0%	0
次の	10,000	2%	200
最初の	30,000		200
次の	10,000	3.5%	350
最初の	40,000		550
次の	40,000	7%	2,800
最初の	80,000		3,350
次の	40,000	11.5%	4,600
最初の	120,000		7,950
次の	40,000	15%	6,000
最初の	160,000		13,950
次の	40,000	18%	7,200
最初の	200,000		21,150
次の	40,000	19%	7,600
最初の	240,000		28,750
次の	40,000	19.5%	7,800
最初の	280,000		36,550
次の	40,000	20%	8,000
最初の	320,000		44,550
超	320,000	22%	

例えば，課税所得がS$190,000の場合，S$160,000までの税額がS$13,950，残りS$30,000が18％で課税されて，税額S$5,400となり，合計で個人所得税額はS$19,350となります（実効税率は10.18％）。個人所得税率は頻繁に変更されています。最新の情報については会計事務所にご照会ください。

＊ 賦課年度2024以降，適用される個人所得税率が以下のとおり変更されることが決まっています。

a　年間所得がS$50万超，S$100万までの場合には，限界税率が22％から23％へ引上げ，および

b　年間所得がS$100万超の場合には，限界税率を22％から24％へ引上げ。

Q90 個人所得税の申告納税スケジュール

個人所得税の申告および納税の事務手続を説明してください。また申告および納税が遅延した場合，どのようなペナルティーがあるでしょうか。

Answer

個人所得税は暦年課税です。1月1日から12月31日までの所得に対して課税がなされます。例えば2020年1月1日から12月31日までの所得を，翌年の2021年に申告することになります。そのため2020年の所得に対する所得税は2021年に賦課決定されますので，賦課年度2021年（Year of Assessment 2021：YA 2021）とよばれることになります。

1 電子申告（e-Filing）

個人所得税の申告は通常，税務当局のウェブサイトmyTax Portalから電子申告（e-filing）により行われます（書面による申告も認められます）。

2 申告書の種類

(1) Form B1（個人営業主の場合はForm B，非居住者の場合はForm M）

個人所得税の申告書です。個人が作成して税務当局に提出する義務があります。雇用者が給与所得の申告書「Form IR8A」をAuto Inclusion Scheme（AIS）による電子申告にて税務当局へ提出している場合を除き，「Form IR8A」も併せて提出する必要があります。

(2) Form IR8A

給与所得の申告書です。雇用者が被雇用者に対して作成し，3月1日までに税務当局へ提出する義務があります。従業員数が5名以上の場合，雇用者はAISによる電子申告によって税務当局へ提出することが，義務付けられています。雇用者が電子申告により税務当局へ提出した場合，申告した給与所得がmyTax Portalを通じて本人のForm B 1にも反映されるため，本人からのForm IR 8Aの提出は不要となります。書面による提出の場合，雇用者は一部を従業員に交付します。この場合，従業員は会社から入手した「Form IR 8A」を添付して税務当局に提出する必要があります。

(3) Form IR21

シンガポール国内における雇用終了時または出国時に係る申告書です。駐在員が帰任するケース（Q106）を含め，外国人従業員がシンガポール国内における雇用を終了した場合，あるいは3ヶ月以上の期間シンガポール国外へ出国する場合において，雇用者は出国時に係る所得税の申告書「Form IR 21」を作成して税務当局へ提出することが義務付けられています。出国時の申告手続において本人からの申告手続は不要です。

3 申告期限（賦課年度2021年（2020年1月1日から12月31日の場合））

年次申告の場合，税務当局はシンガポールにおいて申告納税義務のある個人に対し，2021年2月末までにSMSによる通知または紙の申告書「Form 1」を発行します。雇用者は2021年3月1日までに給与所得の申告書「Form IR 8A」を作成して税務当局へ提出し，一部を従業員に交付します。これに対し，税務当局より通知を受けた個人は2021年4月15日までに個人所得税の申告書「Form B 1」を提出します（電子申告の場合は4月18日まで）。

ただし，会計事務所等が申告代理人として本人または雇用者に代わり申告書を提出する場合，申請により6月30日まで延長が可能となっております。申告期限の延長は2021年3月31日までに申請する必要があります。

GIROによる分割納付を申請している場合，2021年5月～2022年4月が分割納付期間となります。一括納付の場合，賦課決定通知の日付から1ヶ月以内に納付手続を実施します。

年内に駐在員の帰国が決定した場合，雇用者による出国時用の申告書の提出期限についてはQ106を参照してください。

4　賦課決定通知

年次申告の場合，税務当局は雇用者から提出された給与所得の申告書「Form IR 8A」および本人から提出された個人所得税の申告書「Form B 1」から所得税の賦課決定を行い，賦課決定通知書（Notice of Assessment）を発行します。賦課決定通知書の発行時期については税務当局の賦課決定手続の状況により個人差がありますが，申告書を提出してからおよそ１～２ヶ月後とされています。

賦課決定通知書が発行されると，通知の日付から１ヶ月以内にその賦課決定額を納付する必要があります。シンガポールで初めての申告を実施する新任駐在員の方の場合，２年目以降の申告となる方の場合と比べて，賦課決定通知書の発行が比較的遅くなる傾向にあるようです。

帰任者を含むシンガポールの雇用終了時または出国時に係る申告の場合，申告書提出後から約２週間以内に雇用者宛に所得税納付を命じる通知が発行され，通知の日付から10日以内に納付手続を完了する必要があります。

5　分割納付

原則として課税通知発行日から１ヶ月以内に所得税を納税しなければなりませんが，申請すれば５月から４月まで最高12回分割納付が認められます。課税通知を入手前に分割を開始した場合において，申告額と課税決定額の通知が相違していれば，課税通知を入手した後に分割納付額を調整することになります。

分割払の具体的な方法としては，銀行口座から自動引き落とし（GIRO）サービスにより自動的に支払うことになります。分割回数は４月まで最高12回まで認められますが，支払月の１ヶ月前までに申請する必要があります。

なお，外国人従業員のシンガポール国内における雇用終了時または出国時において申告書「Form IR 21」が雇用者から税務当局へ提出された場合，銀行からの自動引落しは停止され未納付分の所得税については一括で納付する必要があるため留意が必要です。

6　申告および納税の遅延

申告が遅延した場合，当局の裁量により罰金が課せられます。罰金の金額は税務当局により決定されます。裁判所に召喚される場合もあります。

納税期限は分割納付制度を利用しない限り，賦課決定通知書発行日より１ヶ月以内です。納付期限までに納付しない場合は，納税すべき税額の５％相当額の遅延税が課せられます。延滞税賦課後60日以降も滞納している場合，１ヶ月ごとに１％の延滞税が加算されていきます。ただし，延滞税合計が12％を超えることはありません。賦課決定通知額に異議がある場合は，当該税額を納付した上で異議申立の手続をとることになります。

帰任者の場合，本人が出国する段階で過年分を含めた個人所得税の一部または全部が納付期限を過ぎて未納で，かつシンガポール税務当局から本人に対して「出入国制限」（Travel Restriction Order）が発せられている場合，出国を止められる場合があるため留意が必要です。

Q91　所得税額の算定方法

シンガポール居住者の個人所得税の算定方法について説明してください。

Answer

納付する所得税は，「課税所得×所得税率－税額控除」で計算します。

まず，本人の総所得を計算します。総所得には，給与所得（例：給与，賞与，各種類の法定福利厚生または株式報酬など）をはじめシンガポールを源泉とする全ての所得が含まれます（例：シンガポール国内における賃貸所得，貿易所得，事業所得，パートナーシップ，年金，役員報酬など）。雇用者から借上住宅や車両の貸与を報酬の一部として受けている場合には，その現物給与額も計算して所得に含める必要があります（Q94）。

本人の総所得を算出した後，給与所得控除や配偶者控除などの控除額を計算します。

総所得から所得控除を差し引いて，課税所得を計算します。

次に課税所得に税率を乗じて，所得税を計算します。累進税率についてはQ89をご参照ください。

最後に所得税額から控除税額を差し引き，納付すべき所得税を計算します。

1　総　所　得（Income from All Sources）

・給与所得

・シンガポール国内において認定される銀行または金融機関以外から受ける利子所得

・シンガポール国内のパートナーシップを通じて稼得した国外源泉所得

・事業所得（シンガポール国内個人事業に係るもの）

・不動産所得（シンガポール国内における賃貸収入等）

・その他シンガポール国内において稼得した所得（例：ロイヤルティ，年金等）

2　所得控除（Personal Reliefs）（Q100）

・給与所得控除，配偶者控除，扶養控除，赴任費用控除，寄付金控除，教育費控除，保険料控除等

3　課税所得（Income Chargeable to Tax）

総所得－所得控除

Q92　個人所得税の課税範囲

シンガポールでの個人所得税の対象となる所得の範囲と，納税義務者について概略を説明してください。

Answer

シンガポール国内において生じた所得または稼得された所得（Income Accruing in or Derived from Singapore）は，シンガポール源泉所得（Singapore Sourced Income）として個人所得税の対象となります。

居住者，非居住者（Q87）ともシンガポール源泉所得について課税されます。

なお，シンガポールにおいて人的役務を提供することによる所得（Employment Income）つまり給料等の勤労所得は，シンガポールで生じた所得または稼得された所得（すなわち国内源泉所得）に該当しますので，その支払いがどこでなされようと，シンガポールで課税対象となります。

日本人駐在員について例を挙げると，一般的には以下のようなものが勤労所得に当たります。

・給与
・残業手当
・賞与
・役員報酬
・役員賞与
・各種手当（出張手当についてはQ97参照）
・現物給与（Q94，Q95，Q96）
・シンガポール赴任に際しての赴任手当（ただし本人が赴任目的で負担した費用の一部については，手当の金額を上限として控除が認められる）

日本で支払われる給与については各種控除（例：日本の年金・社会保険の本人拠出分やハイポ・タックス（みなし税）など）を差引く前の総支給額を申告へ含める必要があります。

Q93 出向者の給与

当社はシンガポール子会社に駐在員を派遣し，３年間の予定でシンガポール勤務をさせることにしました。この者に対する給与はシンガポールで支払われますが，単身赴任であるため，留守家族に対して留守宅手当を支払います。なお，この留守宅手当については，日本の親会社が負担します。

留守宅手当を親会社が負担することによる問題の有無，また，この出向者に対する日本とシンガポールでの課税関係を教えてください。

Answer

出向者の日本とシンガポールでの課税関係はそれぞれ以下のようになります。

1　日本における課税関係

(1)　法　人　税

一般的に，出向元法人が出向先法人との給与較差を補填するために，出向者に支給した給与の額は，出向元法人の損金の額に算入されます（法人税基本通達9－2－47）。

したがって，この留守宅手当が日本とシンガポールの給与格差を補填するためのものであれば，日本の親会社の法人税の計算において損金となります。

(2)　個人所得税

この方は１年間以上にわたりシンガポールで勤務するため，日本では非居住者に該当します。非居住者に支払う給与については，その勤務が国内において行われる場合のみ，その国内勤務に基因する部分（国内源泉所得）に対して，日本で所得税が課税されます。それ以外の給与はシンガポールで支払われようと，日本で支払われようと日本での所得税はかかりません。

したがって，シンガポールで支払われた給与はもとより，日本で支払われた留守宅手当についても日本では課税されません。

2　シンガポールにおける課税関係

(1)　法　人　税

シンガポール法人は日本の親会社に出向者の留守宅手当を負担してもらうため，その分費用が少なくなります。費用が少なくなった額だけ利益（課税所得）が多く計上されますので，シンガポールでは特に問題となりません。

(2)　個人所得税

上記の社員の勤務がシンガポールにおいて行われたことに対して支払われる給与や賞与であれば，シンガポール源泉所得に該当しますので，留守宅手当も含めてシンガポールにおいて所得税が課税されます。

Q94　現物給与

従業員に対する現物給与のうち，個人所得税の対象になる項目およびその算定方法を説明してください。

Answer

現物給与（Benefits in Kind）については，政策的配慮から非課税となっているものを除き，支給額全額もしくは特定の計算により算定された金額を課税所得に含めなければなりません。

以下，代表的な現物給与の例を挙げます。

1　住宅費関係

特定の計算により算定された金額が課税所得となる場合があります。詳細はQ95をご参照ください。

2　乗用車関係

特定の算定により計算された金額が課税所得となる場合があります。詳細はQ96をご参照ください。

3　通 勤 手 当

毎月一定額を通勤手当として支払われる場合には課税されます。業務に関連した交通費の実費を会社に請求する場合には課税されません。

本人の住居から会社所在地までの交通費（通勤費）を会社が負担する場合には，その部分は課税されます。

4　出向者の日本における社会保険料等

会社負担分の保険料が課税所得となる場合があります。詳細はQ98をご参照ください。

5　子供の教育費等

子供の教育費（学校の授業料等）の全部または一部を会社が負担している場合，実際支給額全額が個人の所得として課税対象になります。

6　ホームリーブ（一時帰国費用）を会社が負担する場合

従業員およびその家族の日本への帰国休暇のために会社が負担した旅費については全額課税対象となります。

7　交　際　費

実際に支出した交際費を会社に請求する場合には課税されません。毎月一定額を渡して，その支出報告を求めない渡切交際費の場合には，それが実際の交際費に使用されているかが問題となります。

8　医　療　費

全ての従業員が享受できることを条件として，会社が負担した医療費（健康診断等の予防的なものや，会社が従業員に対してかける医療保険も含む）については非課税扱いとなります。また会社が負担する歯科治療費についても，医療費と同様の扱いとなります。

9　携帯電話

携帯電話料金を会社が負担している場合，私用部分については課税扱いとなります。実務上，過去の実績等に基づいた一定割合を私用分として計算し，申告を行うケースが一般的です。

10　会　員　権

メンバーシップを専ら業務ビジネスに関して使用するのであれば課税されません。ゴルフ会員権などのように，ビジネスとプライベートと両方で使用する場合，年会費のうちプライベート使用分については課税されます。この場合も，入会金（会員権代）については課税されません。

日本人会の月会費を会社が負担している場合，日本人同士の交流または子供が日本人学校へ通うことを目的の場合はプライベート目的による使用とみなされるため課税扱いとなります。

11　従業員の借入利息の補助

従業員が直接金融機関より資金を借入しその金利の一部または全部を会社が負担する場合，当該負担分は課税されます。

会社が従業員一般に対して，家，車等の取得資金として無利息または低利の貸付を行っている場合，従業員によって得られる利益には課税されません。ただし，当該従業員が会社に対して重要な影響を与える立場の人間ではないことが条件になります。

12 ストック・オプション

シンガポール子会社勤務期間中に親会社のストック・オプションを付与された場合，シンガポールで課税される場合があるため留意が必要です。当該ストック・オプションをシンガポール勤務期間中に行使した場合，行使時の株式の時価と行使価額との差額が課税所得となります。行使しないまま帰国する場合，みなし行使の適用により当該ストック・オプションがシンガポール勤務期間中に行使されたものとみなされ課税扱いとなります（Deemed Exercised Rule）。この場合，シンガポールの雇用終了日の１ヶ月前または当該ストック・オプションの付与日，いずれか遅いほうの日付における株式の時価と行使価額との差額が，本人のみなし所得額となります。

帰国後に権利行使した際の所得額が上記みなし所得額を下回った場合，申請により修正申告が可能となります。申請期限は対象となる賦課年度から４年以内となるため留意が必要です。

日本勤務期間中に付与されたストック・オプションについては，シンガポールでは課税されません。

13 その他

⑴ 食　事

会社内のカフェテリアなどでの飲食費用を会社が負担した場合，それが業務上に関連するものであれば課税されません。

⑵ 衣　類

会社がガードマン，オフィスボーイなどの制服を支給する場合には課税されません。

⑶ メイド

メイドなどの費用を会社が負担した場合，実際に負担した額に対して課税されます。

⑷ 贈　答

会社から送られる香典やクリスマス，チャイニーズ・ニューイヤーなどのギフトについては，課税されません。

⑸ 講習会などの費用

従業員の職業的訓練のための費用は課税されません。

⑹ 日本で発生する駐在員の荷物保管費用

シンガポール勤務期間を通じて継続的に発生する荷物負担費用を会社が負担した場合，負担した額に対して課税されます。

⑺ 持株会における雇用者補助額

奨励金などのかたちで雇用者から本人に対して補助がある場合，雇用者の補助額が本人に対して課税されます。

Q95 住宅費関係の現物給与

当社は駐在員の住宅費を会社が負担することになっています。住宅費を負担する方法として，会社が家賃相当部分を給与として支給する方法と，会社が住宅を借り上げるのと，何か違いがあるでしょうか。

また，その他住宅関係で税務上，気をつけることがありましたら教えてください。

Answer

1 住宅手当支給と借上社宅貸与の違い

個人が家主と賃貸契約を締結し，会社が住宅手当もしくは家賃相当額として個人に支払っている場合，支払われた手当の金額が本人の課税所得となります。

会社が家主と賃貸契約を締結している場合，会社が支払う家賃が全額本人に対して課税されることになります。ただし会社所有の建物であるなど賃料が発生していない場合，当該物件の年次価値が本人の課税所得となり，家具付きの住宅を支給している場合は全部家具付き（Fully furnished）の場合は更に年次価値の50％が，一部家具付き（Partially furnished）の場合は40％が加算されます。

住宅手当支給と借上社宅貸与の違いについて，例えば家賃以外で賃貸契約に基づく諸費用が発生し（例：早期解約違約金，または物損等に関する賠償など），これを本人に代わり会社が精算した場合，個人が家主と直接契約している前者の場合では会社から負担された費用は本人に対する便益であるとして課税所得になると考えられる一方で，会社契約である後者の場合，発生した費用は原則，会社のBusiness Expenseとして従業員本人に対しては非課税扱いと考えられるなどの相違点が挙げられます。ただし賃貸契約の内容等により申告上の扱いが異なる場合もあるため，詳細については会計事務所へご照会ください。

2　公共料金および管理費用

電気，ガス，水道代，などの公共料金や，アパートの管理費用を会社が負担した場合，本人に対してその実際額が課税されます。

3　会社負担のホテル代

実際に会社が負担した額から従業員が負担した金額を控除した金額が，本人の課税所得となります。

Q96　乗用車関係の現物給与

当社は駐在員に対し社用車を支給しています。主に通勤と営業回りに使用されていますが，プライベートにも使用されています。一部については現物給与として課税されると思うのですが，課税所得はどのように計算するのですか。

Answer

乗用車を従業員に支給した場合，私用相当分に対して課税されます。会社と自宅間の走行距離についても，私用走行距離に含まれる点にご注意ください。

具体的には以下の計算により課税所得が算定されます。

1　車のみ会社から支給されている場合

従業員が私用目的に社用車を利用した場合について，下記の金額が所得金額とみなされます（新車の場合）。

$$\frac{3}{7}\times\left(\frac{\text{車両購入価格}-\text{PARF還付}}{10}+\begin{array}{l}\text{雇用者が負担する当該車両の}\\\text{管理修繕費用}\end{array}\right)$$

車両購入価格にはCOE（車両購入権）を含みます。PARF還付とは，車両の所有者に新車への買換えを促すために1975年に導入された制度で，登録から10年以内に次の新車に買い換えた場合において新規車両のARF（追加登録料）の一部を購入者へ還付するというものです。雇用者が負担する管理修繕費用についてはガソリン代，ERP代（道路の通行料），駐車代，車両保険代，道路税，その他管理費用等が該当し，事業目的による使用から発生した費用も含まれるため留意が必要です。

2　リースの場合

下記の金額が所得金額とみなされます。

$$\frac{3}{7}\times(\text{年間レンタルコスト}+\text{雇用者が負担する当該車両の管理修繕費用})$$

3　ドライバーも会社で雇用する場合

当該ドライバーの給与（CPF（Q158）を含む）のうち，全走行距離に対する私用目的に社用車を利用した走行距離に応じた割合部分を本人の経済的利益とみなします。実務上は当該車の私用走行距離を正確に把握することは困難なことが多く，当該距離を見積りにより申告することが行われています。

Q97 出張手当

当社は従業員がシンガポールから海外出張を行った際，1日当たり定額の出張手当を支給しています。この出張手当には個人所得税が課税されるのでしょうか。

Answer

海外出張手当（Per Diem Allowance）については，税務当局が物価水準等を考慮して設定した基準レート（Acceptable Rate）を上回った部分が課税されます。対象となるのは，出張中，海外で生活するための生活費（例として食事代，ビジネス以外の交通費，クリーニング代等が挙げられています）をカバーするために支給される手当です。ビジネス目的の交通費，宿泊費，交際費等は課税されません。

賦課年度2021年（2020年1月1日から12月31日まで）における主な国の基準レートは以下のようになっています。

国　名	レート（1日当たり）
日本	S$ 114
中国	S$ 86
香港	S$ 122
タイ	S$ 80
マレーシア	S$ 75
インドネシア	S$ 111
ベトナム	S$ 61
インド	S$ 99

レートは毎年変更されます。最新の情報，他国の情報については会計事務所もしくは税務当局のウェブサイト（http://www.iras.gov.sg/）にご確認ください。

Q98 出向者の日本における社会保険料等

当社は日本の親会社からシンガポール子会社への出向者について，日本における社会保険等（健康保険，厚生年金，雇用保険，厚生年金基金）を継続しています。保険料の本人負担分は日本で支払われる手当から差し引いており，会社負担分は親会社が負担しています。

この支払いについて，シンガポールにおける課税関係を教えてください。

Answer

シンガポール所得税法上，会社が従業員のために支払うシンガポール国外の年金制度への拠出金は，個人所得税の課税対象となります。

この原則に従うと，親会社が負担している会社負担分についても全額課税所得に含めなければならないことになります。ただし，政策的配慮から，以下の条件を満たす会社負担分については課税が免除されます。

- 政府により運営される社会保障制度・公的年金に対する拠出である場合
- 雇用者による拠出が任意ではなく強制である場合
- 雇用者による拠出がシンガポールの恒久的施設（会社，支店）で費用負担していない場合
- シンガポール法人が法人所得税申告において以下いずれにも区分されない場合
  - (a) 投資持株会社（Investment holding company）
  - (b) 免税事業者（Tax-exempt body）
  - (c) Cost Plus Mark-Up方式を採用しているサービスカンパニー
  - (d) 駐在員事務所（Representative office）

貴社の場合，健康保険と厚生年金は日本政府が運営する社会保険であり，ま

た拠出金を子会社に請求せず親会社負担としているということなので，会社負担分は個人所得税の対象とはなりません。

ただし，厚生年金基金については，私的年金であるため，会社負担分についても個人所得税が課税されます。通常，出向者本人は会社負担の拠出金額を知り得ないため，親会社の人事部に問い合わせて情報を入手する必要があります。

Q99 個人所得税の会社負担

当社では日本人従業員の個人所得税を会社が負担しています。個人所得税を会社が負担する方法には２種類あるということですが，その計算方法を説明してください。

Answer

２つの計算方式とは，タックス・リインバースメント方式とタックス・オン・タックス方式のことです。

1 タックス・リインバースメント（Tax Reimbursement）方式

例えば，2020年の所得に対する所得税は，2022年になって申告・納付がなされます。その時本人がまず自分で納付し，その後会社から同額をボーナス等の名目で本人に支給します。

したがって，2021年に会社から払い戻された（Reimburse）金額については，その翌年2022年に，他の所得と合計され申告・納付することになります。つまり１年間会社負担の税金手当に係わる税額の納付は，繰り延べられるわけです。

この方式はボーナス方式あるいは繰延方式などともよばれています。この方式によれば給料等所得および税率が対前年と同一であっても，下記の図のように毎年総所得は増加し，また納付する税金も増加します。

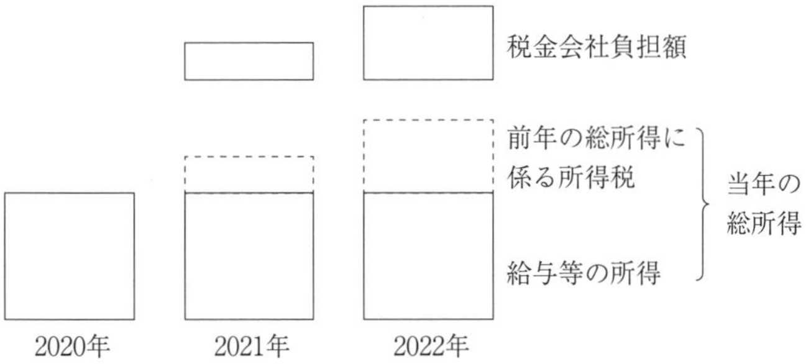

2　タックス・オン・タックス（Tax on Tax）方式

個人の所得税を会社が負担するということは，本人には税引後のネット手取額を支給していることになります。そのネット額を税込のグロス額に積上げした収入に基づいて所得税額を計算し，所得税の納付は会社が直接行うのがこの方式です。グロスアップ方式ともよばれています。

この方式によれば下記のように，所得が前年と同一であれば，納付する税金も毎年同じです。

なお，日本人駐在員のケースでは，ほとんどの場合，タックス・オン・タックス方式が採用されています。

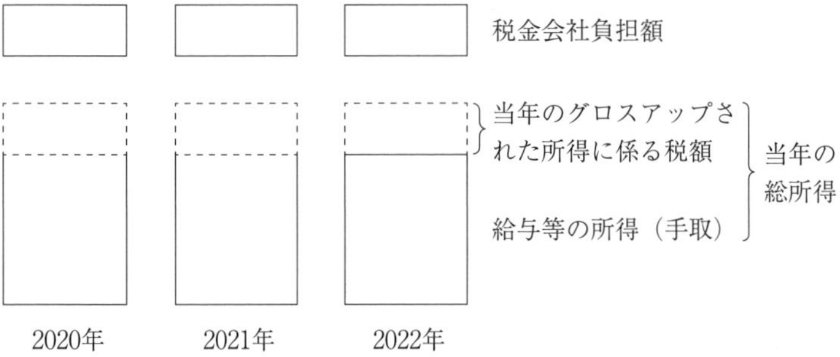

日本の給与からハイポ・タックス（みなし税）の控除がある場合，会社が負担するシンガポール個人所得税の金額を上限として所得控除が認められます。ただしハイポ・タックス（みなし税）の控除がある場合，申告に含まれる給与

はみなし税を控除する前の総支給額である必要があるため注意が必要です（Q92）。詳細については会計事務所にご照会ください。

Q100 所得控除項目と税額控除項目

個人所得税の計算上，所得控除項目および税額控除項目にはどのようなものがありますか。

Answer

所得控除が受けられる者は，シンガポール居住者，シンガポールに居住していないシンガポール国籍者に限られています。

主な所得控除には以下のようなものがあります。

1 賦課年度2021年での給与所得控除（Earned income relief）

55歳未満はS$1,000（身体障害者の場合はS$4,000），55歳～59歳はS$6,000（身体障害者の場合はS$10,000），60歳以上はS$8,000（身体障害者の場合はS$12,000）の控除があります。

2 配偶者控除（Spouse relief）

S$2,000（配偶者が身体障害者の場合はS$5,500）の控除があります。

配偶者の年間所得がS$4,000以下であることが条件です。配偶者控除はシンガポールに単身赴任しており，配偶者と別居している者についても認められます。

3 子供扶養控除（Qualifying Child relief）

特定の要件（未婚である等）を満たす子供1人につきS$4,000（子供が身体障害者の場合はS$7,500）の控除があります。

4　両親扶養控除（Parent relief）

55歳以上かつ年間所得がS$ 4,000以下であるシンガポール居住の親について，本人と同居している場合は，扶養者１人当たりS$ 9,000（親が身体障害者である場合にはS$ 14,000），同居していない場合は，扶養者１人当たりS$ 5,500（親が身体障害者である場合にはS$ 10,000）の控除が認められます。

5　CPF（Q158）掛金控除（CPF relief）

CPF拠出基準限度内の掛金本人負担分はその全額を所得から控除できます。

6　生命保険料控除（Relief for Life Insurance Premium）

以下の条件を満たす場合，生命保険料控除が認められます。

①　CPF本人掛金がS$ 5,000以下

②　本人または配偶者の生命保険掛金を支払っている

③　当該生命保険会社がシンガポールに子会社もしくは支店を有している

控除金額は以下のうち最も小さい金額です。

①　S$ 5,000とCPF掛金の差額

②　生命保険金額の７％

③　生命保険掛金

7　教育費控除（Course Fees Relief）

コース，セミナーもしくは会議に参加するための費用（登録料，授業料，受験料等）で，以下のものについて最高S$ 5,500までの控除が認められます。

①　本人のビジネス，専門的職業，職業，雇用に関係するもの，もしくは参加当時は関係しなかったが，その後の転職により関係するもの

②　学術的，専門的，職業的資格の取得を目的とするもの

8　寄　　附

特定の要件を満たす寄附は所得から控除することができます（寄附額の250％

の金額を所得から控除できる場合があります)。

Q101 シンガポール勤務者の留守宅の家賃収入

シンガポール駐在員として，来月より赴任することになりました。現在居住している日本のマンションを第三者に月15万円で賃貸する予定です。この家賃に対する課税はどうなるのでしょうか。

Answer

シンガポール駐在員として，１年以上シンガポールで勤務する場合には，日本において非居住者と推定されます。非居住者に対しては，日本の国内源泉所得についてのみ所得税がかかります。現在住んでいるマンションは日本にあるため，その賃貸料は国内源泉所得に該当します。そのためその賃貸料には不動産所得として日本で所得税がかかります。

なお，この不動産には引き続き固定資産税が課税されますが，不動産所得の必要経費として控除が認められます。

また，シンガポールの個人所得税申告では上記の賃貸料は国外源泉所得として非課税扱いとなりますので，申告は不要です。

1　申告の方法

マンションの賃貸料について，その年の賃貸料収入の合計額から必要経費を控除して不動産所得を計算し，翌年の３月15日までに確定申告により納税することになります。

2　源泉徴収義務

マンションの借主が法人である時には，当該法人が支払賃貸料から20％の税率で源泉徴収を行い，納付する必要があります。ただし借主が個人の場合は源泉徴収の義務はありません。

源泉徴収された20%の所得税については確定申告の際，前払税額として控除されます。

Q102 地域駐在員

私はシンガポール駐在員事務所の駐在員として，アセアン地域の市場調査等の活動を行っています。私のような駐在員に対しては個人所得税の特例があると聞きましたが，特例措置を適用すれば，どのようなメリットがあるのでしょうか。

Answer

駐在員事務所（Q３）の駐在員向けのスキームがあります。

シンガポールを拠点としてその活動が各国におよぶ駐在員については，地域駐在員（Area Representative）とよばれる個人所得税の特例計算を選択することができます。

この基準によれば，シンガポール国外での活動期間に対応する給料等は，シンガポールで発生・稼得した所得とはみなされません。つまり国外源泉所得と判断されることになります。

したがって，次の①・②のいずれか多い金額がシンガポールでの課税所得になります。

① 国内源泉所得

$$\frac{\text{シンガポール滞在日数年間合計}^{*}}{365\text{日}} \times \text{給料等}$$

＊ シンガポール滞在日数の判定は，１日の一部分でもシンガポールにいた場合１日とカウントします。例えば１泊２日の出張をした場合，シンガポール滞在日数は２日とカウントされます。また，休暇で出国していた場合もシンガポールに滞在していたものとみなされます。

② シンガポールで受領した給料等の所得

それゆえ，シンガポールに給与を送金する時には，①の金額以下におさえるようにしたほうがよいことになります。実務的には全額日本で給料等を支払い，シンガポールでの必要額のみを日本から送金することになります。

この特例計算の適用を受けるには，税務当局の実務的取扱として下記の条件を満たすことが必要です。

① 駐在員の活動地域がシンガポール国外のさまざまな地域におよぶこと

② 駐在員の国外活動に対応する給与等の経費が，シンガポールのいかなる恒久的施設（支店，子会社など）にも付け替えられていないこと

③ 文書化された雇用契約において，その活動が規定されていなければならないこと

地域駐在員としての計算に基づいた申告書を提出すれば，上記の条件を満たしていることを確認するために，税務当局より，業務内容，給与，国外にいた期間などの詳細な説明を求められることになります。この特例はシンガポールを近隣諸国のビジネスの中心とするための租税優遇措置です。

Q103 NORスキーム

私は日本の親会社から出向でシンガポール子会社に勤めていますが，近隣諸国への出張が非常に多くなっています。

私のようにシンガポールに居住しているが，シンガポール国外に滞在することが多い駐在員について，何かいい優遇措置はありますか。

Answer

地域駐在員（Area Representative）（Q102）が駐在員事務所（Q 3）の駐在員向けのスキームであるのに対し，会社や支店の駐在員のためのスキームとして

NOR（Not Ordinary Resident）があります。

趣旨は同じく，シンガポールを近隣諸国のビジネスの中心とするための優遇措置です。

シンガポールに居住しているが，国外に出張することが多い駐在員は，このスキームを利用することにより，通常より個人所得税を節税することができる場合があります。

1　NORの申請

シンガポールに駐在して最初に居住者（Q87）として個人所得税申告を行う際に，NORとして申告を行います。

NORと認定されるための要件は以下のとおりです。

① NORスキームに最初に認定される年度以前の３年間シンガポールでの税務上の居住者でないこと

② NORスキームの認定を希望している賦課年度（Q90）において，税務上の居住者であること

NORの認定は賦課年度2020年を最後に廃止されており，賦課年度2021年以降シンガポールにおいて居住者となる個人に対しては，たとえ上記の条件を充足する場合においてもNORと認定されないため留意が必要です。賦課年度2020年以前にNORの認定を受けた個人については，認定有効期間内は引続きスキーム申請が可能です。

2　優遇措置

NORとして認定されると以下のような優遇措置の適用を受けます。

(1)　勤務日数による所得の配分

以下を条件として，勤務日数による所得の配分計算を行うことができます。

① ビジネス目的で年間90日以上シンガポール国外に滞在すること

② 全勤労所得がS$160,000以上であること

すなわち，給与所得のうち，シンガポール勤務日数に応じた分のみが課税所

得となります。

$$\frac{365日-シンガポール国外滞在日数年間合計^{*}}{365日}\times 全給与所得=課税所得$$

＊ 例えば１泊２日の出張をした場合（休暇はなし），シンガポール国外滞在日数は１日とカウントされます（地域駐在員の場合とは計算方法が異なります）。

ただし，上記に基づいて計算された税額が全給与所得の10％以下である場合，全給与所得の10％が所得税額となります。

すなわち，例えば全給与所得がS$170,000で，勤務日数による所得配分により計算された税額がS$16,000の場合，最終的な所得税額はS$17,000（全勤労所得の10％）となります。

⑵ シンガポール国外の年金制度の会社負担分について免税

通常，シンガポール国外の年金制度の会社負担分については，シンガポールで課税されます（Q98）。

NORとして認定されると，一定の上限のもとで，会社負担分について免税となります。免税の上限は，所得をもとに計算したCPF（Q158）掛金の上限の金額です。

ただし，以下の要件を満たす必要があります。

① シンガポール国籍もしくは永住権取得者（Permanent Resident：PR）ではないこと

② 所得がS$160,000以上であること

③ シンガポール会社が法人税の計算にあたって，会社負担分のうち免税の上限までについて損金算入していないこと（免税の上限を超える部分については損金算入されていても問題ありません）。

Q104 シンガポール勤務初年度の課税関係

昨年の10月1日にシンガポールに赴任してきました。シンガポール勤務は3年の予定です。昨年度の所得についての日本とシンガポールでの課税関係を教えてください。

Answer

日本出国までの所得とシンガポール赴任後の所得とで取扱いが異なるため，注意が必要です。

1　1月～9月の出国までの給与

その年の中途で居住者が非居住者となった場合（海外赴任した場合），その年の1月1日から日本出国日までの間に生じた海外勤務者の所得が給与のみである場合，出国時に所得税の精算を行い，確定申告を別途する必要はありません。所得税の精算手続は年末調整の手続と同じです。

ただし，その年の1月1日から日本出国日までの間に生じた給与総額が2,000万円を超える場合や，給与所得のほかに不動産の賃貸や資産の譲渡所得がある場合は，日本で確定申告が必要になることがあります。

確定申告が必要な人が納税管理人を選任しないで出国する場合には，居住者である期間を対象とした確定申告を出国までに一旦提出する必要があります。

納税代理人を選任する場合は，日本出国までに「所得税の納税管理人の届出書」を所轄の税務署長に提出します。

2　10月～12月の給与

日本においては非居住者であるため，日本では非課税となります。ただしシンガポールでは課税となります。シンガポール勤務予定が3年間ということなので，初年度から居住者として申告することができます（Q87）。

3　12月に支給された賞与

賞与については，シンガポール国内源泉所得部分についてのみシンガポール所得税がかかります（上記**2**に含まれる）。

通常は賞与の支給対象期間を定めている会社がほとんどです。例えば，12月の年末賞与は４月から９月までの分，６月に支給される賞与は10月から３月にかかる期間に対する賞与である旨の定めがある場合には，12月に支給された賞与は９月までの部分ですので，日本で課税され（上記**1**に含まれる），シンガポールでは非課税です。

4　翌年以降

翌年以降も，不動産の賃貸料や資産の譲渡など，日本で申告すべき所得がある人は，毎年２月16日から３月15日までの間に日本で確定申告を行います。

Q105　日本出国者の住民税

当社は20X1年９月にシンガポール支店を開設して，出向者を派遣する計画です。海外勤務者の給与については，日本では所得税はかからないようですが，これらの者の住民税はどのように扱われるでしょうか。

Answer

個人に課税される住民税は，毎年１月１日（賦課期日）現在において市町村内に住所を有する個人に対して課税されるのが原則です。住所は原則として，住民基本台帳に基づき判定されます。

1　20X1年の住民税の取扱い

20X1年の住民税については，その賦課期日である20X1年１月１日現在において，出向者の住所が日本国内にあるため，納税義務があります。

通常の給与所得者の場合には，特別徴収の方法により徴収されます。特別徴収の方法とは，20X1年度の住民税については20X1年６月から20X2年の５月にかけて，給与支払いの際に給与の支払者が給与から控除して納付する方法です。もし海外駐在者に国内給与があれば，その国内給与から源泉徴収して納付することとなります。海外駐在者に国内給与がない場合は，普通徴収の方法により納付することになります。

2　20X2年の住民税の取扱い

20X2年の住民税については，その賦課期日である20X2年１月１日現在において，日本国内に住所がないため，納税義務はありません。

Q106　帰国時の手続

私は来月９月30日をもって，日本に帰国することになりました。帰国に際しての個人所得税申告手続について説明してください。

Answer

従業員の帰国が決定した場合には出国時における申告手続が必要となり，雇用者は税務当局に出国時用の所得税の申告書（Form IR21）を提出しなければなりません。申告期限についてシンガポールでの雇用終了または出国の１ヶ月前となっています。ただし会計事務所等の代行者が申告を行い，かつ本人の個人所得税が全額会社負担である場合，税務当局からの明確な定めはないものの実務上は本人のシンガポール国内における最終勤務日から２ヶ月以内と考えられています。前者の場合，原則として雇用者はその通知の日より30日間，当該従業員に対する給与の支払いを停止し，過年度分を含め未納となっている分の所得税額について予め本人から源泉徴収しておかなければなりませんが，実務上は帰国の辞令が直前に出る場合などが多く，この手続が守られていないケースも多いようです。

Form IR 21は出国年度における従業員の給与などを記載した書類です。個人所得税の一部または全部が本人負担である場合，当該従業員の出国手続が完了する前に納税手続が全て完了していることが望ましいと言えます。本人が出国する段階で過年度分を含め個人所得税の一部または全部が納付期限を過ぎて未納となっている分があり，かつ税務当局から本人に対して「出入国制限」（Travel Restriction Order）が発せられている場合，出国を止められイミグレーションを通過できないケースがあります（Q90）。

本人のシンガポールにおける個人所得税を雇用者が負担している場合，従業員の帰国後にシンガポールの個人所得税が納付されると，当該会社負担部分はその納付時における会社から当該従業員への給与とみなされ日本での課税所得となることにご留意ください。このため，出国までに見積税額に基づいた納付を完了しておく等の措置を講じる必要があります。

シンガポールから帰国する場合には，シンガポールでの就業終了後7日以内に，就業許可証をキャンセルする必要があります。就業許可証をキャンセルした後は，旅行者と同じ通常のビザとなります。

就業許可証をキャンセルするためには，本人の最終勤務日を記載した雇用者からの文書，パスポート，就業許可証の提示が必要です。

就業許可証のキャンセルは，人事省（Ministry of Manpower：MOM）の窓口で行います。

Q107 罰則と修正申告

過年度の個人所得税の計算に誤りを発見しました。結果的に過少申告になっています。

誤った申告を行った場合の罰則はどうなっているのでしょうか。また，自主的に修正申告を行うことはできますか。

Answer

過少申告を行った場合の罰則は，法人税の場合と同じです（Q69）。

過少額の100%から400%の加算税が課され，さらに，罰金と禁固刑が課される場合もあります。日本と比べてペナルティーが非常に重いため，申告にあたっては細心の注意が必要です。

1　自主的修正申告（Voluntary Disclosure：VD）

自ら誤りを発見した場合，自主的修正申告（VD）を行うことによってペナルティーの額を低く抑えることができます。

以下が留意点です。

・自主的修正申告は過去４年間遡って行う必要があります。

・自主的修正申告を行う際，取締役は，修正する事項以外は申告に誤りがないことを宣誓しなければなりません（４年間における日本人駐在員のみならず，ローカルの人々を含めた全ての従業員が対象です）。

・自主的修正申告を行った場合，過少税額に対し，年間５％のペナルティーが課されます。すなわち，４年前の過少税額に関しては20%となります。

・過少税額とペナルティーは会社が税務当局に支払います。会社は従業員から回収することも可能ですが，実際にはそのまま会社が負担しているケースが多いようです。

2　申告に誤りが発生しやすいポイント

・日本の出向元から支払われる留守宅手当等（Q93）

・現物給与（Q94，Q95，Q96）

・日本の私的年金（厚生年金基金等）への会社負担分掛金（Q98）

・シンガポール勤務期間に係る報酬のうち，本人の帰国後に日本で支払われるもの

3　自主的修正申告手続にあたって

自主的修正申告を行うにあたっては，過去４年間，日本人駐在員のみならず，全ての従業員について，個人所得税が正しく計算されていたかを見直す必要があります。

第7章

法人税・所得税以外の税制に関するQ&A

● Point ●

シンガポールには法人税，所得税以外にも消費税（Goods and Service Tax : GST），固定資産税（Property Tax），印紙税（Stamp Duty）などの税金があります。日本でいう住民税，事業税，事業所税はありません。

この章では，法人税，所得税以外の税金に関しての質問をまとめました。関連する主な法律は以下のとおりです。

・Goods and Services Tax Act（Chapter 117A）

・Property Tax Act（Chapter 254）

・Stamp Duties Act（Chapter 312）

Q108 消費税（GST）の概要

シンガポールの消費税の概要を教えてください。

Answer

シンガポールの消費税はGoods and Services Taxです。この頭文字をとり，GSTとよばれています。GSTも日本の消費税と同様，付加価値税（Value-added Tax）の一種です。

1　GSTの税率

2020年１月１日現在，GSTの税率は７％です。

税率の推移は以下のとおりです。

1994年４月１日から2002年12月31日まで……３％

2003年１月１日から2003年12月31日まで……４％

2004年１月１日から2007年６月30日まで……５％

2007年７月１日以降……………………………７％

なお，2022年の税制改正により，2023年１月１日より８％，2024年１月１日より９％に税率が引き上げられることが公表されております。

2　GSTの基本的仕組み

例えば，GST考慮前の売買価格を以下のとおりとします。

原材料生産業者	完成品製造業者	卸売業者	小売業者
S$200	S$500	S$700	S$1,000

実際には，売買価格に７％のGSTがかかりますので，次のようになります。

原材料生産業者	完成品製造業者	卸売業者	小売業者
S$214	S$535	S$749	S$1,070

それぞれの業者が相手先へ転嫁すべきGSTは以下の金額です。

原材料生産業者	完成品製造業者	卸売業者	小売業者
S$ 14	S$ 35	S$ 49	S$ 70

実際に納める税金は，この額から前の段階で支払ったGSTを控除することになります。

完成品製造業者を例に挙げます。原材料生産業者からの購入代金はS$ 214ですが，このうち本体部分の価格はS$ 200，GST部分はS$ 14です。卸売業者への販売価格はS$ 535で，本体の販売価格はS$ 500，GSTはS$ 35です。この卸売業者から回収したS$ 35から，原材料生産業者に支払ったGSTS$ 14を控除した残額S$ 21を税務当局に納付します。

卸売業者の場合は，小売業者から回収したS$ 49から，完成品製造業者に支払ったGSTS$ 35を控除した残額S$ 14を税務当局に納付します。

同様に小売業者は，最終消費者から回収したGSTS$ 70から，卸売業者に支払ったGSTS$ 49を控除した残額S$ 21を税務当局に納付します。

結論として各業者は，以下の金額を納付します。

原材料生産業者	完成品製造業者	卸売業者	小売業者
S$ 14	S$ 21	S$ 14	S$ 21

各流通段階の業者が納めるGSTの合計は，S$ 70です。このS$ 70は最終的には消費者が負担したものです。実際に納付するのは業者ですが，それはあくまで一旦預かったものを，納付しているだけです。

3　インボイス方式

シンガポールのGSTはインボイス方式（日本の消費税は帳簿方式）を採用しています。すなわち，課税業者（Q110）がタックス・インボイスを発行し，これを証拠として，仕入税額控除に利用することになります。具体的には，タックス・インボイスに記載されているGST金額の合計が，仕入税額控除の合計になります。タックス・インボイスがないと，仕入税額控除ができません。

タックス・インボイスには発行者の名前，住所，登録番号，売上先の名前と住所，売上日，売り上げた資産やサービスの内容，GSTの額，税率等が記入されていなければなりません。

また，外貨建取引の場合，外貨額とシンガポールドル建ての価格をタックス・インボイスに併記する必要があります。

なお，日本の消費税については，現行帳簿方式を採用しておりますが，2023年10月1日よりシンガポール同様インボイス方式を採用する予定です。

Q109 GSTの課税対象

GSTはどのような取引に対して課税されるのですか。

Answer

ある取引にGSTが課税されるかを検討する際には以下の点に留意する必要があります。

1　GSTの課税対象

GSTの課税対象は以下のとおりです。

① シンガポールにおいて，GST課税事業者（Q110）が事業として販売した資産，および提供したサービス

② シンガポールに輸入された資産

（注） 従来，S$400以下の航空便または郵便による輸入品（以下「少額輸入品」）は課税対象外とされておりましたが2023年1月1日より輸入GSTが課税されます。

③ サービスの輸入（2020年1月1日より課税対象）

資産の販売には資産の譲渡，資産の貸付が含まれます。資産の譲渡とは売買や交換，特許権，ノウハウの譲渡などです。資産の貸付とは賃貸借，消費貸借などです。サービスの提供とはレストランや経営コンサルタント，技術援助や情報提供などで，これにもGSTが課税されます。サービスの輸入は，特定の

サービスにしか適用されません。

ここで留意することは，以下の点です。

①の「事業者が事業として」という意味には，例えば通常のサラリーマンが自家用車を売ったり，たまたま原稿の執筆をして，原稿料を稼いだ場合は含まれずGSTの対象になりません。

③のサービスの輸入については，2020年1月1日によりGST登録事業者（課税売上割合が100％の事業者等を除く）により輸入されるサービスについてはReverse charge制度，個人を含むGST非登録事業者が輸入する一定のデジタルサービスについては，Oversea Vender Registration制度（以下「海外ベンダー登録制度」）により課税されることとなりました。

また，2023年1月1日より非デジタルサービスに対しても海外ベンダー登録制度により課税が行われる予定です。

なお，シンガポールでのGSTの登録が義務付けられる海外の事業者とは，全世界での年間売上げがS$ 1百万超，かつシンガポールへのサービスの輸入に関する年間の取引合計金額がS$ 100,000超を言います。

2　非課税取引（Exempt Supplies）

課税対象取引に該当してもGSTを課税しないものを非課税取引とよんでいます。非課税とする取引はGSTの性格上，利子のように課税対象とすることになじまないものと，社会政策上から特別に配慮するものなどがあります。

シンガポールの非課税取引は以下のとおりです。

① 居住用不動産の売買および貸付

② 財務活動に関する一定の取引

③ 投資適格金および貴金属の輸入および国内取引

支払利息，生命保険料，受取配当金などは非課税です。有価証券の発行や譲渡などの取引，外国為替取引，先物取引，クレジットカードの手数料，LCの開設の手数料，信託報酬，銀行口座の開設手数料なども財務活動に関する取引に該当します。

3　輸出免税（Zero-rated Supplies）

(1)　輸出免税の仕組み

シンガポールからの輸出取引は免税取引に該当します。免税というのは非課税と違って０％の税率による課税ということです。輸出免税は以下のようになります。

原材料生産業者	完成品製造業者	卸売業者	小売業者
S$214	S$535	S$749	S$1,000

小売業者が輸出したとします。小売業者は輸出に係るGSTは納付する必要がありません。この場合小売業者は仕入に係るS$49の還付を受けることができます。

流通業者が納付したGSTは以下のようになっています。

原材料生産業者	完成品製造業者	卸売業者	小売業者
S$14	S$21	S$14	S$ 0

原材料生産業者，完成品製造業者，卸売業者が納めたGSTについても小売業者に全額還付されることになります。

(2)　サービスの輸出

輸出にはサービスの輸出も含まれます。サービスの輸出（Export of Services）はインターナショナル・サービス（International Service）とよばれています。インターナショナル・サービスは例えば以下のような取引です（GST法21条）。

①　旅客をシンガポールからもしくはシンガポールへ輸送する業務

②　物品をシンガポールからもしくはシンガポールへ輸送する業務

③　上記①，②に関連して発生する保険

④　シンガポール国外への輸送手段（車等）の賃貸

⑤　シンガポール国外の土地に関連して発生するサービス

⑥　シンガポールの外部にある物品に関連して発生するサービス

⑦　輸出品に関連して発生するサービス

⑧　海外で行われた特定のサービス

なお，従来は輸出免税の適用にあたり，当該サービスの受益者がシンガポール国外に所在すること等が要件とされておりましたが，Reverse charge制度の導入に伴い，受益者がシンガポールに所在するGST登録事業者である場合については，原則として輸出免税が適用されることとなりました。

4　課税対象外（Out-of-Scope Supplies）

いわゆる三国間貿易のような取引にはGSTは課税されません。

また，国外で供給されるもの，例えばシンガポールの会社が海外で提供するサービスにはGSTは課税されません。

個人取引，自由貿易地区（FTZ），Zero GST Warehouse（Q111）での取引にもGSTは課税されません。

Q110 GSTの納税

GSTの納税手続について教えてください。

Answer

GSTの納税義務者，手続等は以下のとおりです。

1　納税義務者

GSTは消費に課される税金であり，最終的に消費者が全額負担することになります。しかし最終的には消費者が全額負担するといっても，消費者が直接納付するわけではなく，原則的には課税業者が消費者から徴収して納付することになります。

納税義務者は下記のとおりです。

	国内取引	輸入取引
事業者	納税義務者になる	納税義務者になる
事業者以外	納税義務者にならない	納税義務者になる

2 課税業者，非課税業者

GSTは消費に広く負担を求めるため，「納税義務を免除する」規定はなるべく少ないほうがよいわけです。しかし小規模零細事業者の納税事務の負担量が増えることは，中小の業者には酷であるため，どの国でも一定の免税点を設けています。

シンガポールの場合，過去，または将来の12ヶ月間（連続する４四半期）の売上高がS$１百万超の業者は，原則としてGSTを納税する義務があります。こうした業者は，課税業者として登録しなければなりません。もちろんS$１百万以下の業者であっても課税業者としての登録をすることは可能です。

ここでいう年間の売上高はGSTの計算の基礎となる売上高ですので，GSTの金額は含まない，ゼロ税率および標準税率が適用される課税売上の金額の合計額となります（Q109）。

3 納税義務の発生時期（GSTの計上のタイミング）

消費税の納税義務は，以下のうち早いほうのタイミングで発生します。

① タックス・インボイスが発行された時

② 支払を受け取った時

4 申告納付の手続

シンガポールのGST課税期間は３ヶ月です。１年間に４回申告することになっています。課税業者は３ヶ月ごとに，課税売上に係るGST（Output Tax）から課税仕入にかかるGST（Input Tax）を控除し，その差額を課税期間の翌月末までに，GSTとして申告書とともに納付する必要があります。

３ヶ月ごとというのは原則ですが，輸出業者で納付するGSTより還付するGSTが多い業者は，早く還付が受けられるように毎月申告することができます。

課税期間としては，１月・４月・７月・10月を課税期間とする場合，２月・５月・８月・11月を課税期間とする場合，３月・６月・９月・12月を課税期間とする場合の３通りがあります。

GST登録業者は各課税期間終了後1ヶ月以内にシンガポール税務当局に対してGST申告書を提出しなければなりませんが，各課税期間内に課税対象取引が一切なかった場合であっても，“Nil（ゼロ）”申告を提出することが要求されています。

5　修正申告

過去のGST申告に誤りを発見した場合，

①　GST金額への影響がS$1,500以下，および

②　誤りの合計額（GST部分を除く）が総売上（Total Supplies）の5％以下

であれば，現行の課税期間におけるGST申告で修正すればよいことになっていますが，上記の金額を超える誤りがある場合は，別途，修正申告を行う必要があります。

6　GSTの延滞利息

GSTを指定の期日までに納付しなかった場合には，所得税法に定める，源泉税の場合（Q66）と同様な延滞利息のペナルティーがあります。源泉税では延滞利息の最高限度額が20％ですが，GSTは最高55％です。指定納付期限を過ぎた場合には，当該納付額の5％と，その60日後から毎月の未納付額の2％を未納付額の50％を上限として付加されます。

Q111　GSTの優遇税制

GSTの優遇税制にはどのようなものがありますか。

Answer

シンガポールは東南アジア地域の貿易の拠点であり，国際取引の中継基地です。この機能を促進させるためのメジャー・エクスポーター・スキーム（Major

Exporter Scheme：MES)，ゼロGST倉庫スキーム（Zero GST Warehouse Scheme：ZGS)，輸入GST繰延スキーム（Import GST Deferment Scheme：IGDS）という制度が輸出入業者に対する優遇税制として代表的なものです。

1　メジャー・エクスポーター・スキーム（MES）

(1)　スキームの概要

メジャー・エクスポーター・スキームは輸入を多く行う輸出業者をキャッシュ・フロー面でサポートするために設けられたスキームです。

通常，物品を外国から輸入し，再び外国へ輸出する場合，輸入時に税関においてGSTを納付しなければなりません。一方，輸出は免税（Zero-rated）であるため，業者は仕入税額控除により，輸入時に支払ったGSTの還付を受けることになります（Q108)。後日，還付されるとはいえ，輸入時に支払うGSTは業者のキャッシュ・フローにとって負担になります。

このキャッシュ・フロー負担を解消するためのスキームがメジャー・エクスポーター・スキームです。メジャー・エクスポーター・スキームのステータスを取得すると，輸入時のGSTの納付が免除されます。

メジャー・エクスポーター・スキームを取得するためには税務当局への申請が必要です。

(2)　要　　件

① 申請する企業がGST登録事業者であること

② 申請する企業の事業がアクティブであり，支払能力があること

③ 輸入貨物が申請する企業の事業に関連するものであること

④ 直近の決算期または過去12ヶ月間における輸出免税の売上が総売上の50%超，またはS$1,000万超であること

(3)　期　　間

通常は，申請が承認された日から３年間適用され，その後，税務当局から更新手続のためのチェックリスト（Checklist for Self-Review of Eligibility for MES）が送られてきます。

適用期間中に要件を満たさなくなった場合は，税務当局に通知しなければならず，メジャー・エクスポーター・スキームのステータスは取り消されます。

Q112 ASK（自己診断キット）とACAP（コンプライアンス支援保証プログラム）

GST登録業者のコンプライアンス手続を支援する制度であるASKとACAP制度の概要について教えてください。

Answer

Tax governance frameworkの一環として，GSTの計算から申告に至るGST登録業者の内部統制手続の支援に関して，シンガポール税務当局はASK（Assisted Self-help Kit）とACAP（Assisted Compliance Assurance Programme）という制度を設けています。

1　ASKの概要

ASKはGST登録業者が自身のコンプライアンスを効率的に管理することを支援することを目的とした自己診断キットです。ASKには以下の３つの重要な側面があります。

① GST申告を正しく行うための人員，記録管理，システムや内部統制によって構成されるGST申告実務を確立すること

② GST申告書提出前において，申告書が正しいことを事前チェックリストによって評価すること

③ 過去のGST申告書における誤りの早期発見のために，過年度GST申告書の年次レビューを行うこと

全てのGST登録業者は，自主的にASKを利用して，GSTの計算・申告手続に関してセルフチェックを行い，申告内容の正確性の確認や過年度の申告上の誤りについて，自主的な修正申告プログラムを適用することができます。

ただし，2013年1月1日より，下記のGSTの優遇税制（Q111）を申請するGST登録業者は，ASKを利用した自己診断（年次レビュー）の実施および診断結果の申告が必須となりました。

① 輸入GST繰延スキーム（Import GST Deferment Scheme：IGDS）*

② 承認された海運業顧客スキーム（Approved Marine Customer Scheme：AMCS）

③ 承認された委託製造業者および貿易業者スキーム（Approved Contract Manufacturer and Trader Scheme：ACMT）*

④ 承認された精製業者および混載運送業者スキーム（Approved Refiner and Consolidator Scheme：ARCS）

⑤ メジャー・エクスポーター・スキーム（Major Exporter Scheme：MES）*

⑥ 承認された輸入GST留保スキーム（Approved Import GST Suspension Scheme：AISS）

＊ 更新時にもASKの年次レビューを行うことが必須です。

上記のGSTの優遇税制を申請または更新するGST登録業者はASKを利用して自己レビューを行うとともに，年次レビューを完了し，レビューにより識別された誤りの申告を含んだASK申告フォームをシンガポール税務当局に提供する必要があります。

また，GSTの優遇税制の申請または更新を目的とするASKの年次レビューは，社内の担当者または外部の専門家で，シンガポール税務専門家認定協会（Singapore Institute of Accredited Tax Professionals：SIATP）により公認されたGST認定税務アドバイザー（Accredited Tax Advisor（GST）：ATA（GST））またはGST認定税務専門家（Accredited Tax Practitioner（GST）：ATP（GST））によって実施される必要があります。

ASK導入の利点は，以下のとおりです。

・GSTが要求する申請内容と記録管理を理解すること

・GST申告の正確さをレビューすること，正確性を担保すること

・誤りにより生じる罰則のリスクを減少させること

・過去のGSTの誤りを早期に発見し，タイムリーにIRASへ申告することで，

IRASボランタリー・ディスクロージャー・プログラムの下，罰則がゼロまたは減少されること
・GSTの優遇税制を適用するために必要な資格を得ること

2　ACAPの概要

ACAPは，コーポレートガバナンスの整備の一環としてGST管理の枠組みを強固にし，GST登録業者のコンプライアンス，リスク管理の強化を支援する目的で，コンプライアンス保証支援プログラムとして2011年４月５日に導入されました。

ACAPによって，GST申告に関する全社レベル，取引レベル，報告レベルの３つのキーコントロールによって構成される効果的なGST管理体制が導入されます。ACAPは，GST登録業者が自主的に導入し，GST管理体制の健全性，効率性に関する全体的なレビューを実施するものです。

ACAPを導入することに適した企業は，①複雑な構造やビジネスモデルを有する，②膨大な取引量を有する，③コーポレートガバナンスの一環としてタックス・リスク・マネジメントを重視している，④財務報告や税務報告に対してタイムリーで正確なデータを生み出すシステムやプロセスにおける広範囲なコントロールに依存している業者，等です。

ACAPを申請するためには，以下の要件を満たしている必要があります。

・全社レベル，取引レベル，報告レベルにおけるキーコントロールを備えた有効なGST管理体制を備えていること
・直近の財務諸表について，無限定適正の監査意見が出ていること
・少なくとも３年間GSTの登録業者であること
・IRASによるGSTの税務調査を申請時点で受けていないこと
・納付期限の順守も含め，GST，所得税，固定資産税およびシンガポール税関に対する法令順守および適切な記帳を有していること
・適切な資格を有するACAPレビューアーがACAPレビューを実施することに責任を持つこと

ACAPは，全社レベル，取引レベル，報告レベルにおけるGSTのコントロールが整備・運用されていることを社内または社外の独立したACAPレビューアーによって確認される必要があります。

シンガポール税務当局はACAP導入企業に対して，コントロールのレベルに応じて，５年間のACAPプレミアム（80％以上のスコア）または３年間のACAPメリット（60％以上のスコア）を付与するとしています。その内容は以下のとおりです。

・GST申告において重大な異常がない限り，シンガポール税務当局のGSTコンプライアンス（調査）活動が軽減される
・GST還付の迅速化
・税務当局の専門チームがGSTの裁定やGSTに関する問題の解決のために迅速に対応
・適用している各種GST優遇税制の自動更新

Q113 関税および物品税の概要

シンガポールに貨物を輸入する際にかかる関税および物品税の概要を教えてください。

Answer

シンガポールでは，原則としてアルコール，タバコ，石油製品および乗用車・二輪車のみに関税（Custom Duty），または物品税（Excise Duty）が課税されます。また，シンガポールは，日本，ASEAN諸国，中国，オーストラリア等の多くの国と二国間自由貿易協定（FTA），世界的貿易特恵関税制度（GSTP）を締結しており，各協定および輸入物品に応じて関税並びに物品税が減免される可能性があります。

Q114 固定資産税（Property tax）

シンガポールに固定資産税はあるのでしょうか。

Answer

シンガポールにも固定資産税はあります。ただし，課税標準の考え方が異なります。

1 課税標準

固定資産税の課税標準は年次価値（Annual Value）です。コンドミニアムの場合，修繕費，保険料，税金等を考慮後の当該コンドミニアムから期待できる賃貸収入総額です。

2 課税対象

固定資産税の課税対象は家屋，土地，建物などの不動産に対してだけです。機械など償却資産は対象となりません。

3 税　　率

固定資産の年次価値に税率を乗じて計算されます。

所有者が居住している不動産については，以下のような９段階の固定資産税率が2014年１月１日以降２年間にわたって適用されます。これによって，より高い年次価値の居住用不動産には高い固定資産税率が適用されることになります。また，土地や非居住用不動産（例えば，居住用土地，商業用建物，工業用建物など）に関する固定資産税は10％で据え置かれます。

年次価値	固定資産税率
最初のS$8,000	0%
次のS$47,000	4%
次のS$15,000	6%
次のS$15,000	8%
次のS$15,000	10%
次のS$15,000	12%
次のS$15,000	14%
S$130,000を超える額	16%

なお，所有者非居住の居住用不動産については，以下のような6段階の固定資産税率が適用されます。

年次価値	固定資産税率
最初のS$30,000	10%
次のS$15,000	12%
次のS$15,000	14%
次のS$15,000	16%
次のS$15,000	18%
S$90,000を超える額	20%

4 納税方法

1年に1回，1月1日に賦課され，1月31日までに納付しなければなりません。月次払いの分割納付をすることもできます。

5 軽減・免税の特典

教育，宗教，慈善事業などの公の目的に使用される不動産は免税です。

Q115 印紙税

シンガポールの印紙税について概要を教えてください。

Answer

シンガポールの印紙税（Stamp Duty）の対象となる書類は，シンガポール法人の株式譲渡契約書・シンガポールに所在する不動産譲渡契約書，不動産賃貸契約書，抵当権設定権利書等となります。

株式譲渡契約の場合には，購入価額または株式の価値に対して0.2%の印紙税が課税される一方，不動産については，売買・賃貸等の取引および対象不動産の内容に応じて印紙税が課税されます。なお，株式譲渡契約に係る印紙税につきましては，企業再編等の一環として行われた株式譲渡については，免税となる可能性があります。

Q116 遺産税

シンガポールには相続税や贈与税はありますか。

Answer

シンガポールには相続税に相当する遺産税（Estate Duty）がありましたが，2008年２月15日以降の死亡について，遺産税は廃止されました。また，贈与税はありません。

Q117 TGF

シンガポールにおけるTax Governance Framework（TGF）について教えてください。

Answer

TGFは，企業が優れた税務ガバナンスと税務リスク管理を備えていることを実証するために参加する，自主的なコンプライアンス・プログラムです。このフレームワークに参加することにより，企業は税務ガバナンスの優れた基準を満たし，維持することが可能となり，また長期的には，IRASとの協力および信頼関係の構築につながるとされております。また，TGFは１税法順守，２税務リスク管理のためのガバナンス体制，３税務当局との関係の３つの需要な要素から構成され，法人税（源泉所得税含む）およびGSTのそれぞれに適用されております。主な内容については以下のとおりとなります。

1 TGFに適した事業

基本的には全ての企業がTGFに参加できますが，特に次のような企業に適しています。

- 複雑なビジネスモデルを有する
- 租税に関する説明責任および透明性の重要性を認識している
- 企業の継続的な業績と税務問題を管理するために，適切な税務ガバナンスの実践に協力的である

2　TGFへの参加によるベネフィット

法人所得税および源泉所得税	TGF申請の承認日から２年以内に発生した法人所得税および源泉所得税の自主開示において報告された申告の誤りに対する２年分のペナルティーの減免。
GST	a　ACAP（Assisted Compliance Assurance Programme）ステータスを付与されたGST登録事業者については，TGF申請の承認日から２年以内に発生したGSTの自主開示において報告された申告の誤りに対する３年分のペナルティーの減免。 申告の誤りの自主開示は，ポストACAPレビュー（PAR），ACAPの更新，または会社自らによるGSTレビューの下で行うことができます。 b　ACAPステータスを付与されていないGST登録事業者については，TGF申請の承認日から２年以内に発生したGSTの自主開示において報告された申告の誤りに対する２年分のペナルティーの減免。

第8章

会計制度に関するQ&A

● Point ●

シンガポールの会計制度で特徴的なのは，原則として，全ての会社や外国会社の支店は公認会計士の監査を受けなければならないことです。これはシンガポールの会計システムが，英国法に基づいた制度であるためです。日本でもアメリカでも，上場会社や大会社以外の小規模会社については公認会計士の監査は強制されていません。

第二の特徴は，シンガポールの会計基準がほぼそのままの形で，国際会計基準（IFRS）を導入していることです。

第三の特徴はシンガポールの決算書の登録制度です。登録制度は広く一般大衆に会社の財政状態や経営成績を告知する制度です。この点では日本よりも進んでおり，誰でもインターネットを通じて，ACRAから会社の決算書を入手することができます（日本のEDINETは上場会社のみですが，シンガポールでは非上場会社についても入手できます）。

この章ではシンガポールの会計基準の主要項目の解説および日本とシンガポールの制度上の違いに関して重点的に記載しました。したがって，シンガポールの会計基準を網羅的に解説してはいません。

Q118 シンガポールにおける決算書の体系

当社のシンガポール子会社から決算書が一式送られてきました。所定の欄に日本在住の取締役がサインして送り返すように依頼されていますが，日本の制度と異なるためよく分かりません。

決算書の体系や内容について簡単に教えてください。

Answer

ACRA（Q 4）に正式に登記する監査済決算書（Audited Financial Statements）（法定決算書ともいう）に含まれるものは以下のとおりです。

① 取締役宣誓書（Statement by Directors）

② 監査報告書（Independent Auditors' Report）

③ 財政状態計算書（Statement of Financial Position）

④ 包括利益計算書（Statement of Comprehensive Income）

⑤ 持分変動計算書（Statements of Changes in Equity）

⑥ キャッシュ・フロー計算書（Statement of Cash Flows）

⑦ 注記事項（Notes to the Financial Statements）

取締役宣誓書には配当，取締役の保有する株式，ストック・オプションなどが記載され（Q31），会社の財務諸表が真実かつ公平に作成されていることについて，取締役が宣誓する書類です。

監査報告書は包括利益計算書，財政状態計算書，注記事項が真実かつ適正に作成されているかどうかについて，会計監査人（Q22）が意見を表明したものです。

取締役宣誓書には取締役２名（取締役が１名の場合は１名）のサインが必要です。取締役のサインが完了した後に，会計監査人がサインすることになります。

日本の計算書類等と比較すると，キャッシュ・フロー計算書や注記事項の一部など，より広い範囲の情報が含まれているとも言えます。

Q119　シンガポールの決算書の閲覧制度

新規の販売先と取引を始めるにあたって，相手先の財務内容を調査したいと思います。インターネットを通じて，相手先の財務諸表が入手できると言われましたが，本当でしょうか。

Answer

シンガポールには財務諸表の登録・閲覧制度があります。会社や外国会社の支店は，決算終了後一定期間内に財務諸表をACRA（Q４）に提出する義務があります。

ACRAはこの財務諸表を公衆の縦覧に供しています。ウェブサイト（http://www.acra.gov.sg/）において登録を行い，手数料を払えば誰でもインターネットを通じてXBRLもしくはPDFデータ化された財務諸表を入手することができます。

また会社の登記事項に関する情報，例えば会社の払込資本金，登記上の住所，直近の株主総会日，取締役の氏名，設立年月日，株主構成，会計監査人の名称などを知ることができます。

したがって，取引先の決算状況の把握や信用調査などのため，非公開会社であっても，ある程度までその内容を調査することは可能です。

ただし，決算書の法定提出期限が比較的遅いため（Q24）最新の決算情報の入手は難しいかもしれません。

Q120 XBRLによるACRA（企業会計規制庁）への登録

ACRAへ財務諸表等を登録する場合，XBRL形式での登録が必要と聞きましたが，その概要，登録方法等について教えてください。

Answer

XBRL（eXtensible Business Reporting Language）は，財務情報等を効率的に作成，流通，利用可能とするコンピュータ言語です。財務情報等がXBRL形式で開示されることにより，投資家等の情報利用者はコンピュータで容易にその加工および分析をすることが可能になります。XBRLは米国，英国，日本，中国，インドなど世界各国で，企業情報の開示や規制当局へのレポーティング等において利用されています。XBRLによるACRAへの登録手続の概要は以下のとおりです。

1 概　　要

基本的にシンガポールにおいて設立されACRAに対して財務諸表の提出を義務付けられている会社は，2016年度版ACRAタクソノミ（ACRA Taxonomy 2016：一般的には，財務諸表等の様式に関する電子的なひな型，項目辞書体系のこと）に従い，XBRL方式に沿った財務諸表を登録する必要があります。

2021年５月１日以後に提出される財務諸表から，適用されるXBRLの要求事項が変更になるため，留意が必要です。主な変更は以下のとおりです。

(1) XBRLテンプレートの変更

以下の４つのテンプレートの導入が予定されています。

① Full XBRLテンプレート：従来よりも簡素化されたテンプレート

② Simplified XBRLテンプレート：従来のXBRL FSH（General）に変わるもの

③　XBRL FSH（Banks）テンプレート：従来から変更なし

④　XBRL FSH（Insurance）テンプレート：従来から変更なし

2　対象会社

基本的にシンガポールにおいて設立されACRAに対して財務諸表の登録を義務付けられている会社はXBRLの要件に従う必要がありますが，次の会社は例外として適用対象となりません。そのため，これらの会社は，財務諸表をPDF方式で提出することができます。

①　FRS，小規模企業向けFRSおよびIFRS以外の財務報告基準を採用することが法律によって許容されている会社

②　保証有限責任会社

③　外国会社およびその支店

以下の表は，その提出要件と改定の概要をまとめたものになります。

グループ	財務諸表（FS）が公表されている会社	XBRLの要求事項	
		変更前	変更後 （2021年5月1日から強制適用）
1	シンガポールで設立されている会社で以下のグループ2から5に含まれない会社	Full XBRLテンプレートで提出する。	会社の性質や規模によって，XBRLで提出すべき範囲が異なり，以下のとおりである。 ・小規模な非上場企業： 取締役により承認されたFSのPDFとともに，Simplified XBRLテンプレートを用いて提出 ・その他の全ての会社： Full XBRLテンプレートを用いて提出
2	シンガポールに設立されている破産状態の免除非公開会社（Exempt private companies “EPC”）	以下のいずれかの方法による。 ・取締役により承認されたFSのPDFとともに，XBRL FSH（General）テンプレートを用いて提出	会社の性質や規模によって，XBRLで提出すべき範囲が異なり，以下のとおりである。 ・小規模な非上場企業： 取締役により承認されたFSのPDFとともに，Simplified XBRLテンプレートを用いて提出

		・Full XBRLテンプレートを用いて提出	・その他の全ての会社： Full XBRLテンプレートを用いて提出
3	シンガポールに設立されている免除非公開会社（“EPC”）	FSの提出は要求されていない。もし自主的にFSの提出をする場合は以下のいずれかの方法による。 ・取締役により承認されたFSのPDFを用いて提出 ・XBRL FSH（General）テンプレートを用いて提出 ・Full XBRLテンプレートを用いて提出	FSの提出は要求されていない。もし自主的にFSの提出をする場合は以下のいずれかの方法による。 ・取締役により承認されたFSのPDFを用いて提出 ・XBRLフォーマットによる提出 もし自主的にXBRLフォーマットでFSの提出をする場合は，グループ1と2と同様に，会社の性質や規模によって，XBRLで提出すべき範囲が異なる。
4	シンガポールにて設立されている，シンガポール通貨金融庁（MAS）の管轄下にある銀行，金融，保険に関するビジネスをしている企業	以下のいずれかの方法による。 ・XBRL FSH（Banks）テンプレートでの提出 ・XBRL FSH(Insurance)テンプレートでの提出 いずれの方法による場合にも，取締役により承認されたFSのPDFとともに提出する。	変更なし
5	シンガポールで規定されている会計基準，またはIFRS以外の会計基準でFSを準備している会社	取締役により承認されたFSのPDFとともに，XBRL FSH（General）テンプレートを用いて提出	取締役により承認されたFSのPDFを用いた方法で提出することのみ認められる。
6	シンガポールで設立されている保証有限会社（非営利企業）	取締役により承認されたFSのPDFを用いた方法で提出することのみ認められる。	変更なし
7	シンガポール支店をもつ外国企業	取締役により承認されたFSのPDFを用いた方法で提出することのみ認められる。	変更なし

3　財務諸表等の登録遅延

ACRA が施行する法令では，全てのシンガポールの設立会社，変動資本会社（Variable Capital Companies）および有限責任パートナーシップ（Limited Liability Partnership）は，所定の期間内に ACRA に財務諸表等の申告を行うことが求められています。

2021 年 4 月 30 日より登録遅延に対して簡素化された２段階の違約金を課すことができるようになりました。改正された罰則の枠組みでは，シンガポールの全ての法人，変動資本会社および有限責任パートナーシップは，財務諸表等の提出期限から３ヶ月以内に提出された場合には S$300，提出期限から３ヶ月を超えて提出された場合には S$600 の遅延の罰則が科されます。

以下の表に記載されている改正された罰則の枠組みを参照ください。

<table>
<tr><th>会社の種類</th><th>罰則（2021年４月30日より前）</th><th>罰則（2021年４月30日から）</th></tr>
<tr><td>ローカル会社</td><td rowspan="2">S$ 300</td><td rowspan="4">①　提出期限後３ヶ月以内の財務諸表の登録であれば，S$ 300
②　提出期限後３ヶ月以上経過後の財務諸表の登録であれば，S$ 600</td></tr>
<tr><td>変動資本会社</td></tr>
<tr><td>外国会社</td><td rowspan="2">S$ 50から350までの罰則のレンジあり</td></tr>
<tr><td>有限責任パートナーシップ</td></tr>
</table>

4　ACRAへの登録方法

対象会社は，XBRL方式の財務諸表を提出する企業を支援すべく，ACRAが開発したソフトウェアであるBizFin^{X} Preparation Toolを使い，BizFin^{X} Portalとよばれるウェブサイトを通じて提出する必要があります。また，BizFin^{X} Portalについては，2020年10月１日で廃止になりました。BizFin^{X} Preparation Toolから直接，XBRL形式の財務諸表の提出ができるようになります。

詳細は，ACRAウェブサイト，関連ガイダンスをご参照ください。

Q121 提出済み財務諸表に誤りがあった場合の取扱い

ACRAに登録した財務諸表に誤りがあることが判明しました。どうしたらいいでしょうか。

Answer

基本的には誤りが判明した時点で，登録情報の誤りを修正する必要があります。概要は以下のとおりです。

1 概　　要

財務諸表が会計基準等に遵守されておらず，誤りがあった場合には，Company Act 202A条に基づき，適時に修正することができます。修正された財務諸表については，修正日から30日以内に提出されなければなりません。なお，会計監査人による監査が必要な会社等であれば，修正後財務諸表の監査が必要となりますので，留意が必要です。

詳細については，『REVISION OF DEFECTIVE FINANCIAL STATEMENTS, OR CONSOLIDATED FINANCIAL STATEMENTS OR BALANCE-SHEET UNDER SECTIONS 202A AND 202B OF THE COMPANIES ACT』というガイダンスで確認することができますが，カンパニーセクレタリーにご相談の上，進められることをお勧めします。

2 新たな取締役宣誓書の準備と株主総会での承認

修正後の財務諸表に添付する取締役宣誓書は，修正前の財務諸表に添付されていた取締役宣誓書を利用することはできず，変更日時点の取締役を代表して２名の取締役が署名することが求められています。また，修正日以降の株主総会における株主総会承認手続も同様に必要である点，留意が必要です。

3　修正される期間の財務諸表を監査する会計監査人に変更があった場合

修正される期間の財務諸表を監査する会計監査人（以下，前任監査人）が現任監査人と異なる場合，以下の２点を条件として，前任監査人が監査をすることができると定められています。

(a)　取締役は，前任監査人が修正後の財務諸表を監査し，報告することを決議する場合

(b)　前任監査人が，監査依頼に同意し，かつ，引き続き監査人としての資格を有する場合

過年度の財務諸表の修正が必要である場合，現任監査人と前任監査人との協議が必要になることから，留意が必要です。

Q122　シンガポールの会計基準

シンガポールの会計基準の概要について教えてください。

Answer

シンガポール会計基準委員会（The Accounting Standards Council Singapore：ASC）から，一般に公正妥当と認められた会計基準として承認されているシンガポールの会計基準は，以下のとおりです。

①　Singapore Financial Reporting Standards（International）：SFRS（I）

②　Financial Reporting Standards：FRS

③　Singapore Financial Reporting Standard for Small Entities：SFRS（SE）

④　Charities Accounting Standard：CAS

非上場のシンガポールに設立されている日系企業は一般的にFRSを適用している場合がほとんどです。

1 F R S

(1) FRSの内容

原則として国際会計基準をそのまま導入しています。

国際会計基準審議会（IASB）は国際的な会計基準の統一を目指しており，国際会計基準（International Financial Reporting Standards：IFRS）を公表しています。国際会計基準のうちほぼ全てを，シンガポールの一般的に公正妥当な会計基準として認めて，FRSとして採用していますが，下表のとおり，若干の会計基準差があります。

(2) FRSの目次

IFRS	FRS	基準名	IFRSと完全一致か？	
IAS 1	FRS 1	財務諸表の表示	○	
IAS 2	FRS 2	棚卸資産	○	
IAS 7	FRS 7	キャッシュ・フロー計算書	○	
IAS 8	FRS 8	会計方針，会計上の見積りの変更および誤謬	○	
IAS 10	FRS 10	後発事象	○	
IAS 12	FRS 12	法人所得税	○	
IAS 16	FRS 16	有形固定資産	×	FRSは再評価モデルに，経過措置を設けている。
IAS 19	FRS 19	従業員給付	○	
IAS 20	FRS 20	政府補助金の会計処理および政府援助の開示	○	
IAS 21	FRS 21	外国為替レート変動の影響	○	
IAS 23	FRS 23	借入コスト	○	
IAS 24	FRS 24	関連当事者についての開示	○	
IAS 26	FRS 26	退職給付制度の会計および報告	○	

IAS 27	FRS 27	個別財務諸表	×	適用年度がFRSは2014年1月1日以降開始事業年度（IFRSは2013年1月1日以降）
IAS 28	FRS 28	関連会社および共同支配企業に対する投資	×	①　適用年度がFRSは2014年1月1日以降開始事業年度（IFRSは2013年1月1日以降） ②　連結財務諸表免除要件に差異あり
IAS 29	FRS 29	超インフレ経済下における財務報告	○	
IAS 32	FRS 32	金融商品：表示	○	
IAS 33	FRS 33	1株当たり利益	○	
IAS 34	FRS 34	期中財務報告	○	
IAS 36	FRS 36	資産の減損	○	
IAS 37	FRS 37	引当金，偶発負債および偶発資産	○	
IAS 38	FRS 38	無形資産	○	
IAS 39	FRS 39	金融商品	○	※　マクロヘッジに係る基準以外はIFRS 9に移管
IAS 40	FRS 40	投資不動産	○	
IAS 41	FRS 41	農業	○	

IFRS	FRS	基準名	IFRSと完全一致か？	
IFRS 1	FRS 101	国際財務報告基準の初度適用	○	
IFRS 2	FRS 102	株式に基づく報酬	×	非上場会社の場合，適用年度がFRSは2006年1月1日以降開始事業年度（IFRSは2005年1月1日以降）
IFRS 3	FRS 103	企業結合	×	適用年度がFRSは2004年7月1日以降開始事業年度（IFRSは2004年3月31日以降）
IFRS 4	FRS 104	保険契約	○	

IFRS 5	FRS 105	売却目的で保有する非流動資産および非継続事業	○	
IFRS 6	FRS 106	鉱物資源の探査および評価	○	
IFRS 7	FRS 107	金融商品：開示	○	
IFRS 8	FRS 108	事業セグメント	○	
IFRS 9	FRS 109	金融商品	○	
IFRS 10	FRS 110	連結財務諸表	×	① 適用年度がFRSは2014年1月1日以降開始事業年度（IFRSは2013年1月1日以降） ② 連結財務諸表免除要件に差異あり
IFRS 11	FRS 111	共同支配の取決め	×	適用年度がFRSは2014年1月1日以降開始事業年度（IFRSは2013年1月1日以降）
IFRS 12	FRS 112	他の企業への関与の開示	×	
IFRS 13	FRS 113	公正価値測定	○	
IFRS 14	FRS 114	規制繰延勘定	○	
IFRS 15	FRS 115	顧客との契約から生じる収益	○	
IFRS 16	FRS 116	リース	○	
IFRS 17	FRS 117	保険	○	（注） 2023年1月1日以降開始事業年度から適用予定

2　その他の会計基準

(1)　SFRS (I)

SFRS (I) は2018年1月1日以降開始する事業年度から適用されている会計基準であり，内容としては，IFRSと完全に一致しています。SFRS (I) が強制適用となる場合は以下の要件のうち，いずれかの要件を満たす場合です（任意適用は可能）。

①　シンガポールの証券市場にて，株式や債券が取引されている上場会社

②　シンガポールの証券市場の上場準備会社

(2) SFRS (SE)

シンガポールの会計基準の制定，公布所轄官庁であるASCは，シンガポールにおいて小規模企業向けの会計基準として，国際会計基準審議会（International Accounting Standard Board：IASB）が定める，中小企業向け会計基準である「International Financial Reporting Standard for Small and Medium-sized Entities」（IFRS for SMEs）を，SFRS（SE）として，採用しています。

FRSはIFRSとほぼ同じ内容となっており，複雑な会計処理や情報開示が要求されるようになった結果，非上場で小規模の会社にとって，会計基準に準拠するための費用と時間の負担が年々重くなったことを鑑み，企業の情報開示制度に支障がない範囲で，これらの企業の負担を軽減させ，経済活動を効率化させる必要があると考えられたためです。SFRS（SE）の採用が認められるのは，以下の①，②の両方を満たす企業です。

① 以下に該当しないこと

・国内，または海外の証券市場において，株式や債券が取引されている，またはその準備をしている

・銀行，保険会社，証券会社，投資信託，投資銀行など，広く一般から，預金や資産を預かる業務を行っている

・会社法上のパブリック・カンパニー

・慈善団体法（Charities Act）上の慈善団体

② ２会計期間連続で，以下の３つのうち，２つ以上の条件を満たすこと

・年間売上高がS$10百万以下であること

・決算日時点において総資産額がS$10百万以下であること

・決算日時点において従業員が50人以下であること

なお，年間売上高，総資産額，従業員数については，連結ベースのもので判断する必要があります。外資企業の場合は，親会社を含む連結ベースでの判定がされることから，SFRS（SE）を適用できる場合は稀であると考えられます。

(3) ＣＡＳ

慈善団体法（Charities Act）上の慈善団体が適用できる会計基準になってい

ます。

3　解釈指針

シンガポールの会計基準としては，このほかにFRSをサポートするものとして，「Interpretation of FRSs」（解釈指針）があります。

4　シンガポールの会計士法

「The Accountants Act」という法律があります。この法律はシンガポール公認会計士協会が公認会計士に関する規則を定めている法律です。日本の公認会計士法や税理士法に相当するものです。

5　シンガポールの監査基準

日本における監査基準や監査委員会報告に当たるものとしては，「Singapore Standards on Auditing」（SSA）があります。これは公認会計士が監査を実施するにあたり準拠すべき基準です。

Q123　日本とシンガポールの会計基準の差異

シンガポールと日本は，どのような点で会計処理や表示に違いがありますか。

Answer

シンガポールの会計基準は，ほぼIFRSと同じ内容になっています（Q122）。したがって，シンガポール会計基準と日本会計基準との差異はそのまま，国際会計基準と日本会計基準との差異ということになります。

1　主な差異（FRSから日本基準に調整が必要な項目）

(1)　のれんの償却

シンガポールでは，のれん（Goodwill）の償却は行わず，毎年，減損テスト（Impairment Test）を行います（FRS 36）。

日本では，20年以内の効果のおよぶ期間にわたって，定額法その他の合理的な方法で償却します。

(2)　退職給付会計における数理計算上の差異の費用処理（Q126）

シンガポールでは，発生年度に即時にその他包括利益に計上し，純損益にリサイクルされることはありません。

日本では，個別財務諸表においては，従来同様数理計算上の差異を平均残存勤務期間以内の一定の年数で費用化，連結財務諸表においては，原則として，2013年4月1日以後開始する事業年度の年度末から，数理計算上の差異のうち，費用処理される部分は，その他包括利益に計上，平均残存勤務期間以内の一定の年数で規則償却（純損益へリサイクル）することが求められています。なお，実務上は，シンガポールの日系会社で退職金制度を有している会社はほとんどありません。

(3)　研究開発費の支出時費用処理

シンガポールでは，研究費（Research）は支出時に費用処理，開発費（Development）は無形資産として計上し，見積耐用年数にわたって償却します（FRS 38）。

日本では，研究開発費は全て支出時に費用処理します。

(4)　投資不動産の時価評価および固定資産の再評価

シンガポールでは，投資不動産（Investment Property）について，通常の固定資産と同様に減価償却を行うほか，時価評価を行うこともできます。また，固定資産は再評価することが認められています（FRS 16，38，40）。

日本では，投資不動産も通常の固定資産と同様に取り扱われ，時価評価は認められていません。また，固定資産を再評価することはできません。

なお，実務上は，シンガポールの日系会社で投資不動産を持っているケースは稀であり，また，持っている場合も，時価評価を行わないケースがほとんどです。固定資産の再評価は一般的に行われていません。

(5) 資本性金融商品の公正価値の事後的な変動をその他の包括利益に表示する選択をしている場合の組替調整

シンガポールでは，FRS 109において，資本性金融商品の公正価値の事後的な変動についてその他の包括利益または純利益のいずれかの表示を選択することができますが，日本基準においてその他の包括利益での表示は認められていません。詳細はQ 127をご参照ください。

これら5つの項目については，日本親会社の連結財務諸表（日本基準）における修正項目に該当します。詳細については，実務対応報告第18号『連結財務諸表作成における在外子会社等の会計処理に関する当面の取扱い』をご確認ください。

2 その他の差異

(1) 機能通貨

シンガポールでは，機能通貨により測定を行う必要があります。詳細はQ 124をご参照ください。日本では，機能通貨の概念はありません。

(2) 減価償却

シンガポールでは，損金経理という考え方を採用していないので，会計上の減価償却費は損金になりません（Q52）。したがって，財務会計において減価償却の方法や耐用年数について，法人税法のルールに合わせる必要がありません。そのため，ベンチマークが存在せず，企業は合理的な減価償却方法や耐用年数を自ら見積もる必要があります。耐用年数についてはまちまちですが，減価償却方法については，実務上，残存価額ゼロの定額法が主流になっています。

日本では，減価償却費について損金経理が適用されるため，実務上，法人税基本通達に定められる減価償却方法，耐用年数に合わせる場合も多いと考えられます。

(3) 減損損失の戻入れ

シンガポールでは，のれん以外の資産に対して過年度に計上された減損損失について，一定の要件と制限のもと，戻入れを行う場合があります（FRS 36）。

日本では一度計上した減損損失の戻入れは認められません。

⑷ 経常損益，特別損益

シンガポールでは，損益計算書上に，経常損益，特別損益という項目がありません。

日本では，損益計算書上，営業損益に営業外損益を加減した数値が経常損益とされ，重視される傾向にあります。経常損益に特別損益（非経常な損益のうち，臨時，巨額なもの）を加減した数値が税引前当期純損益となります。

⑸ 貸付金，借入金

シンガポールでは，市場金利以外での貸付金・借入金は，公正価値までディスカウントする必要があります。詳細はQ125をご参照ください。

日本では，原則的に金銭債権・債務の公正価値による評価までは求められていません。

3 今後の展望

日本の会計基準もIFRSに収斂されていく方向で進んでおり，上記のような差異は解消されていく傾向になると思われます。

Q124 機能通貨

当社は日系企業の販売子会社です。販売価格はUSドル建てで決定され，売上，仕入ともに100% USドル建てで行われています。また，日本の親会社から日本円建ての借入金があります。給与その他の経費は全てシンガポールドル建てです。

このような場合，当社の機能通貨は何になるのでしょうか。また機能通貨の決定が，決算にどのように影響しますか。

Answer

機能通貨は，日本にはなじみのない概念であり，決算に与えるインパクトも大きくなる場合があるため注意が必要です。

1　機能通貨

機能通貨（Functional Currency）とは，その会社が営業を行っている主要な経済環境における通貨のことです。通常，主要な経済環境とは，会社が主要なキャッシュを生み出し，支出する経済環境のことを指します（FRS 21）。

2　機能通貨の決定

会社は，機能通貨を決定するにあたって，以下のことを考慮しなければなりません。

・物品やサービスの販売価格に主に影響する通貨（販売価格の表示と決済に使用される通貨であることが多い）

・ある国の競争力や規制が物品やサービスの販売価格を決めている場合，その国の通貨

・物品やサービスを提供するための労務費，材料費，その他のコストに主に影響する通貨（コストの表示と決済に使用される通貨であることが多い）

また，上記の販売価格やコストだけでは決定が難しいような場合は，以下のことも考慮します。

・負債や資本による資金調達活動において使用される通貨

・営業活動によって得られた収入が，通常保有される通貨

3　貴社の機能通貨

貴社の場合，売上と仕入（コスト）が100％ USドルであるため，たとえ販売費および一般管理費に計上した給与その他経費がシンガポールドル建てであり，借入金による資金調達が日本円で行われていたとしても，貴社の機能通貨は

USドルと考えられます。

4　機能通貨による決算

例えば，機能通貨がUSドルであると決定した場合，決算をUSドルで行う必要があります。

具体的には以下の２通りの方法があります。

(1)　USドルで帳簿記録を行う

シンガポールドル建て，日本円建ての取引も全てUSドル建てで記帳を行う方法です。ただ，実務上は日々の経費の支払い等，シンガポールドル建ての取引が圧倒的に多くなるため，シンガポールドルで仕訳を入力すると，自動的にUSドルに換算されるような会計システムを利用することが望ましいと言えます。

(2)　期末に再測定（Re-measurement）を行う

(1)のほうが望ましいと言えるのですが，会計システムやその他のオペレーティング・システムが多通貨に対応していないような場合，普段はシンガポールドルによる帳簿記録を行い，期末に再測定を行うという方法もあります。

具体的には，表計算ソフト上などにおいて，各勘定ごとにシンガポールドルからUSドルに換算します。換算に使用するレートは勘定科目によって異なります（例：固定資産は取得時レート，売掛金は期末レート）。

機能通貨の決定や変更，再測定については，会計事務所に相談されることをお勧めします。

Q125 グループ会社間の貸付金，借入金

当社（シンガポール会社）はインドネシアの子会社に対して，3年間，無利息の長期貸付を始めました。ところが，会計監査人は，無利息でも受取利息を計上しなければならないと言っています。本当でしょうか。

Answer

本当です。シンガポールでは市場金利以外での長期貸付を行った場合，市場金利での受取利息を計上しなければいけない場合があります。

シンガポール会計基準（FRS 109）によると，貸付金および債権（短期売買目的以外）は，当初，市場金利を用いて公正価値で測定し，その後，実効金利法を用いた償却原価で測定しなければならないことになっています。

例えば，市場金利以外の利息で貸付（または借入）を行った場合，その公正価値は，額面とは異なることになります。すなわち，市場金利と契約上の利息との差によって額面をディスカウントしたものが，公正価値になります。

当該貸付金（借入金）は，貸付時（借入時）に公正価値で計上された後，市場金利に基づく利息を，契約期間にわたって積み上げ（アキュムレーション）ていきます。

◉設例

- 20X1年1月1日に，A社が子会社であるB社にS$1,000,000を3年間，無利息で貸し付ける
- 市場金利は年間5％
- A社，B社ともに12月決算で，IFRS／FRSに準拠した決算を行う

【貸付時】

（A社の会計処理）

（借方）	貸付金	863,838*1	（貸方）	現金預金	1,000,000
	子会社株式	136,162			

（B社の会計処理）

（借方）	現金預金	1,000,000	（貸方）	借入金	863,838
				資本*2	136,162

＊1　年間５％で３年間の割引現在価値

$$\frac{1,000,000}{1.05^{3}}=863,838$$

＊2　Fair Value Reserve等の勘定科目が使われます。

【20X1年決算時】

（A社の会計処理）

（借方）	貸付金	43,192*	（貸方）	受取利息	43,192

（B社の会計処理）

（借方）	支払利息	43,192	（貸方）	借入金	43,192

＊　863,838×５％＝43,192

【20X2年決算時】

（A社の会計処理）

（借方）	貸付金	45,351*	（貸方）	受取利息	45,351

（B社の会計処理）

（借方）	支払利息	45,351	（貸方）	借入金	45,351

＊　（863,838＋43,192）×５％＝45,351

【20X3年決算・返済時】

（A社の会計処理）

（借方）	貸付金	47,619*	（貸方）	受取利息	47,619
（借方）	現金預金	1,000,000	（貸方）	貸付金	1,000,000

（B社の会計処理）

（借方）支払利息　47,619　（貸方）借入金　47,619

（借方）借入金　1,000,000　（貸方）現金預金　1,000,000

＊　(863,838＋43,192＋45,351)×5％＝47,619

Q126 引当金

引当金に関して，シンガポールと日本の会計処理に違いはありますか。

Answer

シンガポールの会計基準（FRS）は，ほぼ国際会計基準（IFRS）と同じ内容になっています。このため，引当金に関しても，国際会計基準と日本基準の差異がそのままシンガポールと日本の会計処理の違いとなっています。

1　有給休暇引当金

シンガポールでは，有給休暇のうち累積型（当期中に付与された権利を全ては使用しなかった場合に，繰り越して将来の期間に使用することができるもの）の類型に属するものについては，引当金として計上することが求められています（FRS 19）。具体的には，従業員ごとの平均日給に期末日現在における有給休暇残日数および消化率を乗じ，引当金計上額を求めます。計算単位については，個人別ではなく従業員をグルーピングして計算することも考えられます。

これに対し日本では，有給休暇引当金の計上を求める基準はありません。

2　貸倒引当金

日本では，減損の客観的な証拠がない債権（一般債権）に対して，過去の貸倒実績率等に基づき貸倒引当金を計上します。また，減損の客観的な証拠がある債権の貸倒引当金の計上にあたっては，見積将来キャッシュ・フローに基づく方法だけでなく，債務者の財政状態および経営成績を考慮して算定する方法（財務内容評価法）も用いることができます。

シンガポールでは，2018年1月1日以降開始事業年度からFRS 109が適用され，従来の発生損失モデルに代わり，予想信用損失（Expected Credit Loss：ECL）モデルが採用されています。従来は，減損の客観的証拠が発生した後に，貸倒引当金が計上されるモデルだったものの，信用損失の認識が遅延するという懸念に対応することを目的として，フォワードルッキングなECLモデルでの貸倒引当金の計上が必要になります。

ECLモデルの採用に伴い，日本基準と同様に減損の客観的な証拠がない債権であっても，貸倒引当金が計上されることになりましたが，日本基準のような過去の貸倒実績率に基づく引当金計上ではなく，金融資産（売掛金，貸付金等）の種類や信用リスクの有無等によってもECLモデルのアプローチに相違があり，複雑な会計基準となっていることから，監査人と十分な協議が必要な会計基準となっています。

3　リストラクチャリング引当金

シンガポールでは，リストラクチャリング費用に対する引当金について一定の要件が求められます。すなわち，経営者がリストラクチャリングに関する詳細な公式計画を有し，かつ，計画の実施を開始するかまたはリストラクチャリングに関する主要な特徴を影響を受ける人々に公表することによって関係者の妥当な期待を惹起させた場合に限り，リストラクチャリング引当金を計上することになります（FRS 37）。その背景としては，必要以上に早いタイミングでリストラクチャリング引当金を認識してしまうことを防ぐという基準の考え方があります。これに対し日本では，リストラクチャリング引当金に関する定めはなく，引当金の一般的計上基準に照らして計上されることになります。

4　退職給付引当金（Q123）

退職給付引当金については，確定給付制度に関する全ての変動はその発生時に認識されることになりました。うち，勤務費用および純利息費用（収益）は純損益に計上されます。また，再測定値はその他の包括利益に計上されます。再測定値は利益にリサイクリングされることはありません。

これに対して日本では，未認識数理計算上の差異および未認識過去勤務費用については，連結貸借対照表においてその他の包括利益累計額として計上されています。ただし，未認識項目が利益にリサイクリングされるなど，引き続きシンガポールとの会計処理の違いは残っています。また，個別財務諸表における取扱いは従前と変わっていません。

Q127　減損損失

減損損失に関して，シンガポールと日本の会計処理に違いはありますか。

Answer

シンガポールの会計基準（FRS）は，ほぼ国際会計基準（IFRS）と同じ内容になっています。このため，減損損失に関しても，国際会計基準と日本基準の差異がそのままシンガポールと日本の会計処理の違いとなっています。

1　有形固定資産

シンガポールでは，減損の兆候について具体的な数値基準がなく，「純資産の帳簿価格がその企業の株式の時価総額を超過している場合」を含むなど，より広い範囲に及んでいます。また，減損損失の認識判定にあたっては割引前将来キャッシュ・フローの総額との比較といったプロセスはありません（1段階アプローチ)。さらに，一度認識した減損損失について，戻入れを行うことがあります（FRS 36）。

これに対し日本では，減損の兆候についてより具体的な数値基準を用い，その範囲もシンガポールに比して限定されています。また，割引前将来キャッシュ・フローの総額が帳簿価額を下回る場合にのみ減損損失を認識します（2段階アプローチ）。一方で，一度認識した減損損失については戻入れを行いません。

2　ゴルフ会員権

シンガポールでは，ゴルフ会員権の減損損失について個別の定めはありません。したがって，減損損失が発生しているという客観的な証拠がある場合には，帳簿価額と見積将来キャッシュ・フローの割引現在価値の差額を，減損損失として計上することになります。

これに対して日本では，ゴルフ会員権の減損損失について個別の定めがあります。すなわち，ゴルフ会員権の価値が取得価額よりも50％以上下落している場合には，その下落額をゴルフ会員権評価損として減損処理をする必要があります。なお，会員権に時価がある場合には時価で評価しますが，時価がない場合にはゴルフ場運営会社の財政状態に応じて評価をする必要があります。そのため，この場合にはゴルフ場運営会社の貸借対照表をベースにして，基本的に1株当たりの純資産額に持株数を乗じてゴルフ会員権の実質価額を計算することになります。

3　子会社株式，関連会社株式

FRS 27において，子会社株式，関連会社株式は，期末日に取得原価，持分法（FRS 28）で評価する方法のほか，時価評価（FRS 109）を行うことも可能です。前者の方法で評価する場合には，（有形固定資産と同様に）減損の兆候を検討し，資産の帳簿価額がその回収可能価額を上回る場合に，その差額を減損損失として認識します（FRS 36）。後者の方法で評価する場合には，すでにFRS 109に基づく時価評価がされており，公正価値で表示されていることから，

FRS 36による資産の減損は適用されません。

これに対して日本では，期末日においては取得原価で評価し，時価評価を行うことは認められていません。その上で，時価のないものについて発行会社の財政状態の悪化により実質価額が著しく低下した場合に，時価のあるものについては時価が著しく下落し回復する見込みがあると認められない場合に，それぞれ減損処理を行います。

4　子会社株式，関連会社株式以外の有価証券（Q123）

シンガポールでは，2018年1月1日以降開始事業年度からFRS 109が適用されたことに伴い，資本性金融商品（子会社株式，関連会社株式以外の有価証券を含む）について，公正価値評価をしなければなりません。

シンガポールには地域統括会社（Q139）を置いている場合も多く，各国にシンガポールから出資をしている場合もよく見られます。持分比率の低い出資（すなわち，子会社株式，関連会社株式以外に該当）をする場合には，FRS 109の基準に基づき，当該株式の公正価値評価が必要になるため，出資前に確認が必要です。

株式の簿価と公正価値との事後的な変動については，株式ごとに純利益に計上する方法（FVPL）とその他の包括利益に計上する方法（FVOCI）のいずれかを選択適用することになります。FVOCIを選択した場合には，リサイクリングが認められていないことから，例えば，資本性金融商品の売却をした場合においても純利益に計上されることはなく，その他の包括利益に計上されます。また，一度FVPL，FVOCIのいずれかを選択した後は，その方針を変更することは認められませんので留意が必要です。

Q123の1(5)で記載したとおり，現行の日本基準においては，資本性金融商品の売却時の簿価と売却価額との差額をその他包括利益に計上するFVOCIの会計方針は認められていないことから，日本親会社の連結財務諸表において，当期の損益に反映されるように修正が必要になります。

Q128 総額表示と純額表示

シンガポールの会計基準（FRS）を適用すると売上高が減るかもしれないと聞きましたが，どういうことでしょうか。

Answer

FRS適用に際して，取引の代理人として判断された場合，収益の表示が総額表示から純額表示へ変更となることで，売上高が大幅に減少する可能性があります。なお，2021年4月1日より日本においても原則適用されている収益認識基準により，収益に関するFRSと日本基準は概ね一致しています。

1 概　　要

FRSでは，例えば商社が行う代理人としての取引や百貨店などにおけるいわゆる消化仕入などの販売取引について，取引の当事者（本人）として行動しているのか，あるいは代理人として取引しているのかを判断し，後者であれば純額で収益を表示する必要があります。

2 判断基準

本人として行動しているのか，あるいは代理人として取引しているのかの判断基準は，例えば以下のとおりです。

企業が特定された財またはサービスをそれが顧客に移転される前に支配している（本人である）という指標には，次のようなものがありますが，これらに限定されません。

本人である指標 FRS 115 B 37	(a) 企業が，特定された財またはサービスを提供する約束の履行に対する主たる責任を有している。これには通常，特定された財またはサービスの受入可能性に対する責任（例えば，財またはサービスが顧客の仕様を満たしていることについての主たる責任）が

	含まれる。企業が特定された財またはサービスを提供する約束の履行に対する主たる責任を有している場合，これは，特定された財またはサービスの提供に関与する他の当事者が企業に代わって行動していることを示している可能性がある。 (b) 特定された財またはサービスが顧客に移転される前，または顧客への支配の移転の後（例えば，顧客が返品の権利を有している場合）に，企業が在庫リスクを有している。例えば，企業が，顧客との契約を獲得する前に，特定された財またはサービスを獲得するかまたは獲得する約束をする場合，これは，当該財またはサービスが顧客に移転される前に，企業が当該財またはサービスの使用を指図する能力および当該財またはサービスからの残りの便益のほとんど全てを獲得する能力を有していることを示している可能性がある。 (c) 特定された財またはサービスの価格の設定において企業に裁量権がある。特定された財またはサービスに対して顧客が支払う価格を設定していることは，企業が当該財またはサービスの使用を指図し，残りの便益のほとんど全てを獲得する能力を有していることを示している可能性がある。しかし，場合によっては，代理人が価格の設定における裁量権を有していることもある。例えば，代理人が，財またはサービスが他の当事者によって顧客に提供されるように手配するというサービスから生じる追加的な収益を生み出すために，価格の設定において若干の柔軟性を有している場合がある。

FRS115で記載される３つの指標は，従来のFRS18の指標に類似しているものの，変更があり，FRS18で評価していた指標の一部（例えば，信用リスクさらされているかどうか，対価が手数料の形式によるものかどうか）は含まれていない点に留意が必要です。

Q129 合併・事業譲受の会計処理

合併・事業譲受の会計処理について教えてください。また，合併・事業譲受の会計処理について，シンガポールの会計基準（FRS）と日本の会計基準に違いがあったら教えてください。

Answer

合併・事業譲受については，基本的にFRS 103に従い会計処理を行う必要があります。なお，FRS 103の概要は以下のとおりです。ただし，FRS 103は，ジョイント・ベンチャーの設立および共通支配下の企業または事業の結合などには適用されないため留意が必要です。

また，合併・事業譲受等の企業結合の会計処理については，IFRSと日本基準とのコンバージェンスの進捗により，IFRSに近似するFRSと日本基準の差異もかなり小さくなってきています。ただし，のれんの償却・非償却といった重要な差異や，その他細かい差異まで含めると論点はまだまだ残っておりますので，実際に合併・事業譲受等の企業結合の会計処理を行う際には，慎重な検討と判断が必要になります。

1　FRS103の概要

FRS 103の適用対象となる全ての企業結合は取得法により会計処理しなければなりません。したがって，持分プーリング法は認められません。

取得法による会計処理の流れは以下のとおりです。

(1)　取得企業の識別

FRS 27「連結財務諸表および個別財務諸表」の「支配」の判断基準を基礎とし，それでも明確に取得企業を識別できない場合は，FRS 103に規定されている考慮すべき要件を総合的に勘案して，取得企業を決定します。

(2)　取得日の決定

取得企業が被取得企業に対する支配を実質的に獲得した日を取得日とします。

(3)　被取得企業における識別可能取得資産および引受負債および被取得企業に対する非支配持分の認識および測定

取得企業は，一部の項目を除き，識別した全ての取得資産および引受負債を取得日現在の公正価値で測定しなければなりません。

被取得企業に対する非支配持分の測定方法として，①取得日の非支配持分の公正価値で測定する方法および②被取得企業の識別可能純資産の公正価値に対する非支配持分割合で測定する方法の２つが規定されています。当該選択は企業結合ごとに行います。

⑷ のれんもしくは廉価取得（Bargain purchase）による利得の認識および測定

上記⑶①および②に記載の非支配持分の測定方法の選択により，前者は全部のれん，後者は購入のれん部分が，取得原価と取得純資産額等の差額で認識されます。当初認識後，のれんの償却計算は行わず，毎期減損テストの対象となります。

廉価取得の場合は，測定計算の見直し後，超過額を直ちに利得として認識します。

2 シンガポールと日本の会計基準の重要な相違

シンガポールと日本の会計基準には以下の点で重要な相違があります。

項目	FRS	日本基準
企業結合の定義	取得企業が１つまたは複数の事業に対する支配を獲得する取引またはその他の事象	ある企業（会社および会社に準ずる事業体をいい，会社，組合その他これらに準ずる事業体を指す。以下同じ）またはある企業を構成する事業と他の企業または他の企業を構成する事業とがひとつの報告単位に統合されること。
条件付（取得）対価とその事後的な変動に伴うのれんの修正	経済的便益の流出可能性に係わらず，条件付対価を移転した対価に含め，取得日現在の公正価値で必ず認識する。条件付対価の公正価値の事後的な変動があっても，取得日にすでに存在した事実と状況に関する情報を測定期間中に得た場合を除き，のれんを修正しない。	条件付取得対価として交付または引渡しが確実となり，その時価が合理的に決定可能となった時点で対価として認識し，のれんを修正する。修正は暫定的な会計処理の期間内（企業結合日から１年以内）に限られない。

企業結合で取得した無形資産の取扱い	識別可能な無形資産は，のれんとは区別して認識する。なお，企業結合で取得される無形資産については，常に信頼性をもって測定できるものとみなされる。	法律上の権利など分離譲渡可能な無形資産はのれんとは分離して認識する。
のれんの当初認識と非支配持分（少数株主持分）の測定方法	企業結合ごとに，以下のいずれかを選択できる。 1）非支配持分も含めた取得企業全体を公正価値で測定し，のれんは非支配持分に帰属する部分も含めて認識する方法（全部のれんアプローチ）。 2）非支配持分は，取得企業の識別可能純資産の公正価値に対する比例持分相当額として測定し，のれんは取得企業の持分相当額についてのみ認識する方法（購入のれんアプローチ）。	のれんとは，被取得企業または取得した事業の取得原価が，取得した資産および引き受けた負債に配分された純額を超過する額として算定される（購入のれんアプローチのみ）。 全面時価評価法により，子会社の資産および負債の全てを支配獲得日の時価により評価する。 ＊　IFRSで選択できるような，少数株主持分自体を支配獲得日の時価で評価する処理は認められていない。
のれんの取扱い	規則的な償却は行わないが，減損の兆候がなくても毎期１回，減損の兆候がある場合には追加で，減損テストを行う。	20年以内のその効果の及ぶ期間にわたって，定額法その他合理的な方法により償却する。ただし，のれんの金額に重要性が乏しい場合には，当該のれんが生じた事業年度の費用として処理することができる。 のれんに減損の兆候がある場合には，減損損失を認識するかどうかを判定する。

3　共通支配下の企業または事業の結合等の会計処理

現状FRSでは，共通支配下の企業または事業の結合等の会計処理について，詳細を規定していませんが，会計慣行等を斟酌すると，持分プーリング法または取得法のいずれかを選択し，継続的に適用すべきであると考えられます。ただし，FRSでは，純資産が公正価値評価に評価替えされる状況は限定されており，内部創出のれんの認識も制限されていることから，取得法を選択する際には，共通支配下の取引に実態があるか慎重に検討した上で，適用することが求められます。

Q130 連結財務諸表作成の要否

当社（日系企業のシンガポール子会社）は販売会社ですが，マレーシア，インドネシア，タイにそれぞれ製造会社を有しています。シンガポールの法律上，連結財務諸表を作成する必要がありますか。

Answer

日本では，連結決算制度は，上場会社等，金融商品取引法で求められる場合（連結財務諸表）もしくは会社法上の大会社（連結計算書類）のみに適用されます。

これに対してシンガポールでは，原則として，子会社または関連会社を有する会社は連結財務諸表を作成しなければなりません（FRS 1）。

ただし，一定の要件を満たす場合には，連結財務諸表の作成が免除されます。

1　連結対象会社

以下のような会社は連結対象となります。

(1)　親会社が議決権の過半数を直接または間接に所有する会社

(2)　議決権の過半数を所有していない場合でも，親会社が支配する全ての会社

①　他の投資企業との協定によって，議決権の過半数を支配する力を有する場合

②　契約により企業の財務方針および営業方針を左右し得る力を有する場合

③　取締役会または同等機関の構成員の過半数を選任または解任する力を

有する場合

④　取締役会または同等の経営機関の会議において過半数の投票権を有する場合

2　連結除外対象会社

以下のような場合は，連結対象から除外されます。

(1)　子会社の所有が一時的であると認められる場合

(2)　親会社への資金送金が著しく阻害される厳しい長期の制限下で子会社が経営されている場合

3　例外規定

会社が他の会社の子会社である場合，以下の4つの要件を満たすときには連結財務諸表の作成が免除されます。

(1)　会社が他の会社（日本の親会社）の100％子会社である場合，もしくは，100％子会社ではない場合で，全ての少数株主（議決権を持たない株主を含む）が，連結財務諸表を作成しないことに対して反対しないこと

(2)　会社の債務・資本証券が公的市場（証券取引所，店頭市場，ローカル市場，地域市場などを含む）において取引されていないこと

(3)　会社が，公的市場で証券を発行するために，財務諸表を証券取引委員会もしくは規制機関に登録していない，またはしようとしていないこと

(4)　最上位の親会社またはいずれかの中間親会社（日本の親会社）が連結財務諸表を作成し，それが一般に入手可能であること

4　結　　論

原則として，貴社はマレーシア，インドネシア，タイの各会社を連結する必要がありますが，貴社自体も子会社であるため，上記**3**の例外規定が適用される余地があります。

すなわち，上記**3**の(1)から(4)を全て満たす場合，連結財務諸表の作成が免除

されます。

特に(4)について，現在のところ，日本で連結財務諸表が一般に入手可能であるのは上場会社等のみであるため，日本の親会社が上場会社等であることが条件であると考えられます。

Q131 持分法の適用

当社（シンガポール会社）はインドネシアに現地資本と合弁で製造会社を設立しました。取締役は合計６人で現地サイドが４人，当社が２人となっています。資本比率はインドネシア側75%，当方25%です。

当該会社の投資の会計処理はどのようにすべきでしょうか。

Answer

関連会社に対する投資は持分法により評価する必要があります。持分法は投資を最初に原価で記録し，以後被投資企業の投資勘定を純資産のうち当該投資先企業に属する部分の取得後の変動に応じて修正する方法です。被投資企業の経営成績のうち投資企業に属する部分は，（連結）包括利益計算書に計上されます。

1 関連会社

以下の場合は，関連会社に該当します。

(1) 投資企業が直接または間接に議決権割合の20%以上を保有している場合

(2) 議決権割合の20%未満でも，次の１つまたはそれ以上の事実があるため，投資先に重要な影響を与えることができる場合

① 投資先の取締役会または同等の経営機関への参加

② 方針決定プロセスへの参加

③　企業と投資先との間の重要な取引

④　経営陣の人事交流

⑤　重要な技術情報の提供

ただし，議決権割合の20％以上を保有していても，重要な影響を与えていないと判断される場合には関連会社とはなりません。

2　連結財務諸表を作成していない会社の場合

連結子会社がないため，連結財務諸表を作成していない会社においても，持分法は適用しなければなりません。ただし，一定の要件を満たす場合には，持分法の適用が免除されます。

なお，免除条件はQ130の例外規定の要件と同様です。

3　結　　論

貴社の場合には，持株比率が25％で，取締役２名を派遣しているため，重要な影響を与えていると考えられます。したがって，(連結)財務諸表上は，2の例外規定が適用できる場合を除き，当該関連会社の投資勘定を持分法で評価する必要があります。

Q132　連結子会社としての対応

当社は日本の親会社100％出資の子会社です。来期より日本の親会社の連結子会社に該当することとなった旨，親会社の経理部より通知を受けました。どのような対応をとればよいのでしょうか。

Answer

日本の連結決算制度を十分に理解した上で，連結子会社としての対応を行う必要があります。

1　日本の連結決算制度

日本の連結決算制度は以下のようになっています。

⑴　連結財務諸表を作成しなければならない会社

連結決算書には，金融商品取引法上の連結財務諸表と，会社法上の連結計算書類があります。

金融商品取引法で定められる連結財務諸表は，有価証券報告書の一部として提出されるものです。上場会社等は有価証券報告書を作成する必要があります。

また，会社法で定められる連結計算書類は，会社法上の大会社（資本金５億円以上または負債200億円以上の会社）が作成する必要があります。ただし，当面の間，有価証券報告書提出会社に限定されています。

⑵　連結決算の対象となる子会社の範囲

原則として全ての子会社を連結の範囲に含めなければなりません。子会社の範囲は以下のとおりです。

①　他の会社の議決権の過半数を自己の計算において所有している会社

②　他の会社の議決権の100分の40以上100分の50以下を自己の計算において所有している会社であって，かつ，次のいずれかの要件に該当する会社

a　自己の計算において所有している議決権と緊密な関係がある者および同意している者が所有している議決権とを合わせて，他の会社の議決権の過半数を占めていること

b　役員または使用人である者またはこれらであった者が，当該他の会社等の取締役会等の構成員の過半数を占めていること

c　他の会社の重要な財務および営業または事業の方針決定を支配する契約等が存在すること

d　他の会社の資金調達額の総額の過半について融資等を行っていること

e　その他会社の意思決定機関を支配していることが推測される事実が存在すること

③　他の会社の議決権の100分の40未満しか自己の計算において所有していない会社であっても，自己の計算において所有している議決権と緊密な関係がある者および同意している者が所有している議決権と合わせて，他の会社の議決権の過半数を占めており，かつ②のｂからｅまでのいずれかの要件に該当する会社

⑶　有価証券報告書における財務諸表

有価証券報告書における財務諸表の体系は次のようになります。

①　連結財務諸表

・連結貸借対照表

・連結損益計算書および連結包括利益計算書

・連結株主資本等変動計算書

・連結キャッシュ・フロー計算書

・セグメント情報等

②　個別財務諸表

・貸借対照表

・損益計算書

・株主資本等変動計算書

⑷　会計処理基準の統一

連結財務諸表原則において，「同一環境下で行われた同一の性質の取引等について，親会社および子会社が採用する会計処理の原則および手続は，原則として統一しなければならない」としながらも，従来，シンガポール子会社のような在外子会社については，実質的に会計処理基準の統一は図られていませんでした。

しかし，企業会計基準委員会（ASBJ）による実務対応報告第18号「連結財務諸表作成における在外子会社の会計処理に関する当面の取扱い」により，在外子会社の会計処理基準についても，2008年４月１日以降に開始する連結会計年度より，原則として親会社と統一しなければならなくなりました。

したがって，シンガポール子会社としても，今後，必要に応じてシンガポー

ル会計基準と日本会計基準の差異（Q123）や影響額等について，日本の親会社から報告を求められることになります。

⑸　四半期報告書における財務諸表

四半期においても四半期連結財務諸表（株主資本等変動計算書を除く）を作成することになります。

2　連結子会社となった場合の対応

⑴　子会社として準備すべき書類

連結財務諸表は支配従属関係にある会社群を，経済的には単一の組織体とみなして，構成各社の財務諸表をもとに，それらを「連結」して作成した報告書です。

したがって，各子会社における個別財務諸表がそのまま連結財務諸表の材料となります。

通常は，親会社所定の連結パッケージ（財務諸表や連結会社間取引など，連結財務諸表作成に必要な情報のフォーマット）が連結対象子会社全てに送付され，シンガポール子会社がこれに記入して日本の親会社に送付することになります。

⑵　連結パッケージの作成スケジュール

上場会社である親会社が３月決算であった場合，連結業績の決算発表は５月中旬に行われることが多く，連結の作業を考えますと，遅くとも４月下旬には子会社の連結パッケージを親会社に提出する必要があります。

特にシンガポール子会社が３月決算である場合，決算日程は非常に厳しいものとなります。

一連の作業をスムーズに実施するために，社内での具体的な作業日程・手順の事前確認，および，決算日程と監査日程の事前調整を会計監査人との間で行っておく必要があります。

Q133 会計帳簿・証憑類の保存期間

シンガポールに子会社を設立して３年が経過しました。会計帳簿や領収書，請求書などがかなりの分量になっています。これを廃棄処分したいと思いますが，シンガポールでは会計帳簿等の保存期間は何年でしょうか。

Answer

会計帳簿等の保存期間についてはシンガポールの会社法と法人税法で定められています。

1　会社法上の規制（会社法199条）

会社法199条１項は損益計算書，貸借対照表，その添付書類が作成できるような会計記録などを保有し，適正な監査が実施できるような体制を整える必要がある旨，定めています。会社法199条２項はその記録をその取引終了後，５年間保存する旨定めています。

2　税務上の規制（法人税法67条）

法人税法67条１項によると，会計帳簿や証憑類は，課税年度の経過後５年間保存しなければなりません。

3　結　　論

会社法，法人税法ともに５年間の保存期間を定めています。

Q134 監査の要否

当社はシンガポールに子会社を設立しました。日本と違い全ての会社に公認会計士の会計監査が強制されているという話を聞きますが，本当でしょうか。

Answer

日本で公認会計士の監査が必要な会社というのは，上場会社や会社法上の大会社（資本金５億円以上または負債総額200億円以上の会社）など，一定の会社に限られています。

シンガポールでは会社法207条の規定に基づき，公認会計士を会計監査人として選任して，毎年１回監査を受けなければなりません。すなわち全ての株式会社は公認会計士という外部会計監査人の監査が義務づけられています。外国会社の支店も同様に公認会計士の監査が強制されています。

監査の免除要件は，Q122で記載したSFRS（SE）を採用できる要件と同じで，２会計期間連続で，以下の３つの要件のうち２つを満たす必要があります。

・年間売上高がS$ 10百万以下であること

・決算日時点において総資産額がS$ 10百万以下であること

・決算日時点において従業員が50人以下であること

なお，企業が連結財務諸表を作成する義務がある場合には，年間売上高，総資産額，従業員数については，連結ベースのもので判断する必要があります。

日系企業の子会社の場合は，親会社が法人株主に当たりますので，原則的には全ての会社が監査を受ける必要があることにご留意ください。

Q135 監査修正（オーディット・アジャストメント）

当社は決算を控えて日本の親会社に損益予想を報告しました。社内で作成した監査前の決算書ではS$100,000くらいの利益が計上できる見込みです。

会計監査後の正式の決算書が，この損益予想と著しく異なると，親会社への説明が大変ですので，何かよい方法があれば教えてください。

Answer

シンガポールではACRA（Q４）に正式に登録する法定決算書は，会計監査人の監査済みのものでなければなりません。そのため会社の作成した決算書の数字に重要な誤りが発見されると，決算書を修正することになります。

貴社の決算書は未監査のものですので，監査修正（オーディット・アジャストメント）が入る可能性があります。監査の指摘による決算書の修正を未然に回避するために，監査修正が生じやすい項目を事前に会計監査人と協議しておくことが大切です。

1　棚卸資産・売掛金等の資産の評価

決算日現在，長期滞留している棚卸資産・売掛金，回収可能性に疑義のある資産，市場価額の著しく下落している棚卸資産，ゴルフ会員権等の資産の評価について評価損の計上の要否を検討する必要があります。

2　固定資産の減損

特に製造業の場合，営業赤字等，減損の兆候が現れているときには，固定資産の減損テストを行い，必要に応じて減損損失を計上しなければなりません。

3　経費の未払額

決算日以前に使用した交際費の請求書が決算日以降に到着した場合，その費用を当期の決算で未払金に計上する必要があります。決算日前の取引で請求書が未着のものがないかどうかに注意する必要があります。

4　法人税の未払計上額

課税所得がある場合には翌期に法人税の支払いが発生します。適正な税金に関する引当がとられているか検討する必要があります。また，税効果会計も考慮する必要があります。

5　為替差損益

外貨建債権債務を保有している場合，期末日のレートを利用して換算しているか検討する必要があります。外貨建取引に関して誤ったレートを利用している場合には，監査修正が入る可能性があります。

6　監 査 報 酬

監査報酬は当期の事業年度分を当期に計上することが原則です。当期に係る部分を見積計上してあるか再確認する必要があります。

Q136　J-SOX

日本の親会社から，今年から当社（シンガポール子会社）がJ-SOX監査の対象になった旨の連絡がありました。J-SOXとは何でしょうか。また，何を準備すればよいのでしょうか。

Answer

J-SOXとは，日本の金融商品取引法で定められる，財務報告に係る内部統制の評価および監査制度の通称です。先に米国で導入されたSOX法（サーベインスアンドオックスレー法）の日本版という意味でJ-SOXまたは日本版SOXともよばれます。J-SOXは日本の上場会社全てが対象となっています。

この制度は，経営者による会社の内部統制の有効性の評価と，それに対する独立監査人の監査から構成されており，結果をそれぞれ「内部統制報告書」「内部統制監査報告書」という形で有価証券報告書の中で開示することが義務づけられています。ここでいう内部統制とは，財務諸表等の虚偽記載（意図的な粉飾決算やエラーによるものを含む）を未然に防止する社内の管理体制であると考えて差し支えありません。

1　内部統制の文書化

経営者による評価と監査人による監査が行われるためには，内部統制の文書化が必要です。J-SOXでは文書の体系が定められており，必要に応じて各グループ会社がそれぞれ作成することになります。

J-SOX文書は大きく「全社的な内部統制（Company Level Control）」と「業務プロセスに係る内部統制（Process Level Control）」に二分されます。

全社的な内部統制とは，連結ベースでの財務報告全体に重要な影響を及ぼす内部統制をいい，例えば経営理念や倫理規程，組織構成，リスク評価プロセス，コンプライアンス態勢，内部監査体制などが挙げられます。業務プロセスに係る内部統制とは，販売業務，仕入業務などの企業の業務プロセスに組み込まれ一体となって遂行される内部統制をいいます。全社的な内部統制は内部統制の評価刻目をチェックリストの形で文書化することが通常です。業務プロセスに係る内部統制は，リスクと統制の対応（Risk Control Matrix：RCM），業務記述書（Narratives），業務の流れ図（Flow Chart）など相互にリンクした複数の文書から構成されており，比較的複雑で作成には多大な時間とコストがかかります。

2　シンガポール子会社の重要性

J-SOX制度における「評価」および「監査」結果は企業グループ全体として

報告されるため，当然，シンガポール子会社も例外ではありません。

しかし，仮にシンガポール子会社の内部統制を全く無視しても，企業グループ全体としての内部統制の有効性に対して評価を下し，監査意見を表明できるのであれば，シンガポール子会社において文書化等のJ-SOX対応は必要ないことになります。

シンガポール子会社がどの程度まで，J-SOX対応を求められるのかは，シンガポール子会社の企業グループ全体に対する影響度の大きさ（重要性）によって決まります。

3　シンガポール子会社のJ-SOX対応

シンガポール子会社側としては，企業グループ内におけるシンガポール子会社の重要性が低い順に

① J-SOX文書化の必要なし

② 全社的な内部統制（および決算財務諸表に係る業務プロセスのうち，全社的な観点で評価することが適切と考えられるもの）のみ文書化

③ 全社的な内部統制および業務プロセスに係る内部統制を文書化

というように対応が分かれます。これについては日本の親会社（経営者および監査人）の決定に従うほかありません。

業務プロセスに係る内部統制については，全ての業務プロセスが対象となるのではなく，親会社が指定した特定のプロセスのみが対象となります。一般的には，売上，売掛金，棚卸資産に関連するプロセスが対象となります。

実際の文書化にあたっては，全社的な内部統制，業務プロセスに係る内部統制ともに，親会社が定めたテンプレートと作成要領に従って作成することになります。

4　経営者による評価と監査人による監査

親会社の経営者は，内部統制の有効性の評価にあたって，財務報告に対する金額的および質的重要性を考慮し，評価の範囲を決定します。

シンガポール子会社が当該評価の範囲に含まれる場合には，J-SOX文書の作成を行い，文書をもとに親会社の経営者による評価と監査人による監査が行われます。経営者による評価は，シンガポール子会社が行う場合，もしくは親会社または他のグループ会社から派遣された担当者が行う場合があります。また，監査人による監査は，親会社の監査人が行う場合と，シンガポール子会社の監査人が親会社監査人の依頼を受けて行う場合があります。

Q137 IFRS対応

日本で上場している親会社から，３年後からIFRSを任意適用する旨の連絡がありました。シンガポールの会計基準は，IFRSとほぼ同じ内容かと思いますが，子会社として何か準備をしなければならないのでしょうか。

Answer

会計基準そのものについては，シンガポール会計基準（FRS）と国際会計基準（IFRS）は，ほぼ同じ内容のものです。ただし，会計基準に差異はなくとも，採用した方針に差異がある場合，子会社が親会社の方針に合わせなければならない可能性があります。

1 会計方針

これまで親会社が適用してきた日本基準であっても，今後適用予定のIFRSであっても，同様の状況における類似の取引およびその他の事象については，原則として統一の会計方針を用いて連結財務諸表を作成することが求められています。しかし，日本基準では海外子会社がIFRSで作成した財務数値をそのまま連結財務諸表に取り込むことが容認されているのに対し，IFRSを適用した場合には，統一した会計方針の策定とその適用をより厳格に求められる点で差があります。

具体的には，今後親会社が連結グループ全体に採用する会計方針を「Group Accounting Policy」として定め，かつ，それが子会社の採用している会計方針と異なる場合（例えば有形固定資産の減価償却方法など），場合によっては子会社が採用してきた会計方針から親会社が採用する会計方針に変更しなければならないことも想定されます。

したがって，子会社としては，今後のIFRS適用方針について，親会社と十分なコミュニケーションをとることが重要になるものと考えられます。

2 決 算 日

これまで親会社が適用してきた日本基準では，実務上の配慮から，親会社と子会社の連結決算日が３ヶ月を超えない範囲にある場合には，子会社の正規の決算を基礎として財務諸表を連結することができます。

一方で，IFRSでは，連結財務諸表の作成に用いる親会社およびその子会社の財務諸表は同一の日現在で作成しなければならないとされています。さらに，親会社の報告期間の末日が子会社と異なる場合には，子会社は，実務上不可能な場合を除いて，連結のために，親会社の財務諸表と同一の日現在で追加的な財務諸表を作成することとされています。

そのため，親会社がIFRSを適用する際には，親子会社の決算日の統一が大きな課題となります。決算日の統一にあたっては，子会社において決算期を変更する方法（例えば12月決算の子会社が３月決算の親会社に合わせるなど）（Q138）のほか，追加的な財務諸表を作成する方法（いわゆる仮決算）などが考えられますが，いずれの場合であっても現状の決算業務スケジュールを大幅に変更しなければならない可能性もあり，適切なプロジェクトマネジメントが必要となります。

したがって，子会社としては，今後の決算日統一の進め方について，親会社と十分なコミュニケーションをとることが重要になるものと考えられます。なお，その一環として，グループの監査人統一が有効となるケースも考えられます。

Q138　決算期変更

当社はこれまで12月31日を決算日としていましたが，日本で上場している親会社から決算日を３月31日に変更するようにとの指示がありました。親会社は３年後からIFRSを任意適用する予定で，そのために親会社と決算期を統一しなければならないとのことです。決算期を変更するためには，どのような手続をする必要があるのでしょうか。

Answer

シンガポールでは，会社は決算日を自由に選択することができます（Q13）。決算日を変更することも可能ですが，以下の所定の手続を行う必要があります。

1　ACRA（Q４）への通知

会社の取締役またはカンパニーセクレタリもしくは会社より委託を受けた専門家が，Bizfileというウェブサイトより決算期変更を通知します。通知にあたっての手数料は必要ありません。

なお，この通知はACRAへの決算書の提出期限の延長申請あるいは定時株主総会の前に行う必要があります。決算期変更後の株主総会（AGM）の開催は変更した決算日から６ヶ月以内となります。

2　IRAS（税務当局）への通知

IRASのウェブサイトにあるmy Tax Protalから決算日変更の申請が可能です。

第9章

事業展開・統括会社の設置に関するQ&A

● Point ●

近年では，日本企業のアジア地域への事業進出や，同地域でのさらなる事業展開が加速しています。アジア地域における事業規模が大きくなるにつれ，域内の事業を現地にて運営・管理する際の拠点として地域統括会社を設立し，これを活用した地域経営に移行する企業が増加しています。

シンガポールは，周辺国からのアクセスの容易さや高度なビジネスインフラが整備されていることに加え，低い法人税率や地域統括会社に対する優遇税制が充実している点から，地域統括会社を設立する際の候補地として高い注目を集めてます。

この章では，シンガポールに地域統括会社の設置を検討する際に考慮するべき事項をまとめました。また，シンガポールの拠点を中心として，アジア地域においてさらに事業を拡大する際に論点となる，企業買収（M&A）や業務効率化，内部監査などのテーマを取り上げています。

Q139 地域統括会社

最近シンガポールにアジア地域の統括会社を設置する動きが活発ですが，地域統括会社（Regional Headquarter）とはどんな会社で，どんな機能を持つ会社でしょうか。

Answer

地域統括会社とは，アジア，欧州など域内の国々の現地法人，関係会社などのグループ会社に対し，地域に共通する事業環境を基に，統一的・総合的に経営管理するために設置した組織をいいます。

成長市場であるアジアの機会を取り込み，自社の成長に活かしたいとする企業がアジア地域への直接投資を増やしています。シンガポールが加盟するアセアン諸国の経済成長率は高く，成熟市場である日本などの先進国の成長を大きく上回っています。

日本企業のアジアへの投資は自動車，電機産業を中心に，1980年代から継続的に行われてきましたが，これまでの生産拠点としてのアジアから消費市場としてのアジアの魅力が高まるにつれて，アジア各国への投資も増加，域内拠点（現地法人，関係会社）の事業規模が大きくなり重要性も高まっています。このようなアジア地域の事業拡大が進むにつれて，域内の各社が個別に経営する体制から，地域統括会社を活用した地域経営に移行する企業が増えています。

アジア地域統括会社を設置する狙いは，

・日本本社から地域統括会社に権限を付与することで，現地に近い場所で意思決定，指示，経営管理を行い，域内のグループ全体で効率的かつ戦略的な運営が図れること

・域内の生産や営業拠点の強化・拡充など域内再投資に関し，迅速な意思決定を任せられること

・グループ各社に重複している機能を地域統括会社に集約することで，生産会社は製造，販売会社は営業に専念できること

などが挙げられます。

【地域統括会社を活用した地域経営】

【日本本社直接管理による各国・各社経営】　　【地域統括会社管理による地域経営】

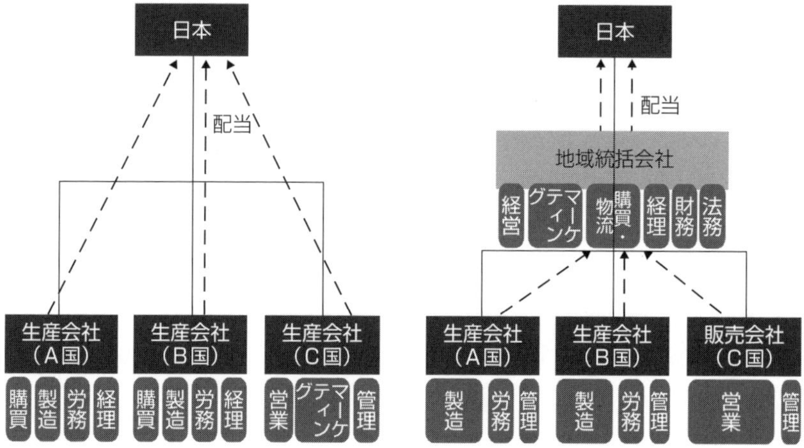

上記の狙いから，地域統括会社は，域内グループ各社に対する経営管理機能（予算策定，モニタリングなど）を有します。シンガポールに設置されている地域統括会社は，他に域内の「財務・為替」「人事・労務」「販売・マーケティング」を統括する機能を有している会社が多くなっています。

最近では，シンガポールの金融市場としての地位向上に伴い，M＆Aや新規事業などの日本本社の経営企画機能の一部をシンガポールの統括会社に移管する企業も出てきています。

Q140 シンガポールに地域統括会社を置くメリット

アジア地域の統括会社をシンガポールに設置する日本企業が多いと聞きますが，どんなメリットがあるのでしょうか。

Answer

日本企業におけるアジア地域の経営戦略上の重要性が高まるにつれ，これを強化するために，地域統括拠点をシンガポールに設置する動きが進んでいます。

ジェトロの2020年度調査によれば，回答したシンガポール進出企業の約５割が地域の統括機能を既に有しているとの結果が出ています。

また，提供している地域統括機能にも変化があります。「経営企画」，「コンプライアンス・内部監査」，「人事・労務管理・人材育成」といった機能を有する企業が増加，また，日本本社の副社長以上もしくは取締役が地域統括拠点代表者を務める割合が増加するなど，グループの事業戦略・コーポレート機能の重要な役割を担う企業が増えています。

「地域統括会社をどこに設置するか？」を考える際の一般的な選定基準は以下になります。

【地域統括会社の設置国の選定基準】

選　定　基　準	
１．法規制	５．政治状況・治安の良さ
２．税制（現地・域内・日本）	６．人材獲得・ビザ
３．経済（財務・コスト）	７．周辺国からのアクセス
４．インフラ	８．住環境

シンガポールは，「安定」「アクセス」「税制優遇」などの面で他国より強い魅力を有していると言われます。

「政治状況の安定・治安の良さ」は，継続的にシンガポールからアジア地域を統括し域内再投資をするために不可欠です。また，地域統括会社は域内グループ各社への出張，あるいは日本からの出張も多くなるため，直行便が頻繁にあるなどの「周辺国からのアクセスが容易」は設置後の運営面において重要な要件になります。

さらには，「物流，通信，電力などインフラが周辺国より優れている」，英語が公用語で「地域統括業務に必要な人材の確保ができる」も大きな要素になります。他に，日本本社あるいは域内のグループ会社から地域統括会社へ従業員を派遣するため，住環境も重要な要素です。“住みたい海外都市”で上位に入るシンガポールはこの点でも魅力的になっています。

以上の魅力は，低い法人税率，域内事業活動を行う上での税務インセンティブ・利点とともに，企業がシンガポールを地域統括会社の設置国に選ぶメリットになっています。

一方，「経済コスト」の面で，オフィスや物流拠点の賃料，現地人材の人件費上昇が懸念されています。さらには日本企業だけでなくグローバル企業がアジア地域の統括拠点をシンガポールに移しており，優秀な人材の獲得合戦の様相も呈しており，メリットゆえの懸念要素も出てきています。

Q141 他国に統括会社を置く場合との違い

シンガポールの他にも，タイ，マレーシアや香港に地域統括会社を設置する例も聞きます。これらの国や都市と比較すると，それぞれどんな特色があるのでしょうか。

Answer

シンガポール以外にも，タイ，マレーシア，香港などの代表的な国において，「低い税率は配当の非課税」，「金融や物流のハブ」，「豊富な人材」，「企業の経済活動の自由度」を魅力に地域統括拠点の誘致政策を積極的に行っており，日系企業が地域統括会社を設置するという動きが見られます。

タイでは，国際ビジネスセンター（International Business Center：IBC）制度を導入し，タイ投資委員会（Thailand Board of Investment：BOI）が認定した企業に対して，法人税やその他税金の減免，株式保有，ビザ取得，国外送金に関する優遇など，投資・税制上のインセンティブを設けています。

マレーシアでは，プリンシパル・ハブ・インセンティブ制度（Principal Hub Incentive）を導入し，認定企業はランクに応じて法人税の減免が受けられます。また，研究開発（R&D）活動に係る税制優遇として，グループ企業もしくはグループ外部の企業にR&Dサービスを提供するマレーシア法人に対して，法人税の減免または資本的支出に対する投資控除を認めています。

香港では，コーポレート・トレジャリー・センター（Corporate Treasury Centre：CTC）制度によりグループ会社内の財務統括機能を有する企業に対し法人税の減免等の税制優遇を設けるとともに，R&D活動に係る税制優遇を設けています。

タイは，1980年代より製造拠点として継続的に投資を行ってきた自動車，電機業界では，工場などの生産機能の集積を背景に製造や研究開発の統括機能を柱に，タイに地域統括会社を設置し，優遇税制の恩恵を享受している企業も多くなっています。

一方で，43業種で外国企業（外国資本50％以上）の参入を規制するなど，外資規制と為替に対する規制が他国に比べて厳しく，企業によっては事業活動に制約になる可能性があります。

物流，輸送，通信等のインフラが整い，電気・電子産業などの集積があるマレーシアにおいても，地域統括拠点の設置がみられる様になってきています。アセアンの中でもシンガポール，フィリピンに次いで英語が広く通用する国であり，シンガポールに比べて「低いコストで英語人材が雇える」点，オフィス賃料など「物価・コストの安さ」が魅力の一つです。

香港は，大市場中国とアセアンを結ぶゲートウェイとしての地位的優位性を有しており，金融，物流の「高度なインフラの充実」，中国との「地理的な近接さ」

【各国の地域統括会社に対する優遇政策の比較】

	シンガポール	タ　イ	マレーシア	香　港
法人税率	17%＊[1]	20%＊[2]	24%＊[3]	16.5%＊[4]
国外からの受取配当	一定要件充足の場合免税	一定要件充足の場合免税＊[5]	非課税	非課税
日本に対する配当源泉税率	0％	10%＊[6]	0％	0％
株式譲渡益に関する課税関係	非課税	課税＊[7]	不動産取引以外は非課税	非課税

＊1　Development & Expansion Incentive，Finance and Treasury Centre Incentive等の適用により，軽減税率（10%またはそれ以下）の可能性あり。

＊2　International Business Centerの適用により，軽減税率（8％またはそれ以下）の可能性あり。

＊3　Principal Hub Incentiveの適用により，軽減税率（10%またはそれ以下）の可能性あり。

＊4　Corporate Treasury Centreの適用により，軽減税率（8.25%）の可能性あり

＊5　配当する国外法人の議決権を25%以上，6ヶ月以上保有しており，かつ，配当する法人が所在する国において，当該配当金の原資となる利益に対して，15%以上の法人税が課されている場合等は免除される。

＊6　International Business Centerの適用会社は，源泉税が免除される。

＊7　株式売却益に関する特別な規定はなく，会社が得た売却益は通常の収益として取り扱われる。

や人民元での国際化に伴う為替資金取引の拡大，「シンプルな権限税率を有する税制」，「高い経済活動の自由度」が魅力として挙げられていますが，近年，中国本土における外資参入規制の緩和，市場開放の動きが進むなど，相対的に香港に優位性が低下しつつあります。

日本政府も，成長市場アジア地域への企業進出が加速する中，日本企業の競争力維持のためにアジアの日系企業に対する税制緩和を実施し，地域統括会社の設立を後押ししています。税制面についてはQ 143で詳細に解説します。

地域統括会社を誘致しようと優遇政策を進める各行の法規制･制度，商習慣，文化等にはそれぞれ特色があります。設置国や保有させる統括機能の決定は顧客との関係，統括会社を経営する人材確保，自社が域内に展開する事業戦略などから最終決定がなされます。

Q142 地域統括会社を設置するための準備

地域統括会社を設置するためには，どんな検討や準備が必要なのでしょうか。

Answer

一般に，地域統括会社の設置を検討する際には次の領域を漏れなく検討することが求められます。

【地域統括会社設立にあたって必要な検討項目例】

(1) 地域戦略	・地域の中期事業戦略 ・投資計画（国，規模） ・地域統括会社の役割・責任
(2) 組織構造	・資本関係 ・ビジネスモデル（商流・物流） ・拠点配置（ロケーション選定）
(3) 機能分担	・グローバル本社，地域統括会社，各国現法の機能分担 ・地域統括会社／各国現法内の役割・機能分担 ・日本本社・各国現法との商流の再設計
(4) ガバナンス・業績管理	・レポーティングライン －ガバナンス体制，意思決定権限，報告経路／内容 ・業績評価指標
(5) 人材マネジメント	・要員管理：域内人材の登用，異動，新規採用 ・人材管理：域内統一の人事制度確立 ・人材育成：域内階層別，機能別育成策推進
(6) 会計・税務・法規制	・地域統括会社の収支構造とコストの回収方法 （商流，配当金，経営指導料，ブランド使用料） ・関税・移転価格税制，法規制対応の検証
(7) 事業計画・シミュレーション	・財務シミュレーション（収支，貸借対照表，資金，資本金） ・設計の修正（組織構造，機能，コスト，等） ・地域統括会社の事業計画確定

検討は，次の順番で行います。

(1) まずアジア地域の今後の事業戦略，顧客との関係，投資規模等から，地域統括会社に求める役割・責任を決めます。

(2) 次に，地域統括会社と域内の現地法人・関係会社の構造（資本関係）を決めます。地域統括会社が担う役割と構造が合致していることが重要です。例えば，地域統括会社に大きな役割や責任・権限を日本本社から委譲する場合，現地法人・関係会社を地域統括会社の傘下に置く，親子関係の構造が望ましいと言えます。

(3) 続いて，地域統括会社の役割に合致した機能（新設・移管）を検討します。日本と現地法人との取引関係（商流）を，地域統括会社を活用した商流に変更する場合は再設計を行います。

(4) 検討された構造と機能を基に，地域統括会社の域内グループ会社へのガバナンス（レポーティングライン，権限，報告内容など），および責任・権限に合致した業績評価指標を検討します。

(5) 次に，機能と権限が遂行できる要員の人材要件（能力，経験，人数）を定義し，配置の計画を行います。役割・責任の大きな地域統括会社の場合は，域内の異動を可能にする人事制度，人材育成についても検討します。

(6) 機能，商流，人事など検討された主要素から地域統括会社の運営コストを計算し，コストを賄う費用回収策の検討，傘下に配置される域内グループ会社の資産の評価，傘下に置くグループ会社からの配当方針などを検討します。

また，ここまでの検討を踏まえ，検討した地域統括会社は，設置国の法規制・投資恩典，税制（関税や移転価格），ビザ等の労務に対して適切であるか，検証します。複数の要素から検討して地域統括会社を検討するため，優遇政策や移転価格上，必ずしも適切でない設計になっていることも多く，再検証が必要になります。

(7) 最後に，財務（収支・貸借対照表・資金）シミュレーションを行います。シミュレーション結果に基づき，機能の絞り込み，人員の削減，あるいは商流の見直しなど必要な修正を行い，赤字回避など適切な資本金額を決定，地域統括会社の事業計画を最終確定します。

上記の手順は，地域統括会社に求められる役割によって，検討の軽重が異なります。傘下にグループ会社を置かない地域統括会社で，主たる統括機能を経営管理に絞った場合は，比較的簡潔な検討で進めることも可能です。

Q143 統括会社インセンティブ

シンガポールに統括会社を設置する際に得られる税務上のメリットにはどのようなものがありますか。

Answer

シンガポールでは，同国を拠点として海外展開を目指す国内外の企業に対して，国際的な競争力を高めるためのビジネス環境が整備されています。税務面においても法人税率17%という低税率のメリットを受けられるということに加えて，持株会社や統括会社をサポートする各種税制が設けられています。

1　受取配当金に係る課税

シンガポールにおいては国外源泉所得の免税制度（Q48）があり，一定の条件のもと，海外子会社から受け取る配当金や支店の事業所得に係る入金は非課税となります。これにより，親会社への配当支払いや域内の再投資に充当する資金をより多く蓄積することができます。

2　ワンティア・システム

シンガポールより国外に配当支払いを行う場合には，シンガポール国内において源泉税はかかりません（Q64）ので，シンガポール持株会社に蓄積された配当原資をそのまま日本に送金できます。

3　キャピタル・ゲイン非課税

シンガポールでは，資本取引から生じるキャピタル・ゲインは原則として，課税所得から除外されます（Q49）。この制度により，海外直接投資を行った後に事業再編や投資回収を行う際，シンガポールで課税されることはなくなり，事業投資における機動性を高めることができます。

4　多数の租税条約

シンガポールは租税条約の締結に積極的に取り組んでおり，多くの国と租税条約，情報交換協定等を締結しています。

これにより，配当，ロイヤリティ，利息に課される源泉税には，租税条約上の軽減税率を適用することができます。財務や知的財産の統括拠点をシンガポールに設置する場合，源泉税コストを最小限に抑えることができます。

5　地域統括会社向け優遇税制

シンガポールの各省庁は，ビジネスハブ機能の強化に資するサービス部門などへの投資を奨励しており，金融財務センター（FTC・インセンティブ，グローバル・トレーダー・プログラム（GTP）等）の各種優遇税制を設けています。このタックスインセンティブを取得すると，適格活動から得られる所得に対して軽減税率が適用されます。

Q144　グローバル・トレーダー・プログラム

当社は日本の親会社から製品を購入し，シンガポールや周辺諸国に販売する販売会社です。販売会社に対する優遇税制はありますか。

Answer

貿易中心の販売活動を行う会社用の優遇税制が，グローバル・トレーダー・プログラム（Global Trader Programme：GTP）です。

監督官庁はEnterprise Singapore（シンガポール企業庁）です。

1　グローバル・トレーダー・プログラムの優遇措置

グローバル・トレーダー・プログラムのステータスを取得した会社は，一定の適格商品・製品（Qualifying Commodities and Products）の取引から得られる貿易所得について，３年間または５年間にわたり，５または10の優遇税率が適用されます。具体的な適用期間，適用税率については，当局との交渉により確定されます。

また，申請にあたり現地における従業員の採用および事業支出等の定量的な要件を充足する必要があります。

Q145　金融財務センター・インセンティブ

当社グループは，シンガポールにいわゆる金融子会社を設立し，資金の効率的な運用を図ります。金融子会社に対する優遇税制はありますか。

Answer

多国籍企業のいわゆる金融子会社向けの優遇税制として，金融財務センター・インセンティブ（Tax Incentive Scheme for Finance and Treasure Centers：FTC）があります。

この優遇措置は，多国籍企業がシンガポールの子会社をグループの金融・財務センターとして利用することの促進を目的としたものです。

監督官庁はEDB（シンガポール経済開発庁）です。

1　優遇措置の内容

申請により金融財務センター・インセンティブのステータスを取得した企業には，一定の金融・財務活動から生じた所得に対し，最長５年間にわたり８の優遇税率が適用，およびシンガポール国外への利息の支払いについて，源泉税が免除されます。また，将来の事業活動の拡大などに応じて延長が可能です。

また，申請にあたり現地における従業員の採用および事業支出等の定量的な要件，並びに現地において当該金融・財務活動に対する重要な役割を担うなどの定性的な要件をそれぞれ充足する必要があります。

Q146　サプライチェーンを活用した税効率の向上

シンガポール法人を活用して，グループ全体の税効率の向上を検討することができると聞きました。どのような内容か教えてください。

Answer

日本企業の海外への事業展開の拡大に伴い，海外における開発，購買，製造，物流，販売，マーケティング，顧客サポート等のプロセスが，グローバルまたは広範囲の地域単位で行われています。これら一定の機能および利益をシンガポールへ集約することにより，シンガポールの法人税率が他国よりも低いことを利用して，グループ全体の税効率を向上することが可能となります。また，これらの機能の集約等サプライチェーンの見直しにより，税効率の向上のみならず，事業の効率化を図ることも可能です。

サプライチェーンの見直しの代表的な方法としては，「プリンシパルストラクチャー」があります。プリンシパルとは，特定の地域ごと（例：米州，欧州，アジアごと）に，製造（原材料の調達を含む），販売やマーケティング機能を統括，管理する会社をいいます。

機能とリスクの所在の最適化を図るために，以下に記載のとおり，サプライチェーンにおいて重要な機能とリスクを低税率国にあるプリンシパルに集約させた上で，プリンシパルが効率的な運営，管理を行うことで，納期短縮や不必要な製造，販売コストの削減，さらに，グループ全体の実効税率の低減が達成されます。

1　製造機能の集約

プリンシパルは，製品製造に必要な原材料を一括調達し，これを関係会社または第三者（受託製造会社）に無償で提供し，受託製造会社には加工賃のみを支払います。プリンシパルは，原材料および製造中の在庫リスクを負い，さらに特許権や製造ノウハウ等を受託製造会社に提供します。受託製造会社ではプリンシパルの指示管理に従い製品を製造するのみで，受託製造会社の製造機能およびリスクは制限されます。

2　販売機能の集約

プリンシパルは，受託製造会社から完成品を引き取り各販売会社へ販売しますが，その際に販売に関する機能（販売ノウハウ等）をできるだけプリンシパルに集約させる一方で，プリンシパルとの契約により，各販売会社は，販売に関するリスク（在庫リスク，売掛金回収リスク等）を原則として負いません。

1，2により，プリンシパルは，サプライチェーンにおける製品の設計・開発，特許権・ブランド・ノウハウ等の重要な無形資産（Intellectual Property：IP）と高い機能を有し，大きなリスクを負担することとなります。国際税務，とりわけ移転価格税制（Q78）においては，重要な機能・リスク，無形資産を有する関係会社（プリンシパル）は，より多くの利益を認識すべきであると考えられています。したがって，プリンシパルは上記機能の集約により，利益の集約を可能としますので，プリンシパルの所在地国を日本などの高税率の国からシンガポールなどの低税率の国に移すことにより，グループ全体の税効率を向上させることができると考えられます。また，各国間における原材料の調達，販売に関わる商流の見直しを行うことにより，関税コストの効率化を図ることも可能です。

上記は一例に過ぎず，その他各社の状況に応じ，さまざまなモデルが考えられ，具体的に検討する際には，移転価格税制，タックスヘイブン対策税制，関税，PE課税等につき充分な検討が必要と考えられますので，会計事務所へ相談されることをお勧めします。

Q147 ハブ倉庫を活用する際の関税上の留意点

シンガポールの港の優位性や輸入関税がほとんどかからないことから，同国にハブ倉庫を設置し，輸入を一元化した上で，周辺諸国へ輸出することを検討しています。関税上のデメリットはないと聞きますが，留意すべき点はありますか。

Answer

東南アジアの国によっては，物量が小さく輸出国からのフルコンテナでの出荷が困難なため，多くの企業がハブ倉庫を活用することで，物流費のコストダウンやサプライチェーンの効率化に成功しています。シンガポールでは，大半の物品に関税がかからずに輸入できるのもメリットのひとつとなっています。しかし，アセアン諸国を初めとする近隣諸国では関税率が依然と高い状況にあり，関税額がコストを引き上げる結果となっています。そのような状況下において，シンガポールはTPP（環太平洋パートナーシップ）を含む多くのFTA（自由貿易協定）を締結しており，シンガポール周辺諸国へ輸入する際，FTAを活用することで，関税コストを節減できる可能性があります。

1　シンガポールを経由する場合のFTA利用

通常，FTAを利用する場合には，次の条件を満たす必要があります。

① FTA相手国で生産された物品であること。また，それを証明する原産地証明書を輸出国で入手すること

② 輸出国から輸入国へ直送されること（直送基準）

日本で生産した物品をシンガポールにストックし，後日，FTAを利用してタイに輸入したい場合，物品はシンガポールを経由しているため，上記②の直送基準を満たせず，FTAを利用できないように見えます。しかし，活用するFTAによっては，経由国にて経由国当局が原産地証明書の書換えを行い，輸出国で発給された原産地証明書を最終輸入国までつなげる制度があります。この制度により，シンガポールでストックした物品であっても，当該FTAを活用して最終輸入国に無税または低い税率で輸入することができます。

【日－アセアン　FTAを利用してタイへ輸入する場合の例】

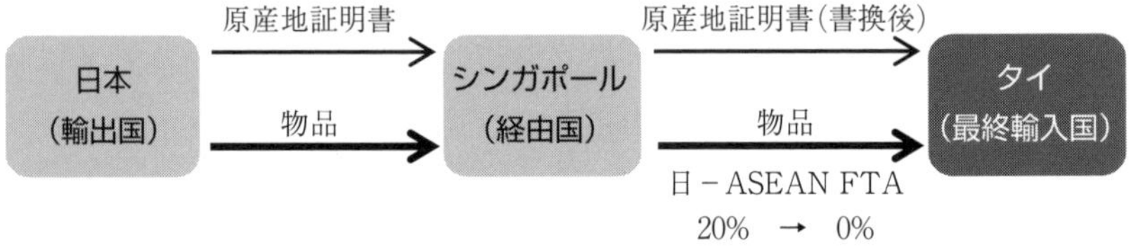

※　日本，シンガポール，タイはFTA締約国です。

2　留　意　点

シンガポールは20ものFTAを締結済みですが，経由国での原産地証明書の書換えを認めているFTAは限られます。したがって，もし本制度が存在しないFTAを活用する前提でハブ倉庫をシンガポールに設立するのであれば，周辺国への輸入時にFTAが適用されず，高関税が課せられる可能性があるので注意が必要です。また，利用するFTAや輸入国によって本制度の利用条件が異なりますので，事前に利用しようとするFTAの内容を把握しておくことが重要です。

Q148 地域統括会社運営時の関税上の留意点

シンガポールに地域統括会社を設立したので，これまでアジア域内の製造会社から販売会社に直接販売していた商流について，当該統括会社を仲介させる形でサプライチェーンを再構築することを考えています。この場合，製品自体は製造会社から販売会社に直送されるので，販売会社が製品を輸入する上で関税上のデメリットはないと理解していますが，何か留意すべき点はありますか。

Answer

これまで製造会社から販売会社に直接販売をしていたのであれば，今後この商流に地域統括会社が介在することにより，販売会社が製品を輸入する際の関税額が増加する可能性があります。したがって，関税額の増加を抑制する措置を検討することが大切です。

1　関税上の課税標準

一般的に，製品輸入時の関税支払額は，貨物の輸入取引価格に関税率をかけることで決定します。もし地域統括会社の設立にあたり，これまで販売会社側が担っていた機能や負担していたリスクの一部を地域統括会社に移したのであれば，販売会社が当該統括会社から購入する製品の価格は，これまで製造会社から直接購入していた時の金額より高くなることが予想されます。また，統括会社に集中した無形資産の対価として販売会社からロイヤリティ等の支払いを受けることが考えられます。輸入品に関連したロイヤリティは，課税価格に含める必要があるため，購入金額の上昇に加え，販売会社が支払う関税額も上がることが想定され，販売会社側の関税負担が重くなることが懸念されます。

シンガポールは法人税率が周辺諸国に比べ大変低いことから，このようなシンガポール地域統括会社を経由するサプライチェーンには法人税のメリットがありますが，シンガポール統括会社を経由することでその販売先である販売会社の関税支払が増加してしまう可能性も念頭に置いてサプライチェーンを構築することが肝要です。

【再構築後のサプライチェーン】

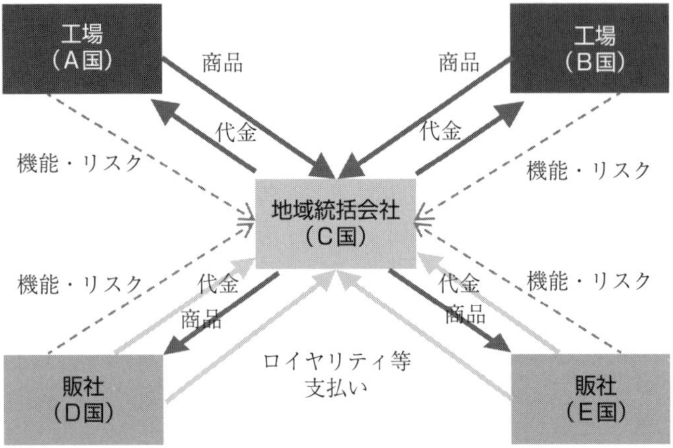

2　関税コストの削減

サプライチェーンを地域統括会社が介在する形に変更する場合であっても，工夫次第では販売会社側の関税コストの上昇を抑え，場合によってはさらに削減させることも考えられます。具体的には，自由貿易協定（FTA）の活用による関税率の低減，輸入時の関税分類の工夫による関税率の低減，輸入取引価格の構成要素の見直しによる課税標準額の低減といった関税プランニングの実施です。こうした的確な関税プランニングにより，地域統括会社を経由するサプライチェーンでも関税コストを削減することが可能になります。

3　他国内の取引に地域統括会社が介在する場合

製造会社と販売会社が同国内にある場合にシンガポール統括会社が商流に介

在しても，その取引は輸入に当たりませんので関税上の問題は発生しません。しかしながら，他国の国内取引に非居住者としてシンガポールの地域統括会社が介在することになるため，これらの国において，付加価値税（VAT・GST）の課税事業者登録の必要性や同国内の商流に介在することでの法人税上のリスク（PE（恒久的施設）リスク）などを検証することが大切です。また国によっては非居住者の名義のままでの取引が法律上できない可能性もあるので，現地の弁護士事務所や会計事務所に相談されることをお勧めします。

Q149 内部監査

東南アジア地域に複数の海外拠点を有しているのですが，これらの拠点に対して内部監査をどのように行えばよいでしょうか。

Answer

事業のグローバル展開により，海外拠点を含めた内部監査の必要性が高まっています。一方，海外各国においては，法令，商習慣，文化および言語の違いがあり，単一の内部監査計画や手続書に準拠して効果的な監査を実施するのは難しく，それぞれの海外拠点特有の状況に対応したリスクベースの内部監査を実施することが求められます。

日本本社の内部監査部門が，海外拠点の全てをカバーする場合には，監査に係るコスト（往査費用，時間，頻度）や，情報収集とコミュニケーションの困難さの問題があります。これに対応するため，内部監査機能の一部を現地法人や地域統括会社に委譲し，共同して内部監査を実施するケースが出てきています。

内部監査の主なプロセスは以下のとおりです。

(1)　監査計画フェーズ

①　内部監査へのニーズ理解，目的設定

② リスク評価

③ 基本監査計画の策定

④ 個別監査計画の策定

(2) 監査実施フェーズ

① 監査手続の実施

② 結果のレビューおよびアクションプランの策定

(3) 結果報告フェーズ

① マネジメントへの報告

② アクションプランのフォローアップ

現地法人や地域統括会社と共同して内部監査を実施する場合，例えば，経営上求められる内部監査の目的設定や，内部監査実施規則の策定などの，監査基本計画の策定に係る部分は日本本社の内部監査部門が行い，具体的なリスク評価，個別監査計画の策定，実施に係る部分は現地サイドで実施，日本本社において結果報告を受けた後，フィードバックを行うなど，状況に応じた役割分担を行っていきます。

また，現地法人や地域統括会社に適切なリソースがない場合，特に監査人と監査対象との間に英語など共通言語がない場合には，当該機能を専門的知識を有する外部アドバイザーに委託することも検討します。

Q150 シンガポールを利用したM&A

最近のシンガポールを利用したM&Aの動向を教えてください。

Answer

近年，日本企業では，国内市場縮小に対応した企業成長策として，M&A（Merger & Acquisition）を通じた海外事業強化や，新規海外進出のニーズが高まっています。日系企業における海外企業の買収案件が総じて活発な中，東南アジア地域を対象とした案件は増加しています。同地域において経済，市場規模が拡大するに伴い，グローバル企業の事業戦略に占める重要性が高まってきており，同地域におけるM&A案件について，日本が有力な買い手国となっています。一方で，欧州やアセアン域内の大手企業が買い手となる案件も増加傾向にあり，買収金額も増加傾向にあります。

業種別の動向は，対象国によっても異なりますが，商社等による鉱業，鉄鋼，電力，ガス事業などのエネルギー分野への投資と，豊富な労働力と原材料の調達を目的とした大手メーカーによる自動車，機械，電機会社への投資に加え，東南アジア地域の市場としての魅力が高まるにつれて，食品，金融を含めたサービス分野への投資も大きく増加しています。

1　シンガポールを利用したM&A

東南アジアにおいてM&Aを実施する場合，シンガポールが基点のひとつとなるケースが多く見られます。シンガポール企業を買収する場合，および自社のシンガポール拠点を利用してM&Aを実施する場合が考えられますが，シンガポールを拠点とするメリットは以下のとおりであると言われています。

(1)　シンガポールがアジアのハブとなっていること

シンガポールの会社は自国だけでなく，アジアエリアに事業展開している場合が多く，シンガポール企業を買収することで，アジア全体の事業基盤を手に入れることができます。

また，シンガポールに中間持株会社を設立し，そこからアジアの会社を買収するストラクチャーを組むこともあります。これは，いずれもシンガポールのアジアビジネスハブとしての魅力がその背景にあると思われます（Q140）。

(2)　M&Aにかかる環境が整備されていること

シンガポールはアジア地域のM&Aに関する情報集約地となっていることに加え，法律面，金融機能などのインフラが整っています。また，M&Aを実行する際にファイナンシャルアドバイザーからのサポートを受ける場面もありますが，このサービスを提供する金融機関やコンサルティングファームも数多く存在しています。そのため，十分な情報により，安定したM&A実務を進めることができます。

2　税制優遇措置

また，シンガポール政府もシンガポール法人が同エリアのビジネスハブとなることを推奨しており，EDB（シンガポール経済開発庁）などの関係各省においても推進策として，下記の国際化のための二重所得控除スキーム等の税制優遇措置が設けられております。

(1)　国際化のための二重所得控除スキーム（Double Tax Deduction scheme for internationalization：DTDスキーム）

DTDスキームは企業の国際化と海外ビジネスを支援するため，海外マーケティング活動および海外投資開発活動等にかかった適格支出について，その支出額の２倍の所得控除を認める税制上の優遇措置です。国外投資案件にかかるフィジビリティスタディーもしくはデューデリジェンスのための費用も，適格支出の金額がS$150,000を超える場合には，Enterprise Singapore（シンガポール企業庁）の承認が必要となります。

Q151　M&Aの実行プロセスの概要

東南アジア地域にある企業とのM&Aを行う際の手順，留意点を教えてください。

Answer

M&Aの実行プロセスは，選択するスキーム等により詳細は異なりますが，大きくプランニング，ディールの実行，M&A後の統合の３つのフェーズに分けられます。

1　プランニング

(1)　自社の成長戦略の確認

M&Aの目的は，単にディールの成功ではなく，M&Aという手段を用いて，企業の成長戦略を達成し，企業価値を増大させることにあります。そのため，まずは自社の成長戦略を確認し，明確にしておくことが大切です。

例えば，自社の事業ポートフォリオおよび地域ポートフォリオを確認し，進出検討事業および地域の戦略的重要度（優先順位）を整理しておくことが挙げられます。

(2)　進出市場向け戦略の立案

次に，進出対象となる市場における事業戦略の立案をします。市場におけるマーケット分析，自社の現状の把握を行い，ビジネスモデル，進出方法を確立し，投入できる経営資源の洗い出しを行います。

自社にM&Aの経験が十分にない場合には，ファイナンシャル・アドバイザー（FA）を利用することも検討します。

(3)　M&A戦略の立案

確立された新市場への進出戦略に沿った形で，目的に合ったM&A戦略の立案を行います。

M&Aの目的の明確化，M&Aの対象とする事業領域の特定，ターゲット企業の選定，M&A後の成長戦略のストーリーを策定します。

ターゲット企業の選定は，海外，特に東南アジアの企業をターゲットとする場合，公開情報が限られていることから，その発掘には困難が伴います。通常であれば，取引先マネジメントからの紹介や，現地法人からの引き合い情報，FAからの持ち込み案件などの機会を通じて進めていきます。進出戦略やM&A戦略を作成する際には，各国の投資規制や許認可の要否などを十分に確認しておく必要があります。法令だけでなく，当局の担当者により取扱いが変わることもありますので，実務ベースでの取扱いを確認することも大切です。また，制度が毎期頻繁に変更されるといったことも特徴的です。こうした法規・制度面においては，現地に精通した担当者より，アップデートされた正確な情報を入手して，意思決定を実施することが大切です。

2　ディール実行

(1)　基本合意書締結に向けた準備

ターゲット会社の概要や，買収の意思決定に必要な資料を入手し，予備的分析を行います。例えば売り手側企業が入札方式で買い手候補を選定する場合，会社案内，財務諸表，製品パンフレット等の会社および事業に関する情報をまとめた「インフォメーションパッケージ」を売り手側企業，もしくはそのアドバイザーより入手します。この情報を用いて，入札の可否（自社のM&A戦略に合致しているか）および基本条件の検討，企業価値分析を行い，ターゲット企業に対し，買収の意向表明および基本条件の提示を行います。意向表明が受理された後，基本合意書を締結し，さらなる検討，交渉に進みます。

(2)　最終契約書締結に向けた準備

ビジネス・財務・法務・人事・IT等に関する各種デューデリジェンス，バリュエーション（企業価値評価）を行い，シナジー効果の検討を行った後，買収価格，買収条件に関しての最終交渉を行います。合意に至った後，最終契約書を作成します。

(3)　クロージングに向けた準備

最終契約書の締結，買収価格の最終調整等を行うとともに，DAY 1（買収完了後の新経営体制発足日）に向けての準備を行います。統合プランの骨子，買収先の当期予算，権限責任規定の策定と同時に買収先経営陣との委任契約の締結，報酬の取り決めを行うことにより，買収先経営陣の業績目標および権限と整合的な報酬契約を締結することができます。その他，社内外（ステークホルダー，従業員）にむけての情報発信，統合後のオペレーションの方法の確認などを行います。

東南アジア地域におけるディール実行フェーズでは，買収対象会社のM&Aプロセスに対する理解不足や，一部で見受けられる信頼性に乏しい財務数値，事業計画を含めた質の高い財務情報の入手が困難であること等から，デューデリジェンスにかかる時間は予想以上に遅延するという想定が必要です。特に非上場企業においては，内部統制の不備，コンプライアンス意識が欠如していないか，関連当事者との取引の妥当性を検討するとともに，汚職リスクの高い国においては，政府関係者への不適切な支払がないかどうか等も念頭に入れて，作業を進めていくことが大切です。

買収金額等の交渉において，比較対象となる取引事例など，買収価格決定に係る情報が限られていること，詳細な戦略検討ができないということから，いわゆる欧米式のM&Aにて用いられる企業価値の算定手法に依拠する割合は相対的に低く，一方で，プレミアムを乗せた先方の言い値や交渉力が大きな意味合いを占めてくることも，東南アジアにおけるM&Aの特徴といえます。

3　M&A後の統合（Post Merger Integration：PMI）

⑴　統合プランの策定

DAY 1の前後より，買収先企業との統合に向けて統合プランを策定していきます。自社の事業戦略に沿った統合マスタープランおよび統合領域別アクションプランを策定します。統合領域は大きく，戦略・ビジョンに関する領域と，ガバナンスに関する領域の２つがあります。ガバナンス領域には，機能配置と組織設計，経営管理制度（人事，業績管理，会計），業務プロセス，ITシステム等があります。事業戦略やM&A戦略に合致した統合プランの策定を行います。また，共有された戦略・ビジョンに基づいて，シナジーを達成するための経営計画，各施策を策定していきます。

⑵　統合プロジェクトマネジメント実施

策定された統合プランに基づいて，実行部隊となるプロジェクトマネジメントオフィス（PMO）を組織・運営します。その上で，統合領域や特定のテーマごとに統合分科会を設置し，実務ベースでの統合作業を推進していきます。

⑶　統合施策の実行

前述の統合プラン，PMO等により，統合施策を実施していきます。

また，統合成果を測定するモニタリング体制を整備し，期待どおりのシナジーが生み出されているかを適時に確認するとともに，環境変化がある場合には，統合プランに必要な軌道修正を行います。

クロスボーダーM&Aの失敗リスクは，戦略策定が不十分，買収金額の見誤り，ガバナンスの弱さ，企業文化の融合が不十分の４つに大別されますが，これらは海外という遠隔地ゆえの正確な情報把握やコミュニケーションの困難さに起因する部分が大きいと言えます。

特に，買収先マネジメントへの遠慮から業績のモニタリング，結果責任を追及できないといったことや，逆に現地の市場動向，商習慣，文化，組織環境を理解せずに自社の理論を押しつけるといったことが失敗の事例で見られます。

M&Aディールの最初の段階から，自社の事業計画を明確化し，M&Aにより期待できるシナジー効果を明確化しておくこと，その上で買収先経営陣と親会社グループのビジョンや戦略を十分に共有し，適時に進捗確認，効果測定を行い，課題を共有していくことが大切です。

また，M&Aターゲット会社の選定の際やディール実行のプロセスを通じて，先方のマネジメント状況をできる限り理解し，自社で経営できるか，そのための課題・対応策を統合前より十分検討していくことが大切です。

Q152 シンガポール証券取引所への上場

日本企業がシンガポール証券取引所（Singapore Exchange：SGX）に上場することができますか。

Answer

近年，アジアにおける事業展開に際しての知名度向上や増加する国際的な資本からの資金調達をめざし，アジア証券市場が注目されています。

特にシンガポール証券市場は，ビジネスのしやすさや積極的な外国企業誘致などのシンガポール国自体の魅力と制度の透明性や高度なインフラ整備という証券市場の魅力が相まって，世界各国の金融機関や投資家が集まる国際的な金融センターに成長し，多くの外国企業がシンガポールの証券取引所を上場市場として選択しています。上場企業の約４割が外国企業であり，時価総額でも５割近くを占めています。また，IPO後のさらなる資金調達が活発に行われていることもシンガポール証券取引所の特徴と言えます。

1　証券市場の概要

シンガポール証券取引所（SGX）には，メインボードとカタリストという市場区分があります。

(1)　メインボード

メインボードは時価総額が一定以上の大規模企業向けの市場です。上場のための数値基準が定められており，上記数値基準以外にも，株主分散基準や内部管理体制等について要件があります。上場のための数値基準（メインボード）は以下のとおりです。

① ３年間の事業実績があり，連結税引前利益が直近１年でS$3百万以上である

② ３年間の事業実績があり，直近の連結税引前利益がプラスで，発行時の時価総額がS$15百万以上である

③ 直近年度で売上高が計上されており，発行時の時価総額がS$30百万以上であること（組成間もないREITやビジネストラストがこの基準で上場するケースが多い）

(2)　カタリスト

カタリストは新興企業向けの市場です。上場のための数値基準は定められていませんが，SGXより認定を受けたスポンサーとよばれる証券会社等が主体となって上場適格性を判断します。

2　証券市場への上場

外国法人がSGXに上場する場合，シンガポールに会社を設立しなくても上場

することができます。メインボードに上場する場合には，プライマリー上場とセカンダリー上場のいずれも認められています。一方，カタリストではセカンダリー上場は認められていません。

プライマリー上場とは，外国法人が未上場であり，SGXが初めての上場市場となるものを指します。その場合にはSGXが唯一の上場市場となりますので，SGXの上場規則を遵守する必要があります。

セカンダリー上場とは，他の証券取引所に上場している会社がSGXでも上場することを指します。この場合，先に上場している証券取引所の上場規則を遵守しSGXの上場規則に完全に準拠することなく上場することができます。

上場のためには，目論見書等の上場必要書類を作成する必要があります。目論見書には３期分の連結財務諸表も含まれます。連結財務諸表はシンガポール会計基準，国際財務報告基準（IFRS），米国会計基準のいずれかで作成し，会計監査人による監査を受ける必要があります。

3　上場後の対応

SGXへの上場後は，メインボード・カタリストのいずれの市場でも連結財務諸表の継続開示が求められています。

年度および四半期（時価総額がS$7.5百万未満の会社は半期）での開示が求められ，年度の連結財務諸表は期末日から60日以内，四半期（半期）の連結財務諸表は期末日から45日以内に開示します。なお，日本の上場会社に求められるような内部統制監査制度（J-SOX）はありません。

第10章

その他のQ&A

● Point ●

本章では，シンガポールにおける労働事情や社会保障制度など，他の章に含まれていないものの，シンガポールにおいてビジネスを行うにあたり，重要であると思われる事項を説明しています。なお，ここで記載している内容は本書の執筆時に入手された最新の情報に基づいていますが，この章に含まれている内容については，関連法規等や規制がひんぱんに改正されますので，実際の取引を行うにあたっては，関連法規等をよく確認することをお勧めします。

Q153 労働事情

シンガポールの労働事情について，教えてください。

Answer

大きな国土と資源を持たないシンガポールでは，これまで積極的に外国人を受け入れることによって，経済発展を遂げてきました。特に近年では産業の高度化，知識集約型経済への移行を政策の柱としており，該当分野において外国企業の誘致を進めた結果，こうした企業の専門職・管理職・経営職などの高技能職務に就くホワイトカラー外国人労働者もシンガポールには大量に流入しています。

2020年12月時点の総人口568万人のうち，外国人が164万人と他の国と比較して，外国人比率が高くなっています。

また，経済成長に伴い，賃金水準は上昇傾向にあり，CPF（中央積立基金）控除後の全平均賃金は2016年度はS$3,500から，2019年にはS$4,000と継続的に上昇しており，また，失業率も２％程度となっています。

一方で，住宅費の高騰など物価の上昇に対する国民の不満が高まり，特にコロナ禍以降は経済の不況も受け，過度な外国人労働者の受入れを抑制すべき，雇用機会の提供は自国民を優遇すべきという世論がより高まっています。

これを受け，政府はEP（就業許可証）の発給資格引上げや低・中技能の外国人労働者（Work permit holder）の雇用税の段階的引上げ等，過度な外国人労働者への抑制を行う政策を打ち出しています。

また，2013年に雇用機会の公平性に関するフレームワーク（Fair Consideration Framework：FCF）が発表され，外国人とシンガポール人の雇用機会を均等化とジョブマッチングの向上が規定されています。FCFはその後何度かにわたって改訂され，徐々に規定は強化されています。

これにより，全ての企業は求人を公募するよう強く奨励され，公募された仕事はシンガポール人に対して公開しなければなりません。また，不公正な雇用を行っている企業に対し，人事省（Ministry of Manpower：MOM）が積極的に指導・調査を行うこととなっています。

Q154 雇用法

シンガポールの雇用法は，適用される労働者の範囲が限定されると聞きました。概要を教えてください。

Answer

雇用法の適用対象となる労働者の範囲は限定されますが，労働者保護の方針を打ち出した2019年の法改正により，適用対象となる労働者の範囲は大幅に拡張されています。

1　雇用法全体の適用範囲

シンガポールにおける主要な労働関係法令である雇用法（Employment Act）は，雇用契約の解除，給与，休日，労働時間，休暇，時間外労働手当，児童労働および出産する女性の保護などを定めています。

雇用法は，雇用者寄りの労働法制を採用するシンガポールの方針を反映し，限定的な範囲の労働者（「Employee」）に対してのみしか適用されない点に特徴がありました。すなわち，雇用法上，以下の者は「Employee」には該当しないものとされ，基本的に同法の適用はありませんでした（旧雇用法２条(1)および(2)）。

① 船員

② 家庭内労働者

③ 月額賃金S$4,500超（時間外手当，賞与等を除く）の管理職または上級職の地位に就いている者

④　その他，大臣が指定する職責にある者

しかしながら，2019年4月1日の改正法施行により，③につき，月額賃金の額にかかわらず，全ての管理職または上級職の地位にある者が「Employee」の定義に含まれることとなりました。この結果，これまで③の要件により雇用法の適用がなかった多くの管理職および上級職との関係でも雇用法が適用されることになり，その恩典を受けた労働者人口は43万人に上るといわれました。

2　管理職および上級職とは

なお，上記でいう「管理職または上級職の地位に就いている者」の定義は，雇用法上では定められていません。ただし，人材省が一定の解釈を示しており，それによると，管理職または上級職とは，執行または管理の機能を有する労働者を指し，次のような事項に関して影響力または決定権を有する者を指すとされています。

①　採用活動
②　懲戒
③　雇用の終了
④　パフォーマンスおよび報酬の査定
⑤　企業方針およびポリシーの策定への関与
⑥　事業の管理および運営

高等教育を受け，特殊な知識またはスキルを有する専門家，弁護士，会計士，歯科医師および医師なども一般的に管理職または上級職にあたるとみなされます。

3　雇用法第4章の適用範囲

上記「Employee」の定義に該当する労働者であったとしても，休日，労働時間，時間外手当，整理解雇手当，退職手当等について定める雇用法第4章の規定は，以下のいずれかに該当する労働者に対してのみ適用され，それ以外の労働者に関しては，これらの内容を雇用契約によって自由に定めることが可能です（雇用法第35条)。

① 月額賃金S$4,500以下（時間外手当，賞与等を除く）のワークマン

② 月額賃金S$2,600以下（時間外手当，賞与等を除く）の労働者（ワークマン並びに管理職および上級職を除く）

ワークマンとは，肉体労働者，建築作業員，清掃員，組立工，機械工やバス・電車の運転手などを指します（雇用法２条(1)）。

４ まとめ

結果，以下表のとおり，雇用法の規定が適用される労働者の範囲は，以前ほどは限定的ではなくなっています。もっとも，上述のとおり，雇用法第４章については引き続き適用が限定的ですので，ある規制の適用有無を判断する上では，当該規制が雇用法の何章に定めるものかを確認することが肝要です。

<table>
<tr><th>職種
月額基本賃金</th><th>・船員
・家庭内労働者
・その他大臣が指定する職責にある者</th><th>管理職または上級職</th><th>ワークマン</th><th>左欄以外の労働者</th></tr>
<tr><td>S $4,500超</td><td rowspan="3">一切適用なし</td><td rowspan="3">４章除き適用あり</td><td>４章除き適用あり</td><td rowspan="2">４章除き適用あり</td></tr>
<tr><td>S $4,500以下
S $2,600超</td><td rowspan="2">全て適用あり</td></tr>
<tr><td>S $2,600以下</td><td>全て適用あり</td></tr>
</table>

Q155 休日・休暇・労働時間

シンガポールの休日，休暇および労働時間について，教えてください。

Answer

シンガポールの休日，休暇については，雇用法において以下のとおり定められています。

1 休　　日

休日には，週休日，年休および年次休暇として労使相互で同意した日が含まれます（詳細は第1章参照）。

(1) 雇用法第4章適用対象となる労働者に関しては，週休日については，使用者は1週間に1日以上与え，週休日と週休日の間の日数は12日以内でなければなりません。使用者は週休日を日曜日ないしは他の日と定め，次月初めまでに毎月労働者に対して通知する必要があります。

(2) 祝祭日については，使用者は，元日，労働者の日，建国記念日，クリスマス等を含む11日の年休を祝祭日として与える必要があります。

(3) 年次休暇については，使用者は，3ヶ月以上勤務した労働者に対して7日の年次有給休暇を与える必要があります。その後1年ごとに1日ずつ休暇日数が加算されますが14日が上限となり，それ以上の年次休暇を付与すべき義務はありません（もっとも，それ以上の日数の年次休暇を任意に付与している会社も多くみられます）。

2 休　　暇

休暇には，病気休暇，出産休暇，育児休暇等が含まれます。

(1) 病気休暇は，勤続期間にもよりますが最大で年間60日まで有給となります。

(2) 出産休暇は，12週間まで有給になります。最初の8週間は産前に，残りの4週間は産後12ヶ月以内にそれぞれ与えられます（ただし，子がシンガポール人であるなど一定の条件を満たす場合，16週間まで有給になります）。使用者が出産休暇中の労働者を解雇した場合，罰金ないし禁錮に処せられるので注意が必要です（Q160）。

⑶　その他，子がシンガポール人であるなど一定の条件を満たす場合には，父親の出産休暇（最大２週間），父親が最大４週間まで母親の出産休暇の一部を利用できる権利，最大12週間の母親養子縁組休暇などが認められます。

⑷　育児休暇は，年間２日まで有給になります。ただし，子がシンガポール人であるなど一定の条件を満たす場合，年間６日まで有給となり，最初の３日間分は使用者負担，最後の３日間分は政府負担となります。子供が７歳になる年まで取得が可能です。

⑸　その他，シンガポールにおいて「National Service」（国民役務）と呼ばれる制度により男子（シンガポール国民またはPR）に対して原則18歳より２年間の兵役義務が課せられています。また，兵役終了後も予備役として，13年間，年間最大40日間，訓練および任務のための招集がありますので，雇用に際しては当該制度に留意する必要があります。

３　労働時間

雇用法第４章の適用が対象となる労働者との関係では，以下の規制が適用されます。

⑴　労働時間は１日８時間を超えてはならず，週44時間を超えてはなりません。

⑵　休憩は45分以上与えなければならず，通常始業から６時間以内に与えなければなりません。

⑶　時間外勤務は労働者が使用者から求められた場合に生じ，少なくとも基本賃金の1.5倍の賃金につき，給与支給日から14日以内に支払うことが必要になります。

⑷　時間外勤務時間は，原則１ヶ月72時間を超えることは許されませんが，雇用法41Ａ条に基づき人事省（Ministry of Manpower：MOM）による免除命令が得られた場合には適用除外となります。

Q156 最低賃金

シンガポールにおいて賃金はどのように決定されますか。最低賃金制度はあるのでしょうか。

Answer

シンガポールでは最低賃金を定める規定はないため，賃金は，労働市場における需給バランス，賃金水準を参考に，使用者と労働者間の契約により決定されます。

なお，労働者が労働組合に加入している場合で，労使間で締結した労働協約に基本賃金の定めがある場合には，これに従って賃金を設定する必要があります。

また，政府および労使の代表によって構成される，全国賃金評議会（National Wages Council）が毎年賃金ガイドラインを発表し，企業に対して具体的な勧告を行っています。そのため，労使間の賃金調整に関する交渉はこのガイドラインに基づいて行われる場合も多くあります。

Q157 社会保障制度

シンガポールにおける社会保障制度について，教えてください。

Answer

シンガポールにおける社会保障制度は以下のとおりです。

1　年金制度，医療保険制度

シンガポールでは，中央積立基金（Central Provident Fund：CPF）（Q16）という社会保障制度があり，シンガポール国民および永住者である被雇用者は加入が義務付けられています。雇用者，被雇用者双方が給与の一定額をCPFに強制的に積み立てます。

CPFは将来の年金支給のための口座のほか，医療費のための口座（Medisave account）を有しており，けがや病気の際には積立金を取り崩して，医療費に充てることができますが，日本の社会保険とは異なり，取り崩し額は個人のCPF口座の積立額が限度となります。そのため，多くのシンガポール人は任意の保険制度にも加入しています。任意の保険制度としては，政府の医療保険であるMedishieldと民間の医療保険があります。また，生活困窮者などへのセーフティネット制度として医療費を支給する基金（Medifund）があります。

2　雇用保険（失業保険）

シンガポールにおいて雇用保険に相当するものは存在しません。ただし労働者災害補償保険が存在し，就労に起因する障害および疾病の補償を通じて一定の労働者を保護するために，肉体労働者や月額基本給がS$2,100以下の労働者を雇用する使用者は同保険に加入する義務を負います。

3　その他

日本人駐在員としてシンガポールに赴任する場合，赴任後も継続して日本の健康保険に加入していれば，海外滞在中に発生した医療費も日本の健康保険等に請求して還付金を受け取ることが可能です。ただし，還付金は実施した医療内容を日本の医療費の水準に合わせた額となることや，一部還付ができない内容がある点，留意が必要です。

また，シンガポールにおいて永住権を持たない外国人は，CPFの加入義務がないため，代わりに民間の医療保険に加入して医療費支出に備えています。なお，日本の保険会社からも医療費のほか，火災・盗難などによる家財・携行品の損害をカバーした駐在員保険が提供されているので，これに加入する場合も多くあります。

Q158 中央積立基金制度（CPF）

シンガポール国営の年金制度であるCPFについて解説してください。

Answer

中央積立基金制度の正式名称は「Central Provident Fund」で，通称はCPFです。日本語では中央積立年金などと訳されています。CPFは日本の健康保険や厚生年金と異なっています。例えば，CPFには日本の健康保険に当たる制度がないこと，日本の厚生年金は賦課方式であるが，CPFは積立方式である点などが主な違いです。

1　CPFの概要

CPFは雇用者と被雇用者から，それぞれ給与の一定額を強制的に貯蓄させ，それを中央年金庁（CPF Board）が運用して，加入者に老後の年金として支給する制度です。2020年９月末現在，加入者403万人，基金総額S$4,530億に達しています。

CPFは中央年金庁により管理されています。雇用者，被雇用者から拠出された年金は，中央年金庁により預金，債権，不動産など安定的な資産に再投資されます。積立金に付される利息は2.5%を下回らないこととなっています。2021年１月１日現在の利率は年2.5%（普通口座）です。

各個人のCPFは以下の３つの口座に分かれています。

①　普通口座（Ordinary account）：住宅の購入，CPF保険，投資，教育のために使われる口座

② 特別口座（Special account）：老後の年金，緊急時の支出のために使われる口座

③ 保険口座（Medisave account）：医療費や特定の医療保険のために使われる口座

雇用者と被雇用者からの拠出金は一定の割合で（年齢層により割合は異なる）上記の各口座に振り分けられます。

2 CPFに加入しなければならない者

CPFは雇用者（Employer），被雇用者（Employee）の双方が拠出しますが，中央積立基金法（The Central Provident Fund Act）により，雇用者，被雇用者の範囲が法定されています。原則として雇用者はCPF拠出金を支出する義務を負い，被雇用者はCPFに加入しなければなりません。

(1) 雇用者とは

個人法人を問わず従業員を雇用する者を指し，船主，シンガポール政府も含みます。雇用主の代理で給与を支給する権限を有する者も，雇用者となります。

(2) 被雇用者とは

シンガポール国籍もしくはシンガポール永住権（Permanent Resident：PR）を有する人でシンガポールにおいて締結された雇用契約に基づき労働する者です。

EP（Employment Pass）（Q14，15）ホルダーはCPFの対象外です。

3 CPFの拠出

(1) 賃 金 と は

CPF拠出額は賃金に一定率を乗じて計算されます。ここでいう賃金とは労働の対価で，給与，残業手当，通勤手当などその他の手当，賞与などを含みます。賃金は通常賃金（Ordinary Wages）と付加賃金（Additional Wages）の２種類に分けられます。通常賃金は月単位で支給されるもので，給与はもちろん残業手当，食事手当なども含まれます。付加賃金は月単位で支給されないもので，賞与などがこれに該当します。

CPFはその月の通常賃金とその月に支給された付加賃金の合計に一定率を乗じて計算されます。通常賃金からのCPF拠出額算定のための上限額は１ヶ月S$6,000です。付加賃金に関しても拠出制限枠が設けられています。

実務上はどのような賃金に対してCPFがかかるのかは，経営者にとっても従業員にとっても，重要な問題です。以下に掲げたのは，CPFの対象となる賃金，CPFの対象外となる賃金の具体例です。

① CPFの対象となるもの

・交通手当（一定額を現金で支給する場合）

・教育手当（子弟の教育資金を金銭で補助するもの）

・住宅手当（金銭で支給するもの）

・賞与（決算賞与も含む）

・有給休暇買取手当（休暇を消化できないため会社が有給休暇を買い上げる場合）

② CPFの対象外となるもの

・交通手当（業務のための交通費，時間外勤務をした場合に支給する交通費，勤務地が会社所在地以外の場合に支給する場合）

・退職金

・交際費の実費請求額

・外部の講習などに参加するための授業費の補助

・住宅手当（直接家主に支払う場合）

(2) CPFの拠出率

2021年１月１日現在のCPFの拠出率は，以下のとおりになっています。

	雇用主拠出率	被雇用者拠出率	合　計
55歳以下	17%	20%	37%
55歳超60歳以下	13%	13%	26%
60歳超65歳以下	9％	7.5%	16.5%
65歳超	7.5%	5％	12.5%

4　CPFの引出しと利用

(1)　CPFの引出し

例えば，次の事項に該当する場合には，CPFに積み立てた資金を引き出すことができます。

① 満55歳に達した場合

② シンガポール国民でない加入者の場合は，シンガポールから永久帰国する場合

③ 肉体または精神的に障害を生じ，永久に就業不能になった場合

(2)　CPFの利用

CPFは加入者が満55歳に達しない場合でも，その資金を利用することができ，その利用状況や残高はオンラインサービスにて確認できます。CPFのベネフィットを利用する制度としては，例えば以下に掲げるスキームがあります。

① Public Housing Scheme：CPF積立金を利用してHDB（公営住宅）を購入する制度

② Residential Properties Scheme：CPFの加入者がその積立資金を利用して私有地やHDB以外の居住用家屋を購入する制度

③ Medisave Scheme：CPF拠出金の一定割合を医療費の支出に備えて，保険口座（Medisave Account）として区分して積み立てておき，必要な場合には引き出して医療費の支払いにあてる制度

④ Investment Scheme：CPFの普通口座を利用して株式などに投資を行うことができる制度

⑤ Education Scheme：教育のための資金を，両親もしくは自分が積立てしているCPF積立口座から引き出して，学業資金として利用できる制度

Q159 技能開発税，外国人雇用税等

低賃金の労働者，外国人の労働者を雇用する場合に，税金がかかると聞きました。詳細を教えてください。

Answer

CPF（Q158）以外に従業員の雇用に関連して課される納付金には，以下のようなものがあります。

1 技能開発税（Skills Development Levy：SDL）

シンガポール国内で従業員（国籍を問わない）を雇用する者は，その従業員給与の0.25％またはS$ 2のいずれか多い金額を技能開発基金として納付する必要があります。ただし，月額賃金がS$ 4,500以上の従業員については，一律S$ 11.25（4,500×0.25％）となります。

技能開発税は技能開発基金（Skills Development Fund：SDF）として，労働者の技能改善のための資金補助やさまざまな援助のために利用されます。技能開発税はCPFと一括して徴収されます。

2 外国人雇用税（Foreign Worker Levy：FWL）

外国人雇用税は外国人労働者が無制限に増加しないようにするため，外国人労働者を雇用する者に一定の税金を課するものです。対象となる外国人はWork Permit（労働許可証）や「S pass」（Q14）所有者で，シンガポール永住者（PR）やEP保持者でない者です。

例えば製造業の場合，税額は以下のとおりです。

労働者の種類	2013年7月1日における税額	
	月額	日額
従業員総数の25％以下の場合 熟練者	S$ 250	S$ 8.22
非熟練者	S$ 370	S$ 12.17
従業員総数の25％～50％の場合 熟練者	S$ 350	S$ 11.51
非熟練者	S$ 470	S$ 15.46
従業員総数の50％～60％の場合 熟練者	S$ 550	S$ 18.09
非熟練者	S$ 650	S$ 21.37

製造業の場合，外国人労働者の数は従業員総数の60％までとなっています。

このほか，建設業，船員，サービス業など，業種ごとに税額が定められています。

このほか，イスラム教徒従業員についてモスク建設基金（Mosque Building and Mendaki Fund Contributions：MBMF），インド系従業員についてSINDAファンド（Singapore Indian Development Association），中国系従業員についてCDACファンド（Chinese Development Assistance Council），ユーラシア系従業員についてECF（Eurasian Community Fund）に対する拠出金が発生する場合があり，雇用者はCPFと同様に給与から控除して納付する必要があります。

Q160　解　　雇

シンガポールにおける解雇について，教えてください。

Answer

シンガポールで従業員を解雇する場合，雇用契約解除の予告通知を行わなければなりません。予告通知期間は個別の契約により異なりますが，契約に規定がない場合には雇用法の定める期間が適用されます。ただし，予告通知期間終了日までに支払わなければならない額の賃金を支給することにより，予告通知なく解雇することも可能です。なお，雇用契約違反による懲戒解雇は，十分な調査を行った上で，予告通知なく解雇することができます。

事業縮小など経営合理化等の理由により整理解雇を行う場合についても，予告通知の方法は上記通常解雇の場合と同様ですが，従業員に整理解雇手当の受給権利が認められるか否かについて争点になることがあります。雇用法上，勤続年数が２年未満の従業員には解雇手当を要求する権利がない旨規定されています。２年以上の従業員の取扱いに関して規定はありませんが，MOM（人事省）のホームページでは，２年以上の従業員は解雇手当を受領する権利を有するとの旨の記載も見られます。なお，会社に労働組合が存在し，会社と労働組合の間で労働協約を締結している場合には，通常，労働協約には整理解雇手当に関する規定が含まれていますので，これに定められた手当の支払いが必要となります。

上記の規定に優先して，産前産後の休業期間中の解雇，労働組合の結成を理由とする解雇，兵役を理由とする解雇については制限があります。また，雇用法においては62歳以前に年齢のみを理由とした解雇を行ってはならない旨規定されており，また，一定条件を満たす従業員が62歳に達した場合，雇用者に67歳までの再雇用義務が課される点にも留意が必要です。

なお，2019年４月，「不当解雇に関するガイドライン」（Tripartite Guidelines on Wrongful Dismissal）が公表されました。同ガイドラインでは，差別や虚偽の理由に基づく解雇等を不法解雇であるとし，またパフォーマンス不足や整理解雇などは正当な解雇に当たり得るとしながらも，その場合でも慎重に判断を行うべき旨などを定めています。

解雇を不服とする労働者は，解雇後１ヶ月以内であれば指定の調停機関（Tripartite Alliance for Dispute Resolution）に対して不服の申立てができるともされていますので（雇用法14条２項），雇用者よりの法制をとるシンガポールにあっても，従業員の解雇時には十分な留意が必要です。

Q161 労使関係

シンガポールにおける労使関係について，教えてください。

Answer

シンガポールの労使関係は世界的に見ても非常に良好であると言われています。高い教育水準を有しており，英語を中心にさまざまな言語（中国語・マレー語・タミール語）を話すことができる人材が多いため，生産性の高い業務が期待できます。また，女性の社会進出が進んでおり，夫婦共働きが一般的です。

一方で，シンガポールの労働者の間では，技能や賃金の向上を求めて転職を繰り返す，いわゆるジョブホッピングが一般的であり，日本に比べて離職率が高いと言われています。離職の主な理由としては，不適切な待遇（賃金などの雇用条件，昇進スピード）や成長機会の少なさが挙げられますが，意識的にコミュニケーションをとり，魅力のある職場環境を作り上げることで，戦力として期待している従業員の定着につながります。同時に，従業員が競業する他の会社に転職してしまうことで，会社が不測の損害を被らないために，就業規則や各雇用契約書に競業避止義務や守秘義務の規定を定めておくことも大切です。

シンガポールにおいても労働組合の結成の自由が認められており，７名以上の労働者団体は登録により労働組合になることができます。労働組合法により労働組合の権利，義務が規定されており，労働組合は全ての組合員のために労働条件その他に関する事項につき会社と交渉することができます。合意内容は労働協約として締結され，個別雇用契約に優先して効力を有します。登録組合は製造業，運送業，サービス業を中心に2021年現在で66組合が組織されており，組合員数は経済規模の拡大に伴い，年々増加傾向にあります。シンガポールにおける労働組合の多くは全国労働組合会議（National Trades Union Congress：

NTUC）の傘下にあり，NTUCは労働者の福祉と地位向上を目的として活動を行っています。

[　参考文献等　]

IFRS 完全比較 国際会計基準と日本基準	新日本有限責任監査法人編著	清文社
Woon's Corporations Law 2019 Desk Edition	Walter Woon，SC	Lexis Nexis
日本企業のためのシンガポール 進出戦略ガイドQ&A	久保光太郎，山中政人編著	中央経済社
図解&ケース 国際タックスプランニング入門	田川利一著	中央経済社
租税条約関係法規集	納税協会連合会	清文社
Worldwide Personal Tax and Immigration Guide 2020－21		Ernst & Young

[用語索引]

[あ]

アウトソーシングサービス …… 54
ACRAタクソノミ …… 236
移転価格ガイドライン …… 162,164
移転価格コンサルテーション …… 163
移転価格税制 …… 162
インピュテーション・システム …… 134
運転免許証 …… 50
永住権 …… 48
益金不算入 …… 110
エグゼンプト・プライベート・
　カンパニー …… 16

[か]

会計監査人 …… 16,31,63
外国税額控除 …… 104,135
会社法 …… 16,53
貸倒引当金 …… 120,254
貸倒損失 …… 121
課税所得 …… 108,186
合併 …… 86,152,260
株券 …… 82
株主総会 …… 57
株主テスト …… 115,123
株主による任意清算 …… 90
監査修正
　(オーディット・アジャストメント) …… 273
監査済決算書 …… 66
監査報告書
　(Independent Auditors' Report) …… 234
監査役 …… 63
関税 …… 226
カンパニー・セクレタリー …… 26,31,61
企業会計規制庁 …… 24,67
企業優遇税制 …… 153
機能通貨(Functional Currency) …… 249
キャピタル・ゲイン …… 106
キャピタル・ロス …… 110
休眠状態 …… 84
居住者 …… 104,178
居住証明書 …… 180
居住法人 …… 104
銀行口座 …… 27,38
金融財務センター・インセンティブ …… 292
グローバル・トレーダー・
　プログラム …… 153,291
決算日 …… 40,278
減資 …… 82
源泉税 …… 137
減損損失 …… 256
現地代表者 …… 29,56
現物給与 …… 189
恒久的施設 …… 158
国外源泉所得 …… 105
国外源泉所得免税 …… 106,134
国際化のための二重税額控除スキーム …… 302
個人情報保護法 …… 93

[さ]

事業譲渡 …… 87
事業譲受 …… 260
自主的修正申告 …… 147,211
事前確認 …… 149,174
車両関連費用 …… 130
車両購入権 …… 195
就業許可証 …… 41,46
自由貿易協定(FTA) …… 226,298
自由貿易地区 …… 219
種類株式 …… 80
少額固定資産 …… 114
消費税 (GST) …… 214,219,221

シンガポール源泉所得 …… 187
シンガポール国民 …… 18
シンガポール通貨金融庁 …… 13
シンガポール非居住法人 …… 61
人事省 …… 210,311
信用状 …… 22
ストック・オプション …… 192
清算人 …… 90
税額還付（控除）…… 100
税務上の減価償却費 …… 111
税務上の簿価 …… 119
税務調査 …… 98,148
相互協議 …… 175
増資 …… 81
損金不算入 …… 110

[た]

退職給付引当金 …… 256
タックス・インボイス …… 215,220
タックス・エージェント …… 97
タックス・ヘイブン対策税制 …… 156
地域駐在員 …… 203
地域統括会社 …… 19,282
知的財産 …… 113
駐在員事務所 …… 18,21
定款 …… 32,35
定時株主総会 …… 57
特別決議 …… 58
取締役 …… 70
取締役会 …… 59

[な]

内国歳入庁 …… 97
日本商工会議所 …… 51
日本人会 …… 51
任意清算 …… 89
年次報告書 …… 66

[は]

配当金 …… 79,134
パイオニア企業インセンティブ …… 154
パブリック・カンパニー …… 17
NORスキーム …… 204
非課税取引（Exempt Supplies）…… 217
非居住者 …… 104,178
非居住法人 …… 104
賦課課税制度 …… 100
賦課決定通知 …… 101
賦課年度 …… 101
普通決議 …… 58
物品税 …… 226
部分免税 …… 100
プライベート・カンパニー …… 16
ホームリーブ …… 190

[ま]

マネージング・ダイレクター …… 31,74
見積課税所得 …… 101
メジャー・エクスポーター・スキーム …… 222

[や]

有給休暇引当金 …… 121,254
輸出免税 …… 218

[ら]

臨時株主総会 …… 58
連結財務諸表 …… 264
ロイヤリティ …… 140,163
ローカル・エージェント …… 56

[わ]

ワンティア・システム …… 134,290

[ABC]

ACAP(Assisted Compliance Assurance Programme) …… 223
Accounting & Corporate Regulatory Authority(ACRA) …… 12, 24
ACRA(Accounting & Corporate Regulatory Authority) …… 12, 24
Advance Pricing Arrangement …… 174
Advance Ruling System …… 149
Amalgamation …… 86
Annual General Meeting(AGM) …… 57
Annual Return …… 66
Area Representative …… 203
ASK (Assisted Self-help Kit) …… 223
Balancing Allowance …… 119
Balancing Charge …… 119
Benefit in Kind …… 189
Capital Allowance …… 111
Certificate of Residence …… 180
COE …… 195
Companies Act …… 16
Controller of Housing …… 20
CPF …… 48
Custom Duty …… 226

[DEF]

Dependant's Pass(DP) …… 44
Dormant …… 84
Double Tax Deduction scheme for Internationalization …… 302
DP(Dependant's Pass) …… 46
ECI …… 101
Economic Expansion Incentives Act …… 97
EDB(Singapore Economic Development Board) …… 12, 20
Employment Pass(EP) …… 41
Entre Pass …… 42
Excise Duty …… 226
Exempt Private Company …… 16
Extraordinary General Meeting(EGM) …… 58
Foreign Sourced Income Exemption …… 106, 134, 137
Foreign Tax Credit …… 135
Form C …… 146
FormB1 …… 182
FormIR8A …… 182
Free Trade Zone(FTZ) …… 219
FRS …… 241
FTC …… 291

[GHI]

Global Investor Programme(GIP) …… 49
Global Trader Programme(GTP) …… 153, 291
GR(Group Relief) …… 144
Group Relief(GR) …… 144
GST …… 214, 219, 221
GTP(Global Trader Programme) …… 153, 291
HSA …… 20
ICA …… 49
IE Singapore …… 13, 39
Import GST Deferment Scheme (IGDS) …… 222
Industrial Building Allowance(IBA) …… 111
Inland Revenue Authority of Singapore(IRAS) …… 13, 97
Intellectual Property …… 113
Interpretation of FRSs …… 246
IRAS(Inland Revenue Authority of Singapore) …… 13, 97

[JKL]

J-SOX …… 274
L/C …… 22
Liquidator …… 90
Long Term Visit Pass …… 44

[MNO]

M&A(Mergers and Acquisition) …… 300

MAS(Monetary Authority of Singapore) ……… 13,20,155
MD ……… 74
Members' Voluntary Winding Up ……… 89
Merger & Acquisition(M&A) ……… 300
MES ……… 222
Ministry of Manpower(MOM) ……… 12,210
MOE ……… 20
MOM(Ministry of Manpower) ……… 12,210
Monetary Authority of Singapore (MAS) ……… 13,20,155
MTI ……… 12,20
NOR(Not Ordinary Resident) ……… 204
Not Ordinary Resident(NOR) ……… 204
Notice of Assessment Completed ……… 101
Notice of Assessment(NOA) ……… 102
Ordinary Resolution ……… 58

[PQR]

Partial Tax Exemption ……… 100
PE(Permanent Establishment) ……… 158
Permanent Establishment(PE) ……… 158
Permanent Residence(PR) ……… 18,48
Personalised Employment Pass(PEP) ……… 42
Private Company ……… 16
Public Company ……… 17
R&R(Renovation and Refurbishment) ……… 113
Renovation and Refurbishment(R&R) ……… 113
Representative Office ……… 18,21
Regional Headquarter ……… 282

[STU]

S pass ……… 43
Shareholders Test ……… 115,123
Singapore Economic Development Board(EDB) ……… 12,20
Singapore FRS for Small Entities ……… 241
Singapore Sourced Income ……… 105
Special Resolution ……… 58
STB ……… 20
Striking Off ……… 28,93
Student Pass ……… 46
Tax Clearance ……… 91
Tax Incentive ……… 153
Tax Incentive Scheme for Finance and Treasure Centers：FTC ……… 292
Tax rebate ……… 100
Taxable Income ……… 108
The Maritime & Port Authority of Singapore(MPA) ……… 13
TWDV ……… 118

[VWX]

VD ……… 211
Voluntary Disclosure Programme(VDP) ……… 147
Work Permit(WP) ……… 43
Writing-Down Allowance(WDA) ……… 113

[YZ]

XBRL ……… 236
Year of Assessment(YA) ……… 101
Zero GST Warehouse Scheme(ZGS) ……… 222
Zero-rated Supplies ……… 218

［　著者紹介　］

川岸　貴浩（かわぎし　たかひろ）（第１章担当）
2001年から新日本監査法人（現，EY新日本有限責任監査法人）にて監査業務に従事。2011年から2014年まで日系企業担当としてEYシンガポール事務所に出向，会計・税務・M&Aアドバイザリー業務等に従事。帰任後は複数のグローバル企業の監査，IFRS導入支援，海外進出支援業務等に従事。日本国公認会計士。

吉本　智郎（よしもと　ともろう）（第２章，第３章，10章担当）
2007年弁護士登録，2019年シンガポール法弁護士（FPC）登録。日本国内において約６年半M&A・コーポレート業務に従事したのち，2014年４月より西村あさひ法律事務所シンガポール事務所に駐在し，シンガポール，インドネシア及びマレーシアにおけるM&A，危機管理，紛争，労務等の案件につき幅広い経験を有する。

飯島　陽佑（いいじま　ようすけ）（第２章，第６章担当）
他の大手税理士法人勤務を経て，2015年にEYシンガポールに入所。日本，シンガポールにて海外駐在員の個人所得税関連業務に従事。過去の申告誤りに関する税務当局への対応等，アドバイザリー業務にも携わる。米国公認会計士（Exam passed）。

長谷川　宗（はせがわ　つかさ）（第２章，第８章，第９章担当）
他の大手監査法人勤務を経て，2007年に新日本監査法人（現，EY新日本有限責任監査法人）入所。2011年から2013年まで日系企業担当としてEYシンガポールに出向，会計・税務・M&Aアドバイザリー業務に従事。帰任後は複数のグローバル企業の監査，IPO支援業務，海外進出支援業務等に従事。日本国公認会計士。

山中　政人（やまなか　まさと）（第３章担当）
2002年弁護士登録，2018年シンガポール法弁護士（FPC）登録。2012年西村あさひ法律事務所シンガポール事務所開設当初よりシンガポールに駐在し，2013年に同シンガポール事務所共同代表に就任し，現在まで，主に日系企業のシンガポール，マレーシア，インドネシアでの進出，企業買収，ファンド設立，ジェネラル・コーポレート，紛争案件等を，シンガポールのformal alliance partnerであるBayfront Law LLC等と共にサポートしている。

篠崎　洋樹（しのざき　ひろき）（第４章，第７章，第９章担当）
2006年に新日本アーンスト・アンド・ヤング税理士法人（現，EY税理士法人）に入所。2011年よりEYチャイナ，2017年よりEYシンガポールにて日系企業の海外進出及び海外事業に関する税務管理・プランニングに関するアドバイザリー業務に従事。2021年よりEY税理士法人に復職。日本国税理士及びSingapore Accredited Tax Practitioners（Exam passed）。

久田　幸治（ひさだ　こうじ）（第５章担当）

大手シンクタンク勤務を経て，2008年に新日本アーンスト・アンド・ヤング税理士法人（現，EY税理士法人）に入所，2014年よりEYシンガポールにて勤務。移転価格リスク分析，移転価格ポリシー策定，移転価格文書化，事前確認（APA），相互協議サポート等を含む様々な移転価格アドバイザリー業務に従事。米国公認会計士，シンガポール勅許会計士。

大熊　嵩平（おおくま　しゅうへい）（第８章，第９章担当）

2007年から新日本監査法人（現，EY新日本有限責任監査法人）にて監査業務に従事。2017年から2020年まで日系企業担当としてEYシンガポール事務所に出向，会計・税務・M&Aアドバイザリー業務等に従事。帰任後は主に自動車産業に属する複数のグローバル企業の監査業務に従事。サステナビリティ開示推進室（SD Office）を兼務。日本国公認会計士。

岡本　卓也（おかもと　たくや）（第９章担当）

他の大手監査法人勤務を経て，2014年にEYのM&Aサービス部門であるEYトランザクション・アドバイザリー・サービス（現，EYストラテジー・アンド・コンサルティング株式会社）に入社。クロスボーダー案件を中心に財務デュー・ディリジェンスや契約交渉支援に従事。2020年の１年間，EYシンガポールに赴任しASEANのM&A案件のアドバイザリーに従事。日本国公認会計士。

［　編集協力者　］

松尾　和弘（まつお　かずひろ）

1997年から太田昭和監査法人（現，EY新日本有限責任監査法人）にて監査業務に従事。2007年からEY上海に出向，現地日系企業に会計・税務・M&A・アドバイザリー業務等を提供。2012年からシンガポール及びアセアン地域の日本企業向けサービスの日本人代表としてEYシンガポールへ出向。2019年からEYシンガポール監査パートナー及びアセアンJBS代表に就任。日本国公認会計士，シンガポール勅許会計士，米国公認会計士（Exam passed）。

上田　憲治（うえだ　けんじ）

太田昭和監査法人（現，EY新日本有限責任監査法人）入所後，法定監査，株式公開支援業務に従事。その後EY税理士法人に異動し，M&Aや企業組織再編を中心に，税務アドバイザリー業務に従事。2015年から2017年までEYシンガポールにて日系企業向けの税務アドバイスと日本税務のデスクを担当。日本国公認会計士・税理士。

田甫　吉識（たんぼ　よしのり）

2001年から新日本監査法人（現，EY新日本有限責任監査法人）にて監査業務に従事。2009年から2013年まで日系企業担当としてフィリピンのSGV&Co（EYフィリピン）に出向，会計・税務・M&Aアドバイザリー業務等に従事。帰任後は，監査業務の他，東南アジア，アフリカをはじめとした新興国進出支援業務に従事。

内藤　玄太郎（ないとう　げんたろう）

2006年から新日本監査法人（現，EY新日本有限責任監査法人）にて監査業務に従事。2014年から2018年まで日系企業担当としてEYインドネシア　ジャカルタ事務所に出向，会計・税務・M&Aアドバイザリー業務等に従事。帰任後は財務会計アドバイザリー業務に従事。日本公認会計士。

［　オフィス　］

EY新日本有限責任監査法人

〒100－0006　東京都千代田区有楽町一丁目１番２号
東京ミッドタウン日比谷　日比谷三井タワー
TEL：03－3503－1100（代表）

EY税理士法人

〒100－0006　東京都千代田区有楽町一丁目１番２号
東京ミッドタウン日比谷　日比谷三井タワー
TEL：03－3506－2411（代表）

EYストラテジー・アンド・コンサルティング株式会社

〒100－0006　東京都千代田区有楽町一丁目１番２号
東京ミッドタウン日比谷　日比谷三井タワー
TEL：03－3503－3500（代表）

EYシンガポール

One Raffles Quay North Tower，Level 18，Singapore 048583
TEL：＋65 6718 1350（ジャパンビジネスサービス直通，日本語可）

西村あさひ法律事務所シンガポール事務所

79 Robinson Road ＃14－01，Singapore 068897
TEL：＋65 6922 7670（日本語可）

編者との契約により検印省略

平成21年９月15日　初　版　発　行
平成24年２月15日　第２版第１刷発行
平成26年９月１日　第３版第１刷発行
令和４年６月15日　第４版第１刷発行

海外進出の実務シリーズ
シンガポールの
会計・税務・法務Q&A
〔第４版〕

編　　者　EY新日本有限責任監査法人
発 行 者　大　坪　克　行
印 刷 所　税経印刷株式会社
製 本 所　牧製本印刷株式会社

発 行 所　〒161-0033 東京都新宿区
下落合２丁目５番13号
株式会社　税務経理協会
振　替　00190-2-187408
FAX　(03)3565-3391
電話　(03)3953-3301（編集部）
(03)3953-3325（営業部）
URL　http://www.zeikei.co.jp/
乱丁・落丁の場合は，お取替えいたします。

ED None

ISBN978-4-419-06854-7 C3034